Winfried Scharlau

Mathematik in Biologie und Geowissenschaften

Münsteraner Einführungen

– Mathematik / Informatik –

Band 2

LIT

Winfried Scharlau

Mathematik in Biologie und Geowissenschaften

LIT

Die Deutsche Bibliothek – CIP-Einheitsaufnahme

Scharlau, Winfried
Mathematik in Biologie und Geowissenschaften / Winfried Scharlau. –
Münster : Lit, 2000
(Münsteraner Einführungen: Mathematik/Informatik ; 2.)
ISBN 3-8258-4592-3

Grevener Str. 179 48159 Münster Tel. 0251–23 50 91 Fax 0251–23 19 72
e-Mail: lit@lit-verlag.de http://www.lit-verlag.de

Inhaltsverzeichnis

Vorwort

Der vorliegende Text enthält den Stoff einer zweisemestrigen zweistündigen Vorlesung „Mathematik in Biologie und Geowissenschaften", die ich im Wintersemester 1998/99 und Sommersemester 1999 in Münster gehalten habe. Der Schwerpunkt des ersten Teils ist eine Einführung in die Differential- und Integralrechnung; der zweite Teil behandelt die Stochastik. Die beiden Teile sind weitgehend unabhängig voneinander. Wegen der geringen zur Verfügung stehenden Zeit, konnte in beiden Teilen nur eine erste Einführung gegeben werden. Insbesondere in der Stochastik konnte es nur um eine Darstellung der Grundbegriffe sowie der prinzipiellen Fragestellung und Methoden gehen. Bei der Bearbeitung konkreter statistischer Probleme (Planung und Auswertung von Versuchen) wird man auf weiterführende Literatur zurückgreifen müssen. Leitender Gesichtspunkt bei Auswahl und Darstellung des Stoffes war das Bestreben deutlich zu machen, wie mathematische Begriffe und Methoden zur Beschreibung, Analyse und Erklärung von Vorgängen in der belebten und unbelebten Natur dienen können. Wenn darüber hinaus deutlich wird, daß mathematische Fragestellungen und Theorien auch „an sich" interessant und untersuchenswert sind, hat die Vorlesung ihren Zweck erfüllt.

Bei meinen Hörerinnen und Hörern bedanke ich mich für das unerwartet große Interesse an Vorlesung und zugehörigen Übungen. Meinem Kollegen Herrn Norbert Schmitz danke ich für einige nützliche Hinweise, Herrn Michael Jacob und Frau Claudia Lücke für das Schreiben des Skriptes und die Erstellung der Abbildungen.

Münster, im November 1999 Winfried Scharlau

Vorwort zur 2. Auflage

Gegenüber der 1. Auflage wurde eine größere Zahl von Tippfehlern korrigiert und eine Reihe kleinerer Unstimmigkeiten beseitigt. In Teil B wurden die Abschnitte 8 bis 10 teilweise neu gefaßt. In der Praxis hat sich herausgestellt, daß Teil A mit geringfügigen Weglassungen im Wintersemester besprochen, Teil B dagegen mühelos - sogar mit kleineren Ergänzungen - in einem Sommersemester durchgenommen werden kann.

Münster, im August 2001 Winfried Scharlau

Teil A

Einführung in die Differential- und Integralrechnung

1 Zahlen und Rechnen mit Zahlen

Zahlen dienen im allgemeinen zum Messen oder auch zum Ausdrücken von Verhältnissen oder Veränderungen, wie *2,71 mal größer* oder *5,3% Wachstum.* Je nachdem was man messen möchte, benötigt man verschiedene Zahlenmengen.

1.1 Die wichtigsten Zahlbereiche

Eine der einfachsten Zahlenmengen ist die Menge der *natürlichen Zahlen.* Sie wird bezeichnet mit

$$\mathbb{N} = \{1, 2, 3, 4, \ldots\}.$$

Mit den natürlichen Zahlen kann man Größen endlicher Mengen „messen", wie z.B. Äpfel, Birnen, Autos, Bücher.

Die Rolle der *Null* in den natürlichen Zahlen ist nicht eindeutig festgelegt. In dieser Vorlesung wird sie als nicht zu den natürlichen Zahlen gehörig betrachtet. Es ist jedoch zweckmäßig, auch für die Menge der natürlichen Zahlen einschließlich der Null eine Bezeichnung einzuführen. Deshalb, zusätzlich zu $\mathbb{N}$:

$$\mathbb{N}_0 = \{0, 1, 2, \ldots\}.$$

In den natürlichen Zahlen sind nur die Rechenoperationen *Addition* $(+)$ und *Multiplikation* $(\cdot)$ unbegrenzt ausführbar. Die übrigen Grundrechenarten *Subtraktion* $(-)$ und *Division* $(:)$ kann man jedoch nicht immer in den natürlichen Zahlen ausführen. Daher erweitern wir die Menge der natürlichen Zahlen zunächst zur Menge der *ganzen Zahlen.*

$$\mathbb{Z} = \{\ldots, -2, -1, 0, 1, 2, 3, \ldots\}.$$

In den ganzen Zahlen sind die Rechenoperationen *Addition* $(+)$, *Subtraktion* $(-)$ und *Multiplikation* $(\cdot)$ unbegrenzt ausführbar. Auch hierbei gelten die bekannten Rechenregeln. Eine wichtige Rechenregel ist „minus $\times$ minus = plus":

$$(-2) \cdot (-10) = 2 \cdot 10, \quad -(-7) = 7.$$

Die ganzen Zahlen genügen uns aber noch nicht. Uns fehlt noch die *Division* (:), die in den ganzen Zahlen nicht unbegrenzt ausführbar ist. Wir erweitern unsere Zahlenmenge nochmals zu den *rationalen Zahlen.* Die Menge der rationalen Zahlen ist die Menge aller *Brüche*, also etwa

$$\frac{3}{7}, \quad \frac{-4}{8}, \quad \frac{3}{1}, \quad \frac{6}{2}, \quad \frac{14}{21}.$$

In einem Bruch sind *Zähler* und *Nenner* ganze Zahlen, jedoch darf der Nenner nicht 0 sein, da man nicht durch 0 dividieren darf. Ein Bruch darf gekürzt werden, wenn Zähler und Nenner einen gemeinsamen Faktor enthalten.

Die Menge der rationalen Zahlen wird mit $\mathbb{Q}$ bezeichnet. Hier sind nun alle Grundrechenarten unbegrenzt ausführbar (außer der Division durch 0). Zahlenmengen, in denen dieses der Fall ist, bezeichnet man als *Körper.*

Auch in den rationalen Zahlen kann man noch nicht mit der Freiheit rechnen, die man gerne hätte. Die Gleichung $x^2 = 2$ ist in $\mathbb{Q}$ nicht lösbar; $\sqrt{2}$ ist keine rationale Zahl. Allgemeiner ist die Wurzel einer rationalen Zahl fast nie eine rationale Zahl. Das gleiche gilt für die Kreiszahl π, mit deren Hilfe man Kreisumfang und Kreisfläche ausdrückt oder für die Zahl e, die Basis des „natürlichen Logarithmus". Die rationalen Zahlen haben gewissermaßen noch Lücken.

Man erweitert die rationalen Zahlen deshalb zum Körper der *reellen Zahlen* $\mathbb{R}$. Reelle Zahlen kann man als *unendliche Dezimalbrüche* schreiben, wie z.B.

$$4{,}2372\ldots.$$

Die Punkte sollen dabei andeuten, daß die Zahl „immer weitergeht", also unendlich viele Stellen hat, die man natürlich nicht alle hinschreiben kann.

Eine exakte Einführung der reellen Zahlen ist nicht ganz einfach und interessiert eigentlich nur Studierende der Mathematik und für gewöhnlich nicht die der Biologie oder der Geowissenschaften.

Eine häufig benutzte, geometrische Darstellung der reellen Zahlen ist die *Zahlengerade* (auch *Zahlenstrahl*). Man stelle sich eine Gerade vor, auf der irgendwo der „Nullpunkt" festgelegt ist. In der einen Richtung (üblicherweise nach rechts) sind die positiven reellen Zahlen abgetragen, in der anderen Richtung die negativen. Jeder reellen Zahl entspricht genau ein Punkt auf der Zahlengerade und jedem Punkt genau eine Zahl.

Die rationalen Zahlen liegen in dieser Darstellung zwar „dicht“, bilden aber keine kontinuierliche Gerade.

Mit den reellen Zahlen haben wir alle benötigten Zahlenmengen beisammen. Alle Erweiterungsschritte hier nochmal auf einen Blick:

$$\mathbb{N} \subset \mathbb{N}_0 \subset \mathbb{Z} \subset \mathbb{Q} \subset \mathbb{R}.$$

1.2 Mittelwert, Streuung

Messungen sind oft mit Fehlern behaftet. Dann führt man häufig Meßreihen durch oder man benutzt mehrere Gegenstände zur Vermessung. Hat man etwa eine Größe x n mal gemessen, so hat man n verschiedene Meßwerte $x_1, x_2, \ldots, x_n$. Dann interessiert man sich unter anderem für den *Durchschnittswert* oder *Mittelwert* ($\bar{x}$), der definiert ist als

$$\bar{x} = \frac{1}{n}(x_1 + \ldots + x_n) = \frac{1}{n}\sum_{i=1}^{n} x_i.$$

Wichtig ist auch, ein Maß dafür zu haben, wie sehr die Meßwerte um den Mittelwert „streuen“, d.h. ob die Abweichungen groß oder klein sind. Dazu benutzt man eine Größe, die man *Varianz* oder *Streuung* (s^2 oft auch σ^2) nennt und die definiert ist als

$$s^2 = \frac{1}{n-1}\sum_{i=1}^{n}(x_i - \bar{x})^2.$$

Die hierdurch ebenfalls definierte Größe s nennt man *Standardabweichung.* Der Vollständigkeit halber nochmal exakt.

Zu n Zahlen $x_1, \ldots, x_n$ ist deren *Standardabweichung* s definiert als

$$s = \sqrt{\frac{1}{n-1}\sum_{i=1}^{n}(x_i - \bar{x})^2}.$$

Wie man an dieser Formel erkennen kann, hat die Standard-Abweichung dieselbe physikalische Dimension wie die Meßgröße x.

Die Streuung berechnet man oft nach der Formel

$$s^2 = \frac{1}{n-1}\left(\left(\sum_{i=1}^{n} x_i^2\right) - n\bar{x}^2\right).$$

Beweis: Es gilt (unter Verwendung der binomischen Formel)

$$\begin{aligned}
s^2 &= \frac{1}{n-1}\sum_{i=1}^{n}(x_i-\bar{x})^2 = \frac{1}{n-1}\sum_{i=1}^{n}\left(x_i^2-2x_i\bar{x}+\bar{x}^2\right)\\
&= \frac{1}{n-1}\left(\left(\sum_{i=1}^{n}x_i^2\right)-2\bar{x}\left(\sum_{i=1}^{n}x_i\right)+n\bar{x}^2\right)\\
&= \frac{1}{n-1}\left(\left(\sum_{i=1}^{n}x_i^2\right)-2n\bar{x}^2+n\bar{x}^2\right)\\
&= \frac{1}{n-1}\left(\left(\sum_{i=1}^{n}x_i^2\right)-n\bar{x}^2\right).
\end{aligned}$$

Mittelwert und Streuung sind die einfachsten Begriffe der Statistik, die im zweiten Teil dieser Vorlesung behandelt wird.

1.3 Potenzrechnen

Abgesehen von den Grundrechenarten ist das Potenzieren eine wichtige und oft benutzte Operation.

Wenn man eine reelle Zahl potenzieren will, ist bei einem natürlichen Exponenten noch klar, wie das geht. Für eine reelle Zahl y und eine natürliche Zahl n definiert man

$$y^n = \underbrace{y\cdot\ldots\cdot y}_{n-\text{mal}}.$$

Sprechweise: „y hoch n“

Für das Potenzieren mit natürlichen Exponenten gelten einige Rechenregeln. Die wichtigsten hiervon sind

$$y^{n+m} = y^n y^m$$

und

$$(y^n)^m = y^{n\cdot m},$$

wobei y wieder eine beliebige reelle Zahl und n und m beliebige natürliche Zahlen sind. Von der Richtigkeit dieser Formeln kann man sich leicht durch ausführliches Aufschreiben überzeugen.

Das Potenzieren ist also (zunächst) nur eine abkürzende Schreibweise für die wiederholte Multiplikation einer Zahl mit sich selbst, aber wir erweitern die Definition nun auf ganze Exponenten.

Damit obige Rechenregeln auch bei ganzzahligem Exponenten ihre Gültigkeit behalten, muß

$$y^0 = 1$$

sein, denn es gilt

$$y^n = y^{n+0} = y^n y^0,$$

was bei $y^0 \neq 1$ nicht richtig wäre. Wir rechnen mit dieser Feststellung weiter und erhalten

$$1 = y^0 = y^{n-n} = y^n \cdot y^{-n}.$$

Also ist

$$y^{-n} = \frac{1}{y^n}.$$

Damit haben wir die vollständige Definition für das Potenzieren mit ganzen Exponenten. Die Rechenregeln aus dem vorherigen Abschnitt gelten auch für *ganze* Zahlen n und m.

Bisher war das Potenzieren eine Rechnung, die sich auf die vier Grundrechenarten zurückführen läßt. Das ist bei rationalen Exponenten anders. Um definieren zu können, was $y^{\frac{n}{m}}$ bedeutet, müssen wir eine neue Rechenoperation einführen, nämlich die *Wurzel* oder das *Wurzelziehen.*

Zunächst definieren wir, was wir unter der *Quadratwurzel* $\sqrt{y}$ einer positiven Zahl y verstehen. Dies ist diejenige positive Zahl, die mit sich selbst malgenommen wieder y ergibt, also

$$\sqrt{y} \cdot \sqrt{y} = y.$$

Zum Beispiel:

$$\sqrt{4} = 2, \quad \sqrt{1} = 1, \quad \sqrt{2} = 1,414213562\ldots.$$

Beim Quadratwurzelziehen gibt es einige wichtige Regeln, die man beachten muß:

- Negative Zahlen haben *keine* Quadratwurzel, denn wegen der Regel „minus $\times$ minus = plus“ ist ein Quadrat immer positiv.
- Jede positive reelle Zahl besitzt genau eine positive Quadratwurzel. Das ist vielleicht anschaulich klar, aber nicht selbstverständlich, sondern ein mathematischer Satz, der bewiesen werden müßte.

- Ist $x^2 = y$, so ist auch $(-x)^2 = y$, also besitzt die Gleichung $x^2 = y$ die zwei Lösungen $\sqrt{y}$ und $-\sqrt{y}$. Um Verwechslungen oder Mißverständnisse zu vermeiden wird unter der Quadratwurzel immer nur die *positive* Quadratwurzel verstanden.

Die Quadratwurzel ist also die Umkehroperation zum Quadrieren. Zum Potenzieren mit anderen natürlichen Exponenten (also x^n mit beliebigem, natürlichem n) gibt es auch eine Umkehroperation. Diese wird mit $\sqrt[n]{y}$ bezeichnet (Sprechweise: *n-te Wurzel aus y*). Analog zur Quadratwurzel (d.h. für $n = 2$) ist $\sqrt[n]{y}$ als diejenige positive Zahl definiert, für die

$$\underbrace{\sqrt[n]{y} \cdot \ldots \cdot \sqrt[n]{y}}_{n-\text{mal}} = y$$

gilt. Ist n ungerade, so besitzen auch negative Zahlen eine n-te Wurzel, etwa $\sqrt[3]{-8} = -2$, da $(-2)^3 = -8$.

Wurzeln und Potenzen

Die Wurzel hängt mit dem Potenzieren durch die Gleichung

$$\sqrt[n]{y} = y^{\frac{1}{n}}$$

zusammen. Dies muß so sein, da

$$\left(y^{\frac{1}{n}}\right)^n = y^{\frac{1}{n} \cdot n} = y^{\frac{n}{n}} = y^1 = y.$$

$y^{\frac{1}{n}}$ ist also eine Zahl, deren n-te Potenz y ergibt. Das ist aber gerade die Definition von $\sqrt[n]{y}$.

Die Definition von Potenzen mit beliebigem rationalen Exponenten ist jetzt einfach:

$$y^{\frac{n}{m}} = \left(y^{\frac{1}{m}}\right)^n = (\sqrt[m]{y})^n$$

und

$$y^{-\frac{n}{m}} = \frac{1}{y^{\frac{n}{m}}}.$$

Die Rechenregeln $y^{a+b} = y^a y^b$, $(y^a)^b = y^{ab}$ gelten jetzt für beliebige rationale Exponenten a, b.

Die Definition von y^x mit beliebigem reellen x erfordert entschieden mehr Theorie. Die Idee dabei ist, das reelle x durch rationale Zahlen anzunähern. Diese Annäherung kann beliebig genau geschehen, so daß man dadurch y^x definieren kann. Das interessiert uns aber in dieser Vorlesung nicht.

1.3.1 Rechenregeln für das Rechnen mit Potenzen

Wir fassen die wichtigsten Regeln für das Rechnen mit Potenzen noch einmal zusammen. Dabei seien x und y beliebige reelle Zahlen > 0, a und b beliebige reelle Zahlen und n eine beliebige natürliche Zahl.

$$\begin{array}{rclrclrclrcl} (xy)^a & = & x^a y^a & x^{a+b} & = & x^a x^b & (x^a)^b & = & x^{ab} & x^0 & = & 1 \\ x^{-a} & = & \frac{1}{x^a} & x^{\frac{1}{2}} & = & \sqrt{x} & x^{\frac{1}{n}} & = & \sqrt[n]{x} & & & \end{array}$$

1.4 Logarithmisches Rechnen

Für $x > 0$ ist der *10er-Logarithmus* oder *dekadische Logarithmus* $\log x$ definiert als diejenige Zahl, für die

$$10^{\log x} = x$$

gilt. Es gilt also zum Beispiel

$$\begin{array}{rl} 10^2 = 100 & \log(100) = 2 \\ 10^3 = 1000 & \log(1000) = 3 \\ 10^{-1} = 0,1 & \log(0,1) = -1 \\ 10^{0,5} = \sqrt{10} = 3,1623 & \log(3,1623) = 0,5 \end{array}$$

1.4.1 Rechenregeln für den Logarithmus

Es gilt

$$\begin{array}{rcl} \log(xy) & = & \log x + \log y \\ \log\left(\frac{1}{x}\right) & = & -\log x \\ \log\left(x^n\right) & = & n \log x \\ \log(1) & = & 0. \end{array}$$

Oft hat man Umrechnungen folgender Art auszuführen: Sei $y = a + b\log(x)$; was ist x ausgedrückt durch y? Nach den Rechenregeln für das Potenzrechnen ergibt sich
$10^y = 10^{a+b\log(x)} = 10^a \cdot 10^{b\log x} = 10^a(10^{\log x})^b$, also $10^{y-a} = x^b$, also $x = 10^{\frac{1}{b}(y-a)}$.

1.4.2 Beispiele

„Exponentielles" Bevölkerungswachstum

Frage: Zur Zeit beträgt die Weltbevölkerung ca. 6000 Millionen und das jährliche Wachstum ca. 1,4%. Gleiches Wachstum unterstellt, in wieviel Jahren ist die Weltbevölkerung auf

a) 10.000 Millionen

b) das Doppelte

c) das Tausendfache

gewachsen?

Lösung: 1,4% Zuwachs bedeutet eine jährliche Vermehrung um den Faktor 1,014. In n Jahren findet also eine Vermehrung um den Faktor $1,014^n$ statt.

a) Gesucht ist die Anzahl der Jahre n für die

$$1,014^n \cdot 6000 = 10000$$

gilt. Logarithmieren dieser Gleichung ergibt

$$n \log(1,014) + \log(6000) = \log(10000).$$

Also

$$n = \frac{\log(10000) - \log(6000)}{\log 1,014} = 36,7.$$

Der gesuchte Zeitraum ist also 36,7 Jahre.

b) Gesucht ist wiederum n, diesmal mit

$$1,014^n = 2.$$

Also

$$n = \frac{\log 2}{\log 1,014} = 49,9.$$

Diesmal dauert es etwa 50 Jahre.

c) Analog zu b) rechnet man

$$1,014^n = 1000.$$

Also

$$n = \frac{\log 1000}{\log 1,014} = 497.$$

Der gesuchte Zeitraum ist etwa 500 Jahre.

Halbwertszeit

Von radioaktiven Stoffen zerfällt ein bestimmter Anteil je Zeiteinheit. Nach einer gewissen Zeit ist also nur noch die Hälfte der Anfangsmenge übrig. Diese Zeit nennt man *Halbwertszeit.*

Stoff	chemisches Symbol	Halbwertszeit
Plutonium	^{239}Pu	24340 Jahre
Uran	^{238}U	$4,5 \cdot 10^9$ Jahre
Kohlenstoff	^{14}C	5730 Jahre

Wenn man weiß, in welcher Zeit ein bestimmter Anteil eines Stoffes zerfällt, kann man nun umgekehrt fragen, welcher Anteil in einem bestimmten Zeitraum zerfällt, z.B.

Frage: Welcher Anteil von ^{14}C zerfällt in 100 Jahren?

Lösung: Nach 100 Jahren hat sich die ursprüngliche Menge M um den Faktor x verkleinert, d.h. es ist noch $M \cdot x$ der Stoffmenge vorhanden. Nach 200, 300, ... Jahren sind also noch Mx^2, Mx^3, ... übrig. Nach 5730 Jahren ist demnach

$$Mx^{57,3}$$

der ursprünglichen Stoffmenge vorhanden. Dies ist gerade (s. Tabelle) $\frac{1}{2}M = 0,5M$.

Also

$$0,5 = x^{57,3}.$$

Logarithmieren ergibt

$$\log 0,5 = -0,3010 = 57,3 \log x$$

$$\Rightarrow \quad x = 10^{\frac{-0,3010}{57,3}} = 0,9880$$

Der Anteil, der zerfallen ist, ist $1 - x = 0,012$, was 1,2% entspricht. (Alternativ könnte man auch die „57,3-te Wurzel" ziehen: $x = (0,5)^{\frac{1}{57,3}} \approx 0,988$.)

Der radioaktive ^{14}C-Zerfall wird zur Altersbestimmung in der Geologie, Paläontologie und Biologie bei Sedimenten, Fossilien etc. benutzt. Im Prinzip geht das so:

Organische Substanzen enthalten Kohlenstoff. Kohlenstoff besteht zu einem bestimmten Anteil aus dem radioaktiven Isotop ^{14}C ($6 \cdot 10^{10}$ ^{14}C-Atome pro g Kohlenstoff). Dieser Anteil bleibt während der Lebenszeit durch Austausch mit der Umgebung konstant. Ab dem Tod findet dieser Austausch nicht mehr statt, und der ^{14}C-Anteil verringert sich aufgrund des radioaktiven Zerfalls allmählich. Auf diese Weise kann man durch Messung des ^{14}C-Anteils (ungefähr) das Alter z.B. von fossilem Holz bestimmen. Die Methode funktioniert bis zu einem Alter von etwa 50000 Jahren.

Absorption

Wenn Strahlung ein Medium durchquert, wird sie teilweise absorbiert, d.h. die Strahlungsintensität verringert sich. Beispiele hierfür sind Licht, das durch Glas fällt oder radioaktive Strahlung, die von Beton absorbiert wird. Die Gesetzmäßigkeiten bei der Absorption sind denen beim radioaktiven Zerfall sehr ähnlich. Beim Zerfall verringert sich die vorhandene Stoffmenge mit der Zeit und bei der Absorption verringert sich die Strahlungsintensität mit der Eindringtiefe in das absorbierende Material. Analog zur Halbwertszeit beim Zerfall kann man bei der Absorption eine *Halbwertsdicke* angeben. So hat zum Beispiel bei Absorption von γ-Strahlung Beton eine Halbwertsdicke von 15 cm, Stahl eine von 3,8 cm.

Aufgabe: a) In einer bestimmten Tierpopulation sind 60 % ♀ und 40 % ♂. Die ♀ sind zu 13 % von einem Parasiten befallen, die ♂ zu 25 %. Was ist der Befall (in %) der Gesamtpopulation?

b) Was ist die allgemeine Lösung dieser Aufgabe (wenn für die Anteile von ♂, ♀ bzw. Parasitenbefall beliebige Prozentzahlen gegeben sind)?

2 Logarithmisches Messen

Viele physikalische, chemische und biologische Größen werden *logarithmisch* gemessen. Auch Sinnesempfindungen, wie z.B. Tonhöhe oder Lautstärke, werden oft logarithmisch wahrgenommen.

2.1 Beispiele

2.1.1 Tonhöhe

Ein instruktives Beispiel ist die Tonhöhe. Sie wird in Hertz(Hz) = Schwingungen pro Sekunde gemessen (physikalische Dimension also s^{-1}).

Wir betrachten drei Töne mit einer Frequenz von 500, 1000 bzw. 1500 Hertz. Diese Tonintervalle von jeweils 500 Hz werden *nicht* als gleich groß empfunden, denn das Intervall von 500 zu 1000 Hz ist eine *Oktave* (die Frequenz verdoppelt sich), aber das Intervall von 1000 zu 1500 Hz ist eine *Quinte* (die Frequenz erhöht sich um den Faktor $\frac{3}{2}$).

Zwei Tonintervalle von x zu y, bzw. von x' zu y' werden als gleich empfunden, *nicht* wenn die Differenzen gleich sind ($y - x = y' - x'$), sondern wenn die Verhältnisse gleich sind, d.h. wenn

$$\frac{y}{x} = \frac{y'}{x'}.$$

Das bedeutet, daß die Differenzen der Logarithmen der Frequenzen gleich sind, da

$$\log\left(\frac{y}{x}\right) = \log(y) - \log(x), \quad \log\left(\frac{y'}{x'}\right) = \log(y') - \log(x').$$

Tonhöhen werden also zweckmäßigerweise durch den Logarithmus der Frequenz gemessen.

Frage: Das eine Oktave umfassende Tonintervall von 1000 bis 2000 Hz soll in 12 gleich große Halbtonschritte eingeteilt werden. Was sind die Frequenzen dieser Töne?

Lösung: Bei einem Halbtonschritt vergrößert sich die Frequenz um einen Faktor x, von 1000 auf $1000x$ auf $1000x^2$, usw. Nach 12 Schritten soll sich die Frequenz verdoppelt haben, also

$$x^{12} = 2.$$

Ziehen der 12. Wurzel (oder entsprechende logarithmische Rechnung) ergibt $x = 10^{\frac{1}{12}} = 1,0595\ldots$. Die Frequenzen der Zwischentöne sind also $1000,\ 1000x = 1059,5,\ 1000x^2 = 1122,5\cdots$

Bei der Stimmung von Instrumenten tritt jedoch ein Problem auf. Nach sieben Halbtonschritten müßte die (große) Quinte erreicht sein, die dem Faktor $1,5$ entspricht. Es ergibt sich eine kleine Differenz:

$$1,0595^7 = 1,4983\ldots$$

Die Differenz zu 1,500 wird durch die sogenannte temperierte Stimmung ausgeglichen.

2.1.2 Schallintensität

Die Schallintensität I kann in Leistung/Fläche gemessen werden. Die Meßeinheit ist dann W/m^2 (Watt pro Quadratmeter).

Das leiseste Geräusch, das das menschliche Ohr bei 1000 Hz gerade noch hören kann, entspricht einer Leistungseinstrahlung von etwa $10^{-12} W/m^2$. Bei dem 10^{13}-fachen (=10 Billionen) wird die Schmerzgrenze erreicht. Man verwendet ein logarithmisches Maß.

$$\text{Schallintensitätspegel} \quad L_I = 120 + 10 \cdot \log I \text{ dB}$$

Dabei ist die Meßeinheit dB (=dezibel). Umgekehrt ist

$$I = 10^{(L_I - 120)/10}.$$

Eine Schallintensität von $10^{-6} W/m^2$ entspricht also

$$120 + 10(-6) = 60 \text{ dB}.$$

Umgekehrt entspricht ein Schallintensitätspegel von 85 dB einer Schallintensität von

$$10^{-3,5} = 3,162 \cdot 10^{-4} W/m^2.$$

(Das ist schon ein ziemlicher Krach!)

Frage: Im Hörsaal herrscht ein Schallintensitätspegel von

40 dB	durch gleichmäßiges Gemurmel
45 dB	durch Geräusche von außen (z.B. Ventilator, Straßenverkehr)

Was ist der gesamte Lärm(=Schallintensitätspegel)?

Lösung: Zunächst müssen die Schallintensitätspegel in Schallintensität umgerechnet werden:

$$\begin{array}{lll} 40 \text{ dB} & \text{entspricht} & 10^{-8}\text{W/m}^2 \\ 45 \text{ dB} & \text{entspricht} & 10^{-7,5}\text{W/m}^2 \end{array}$$

Die gesamte Schallintensität ist also

$$I = 10^{-8}\text{W/m}^2 + 10^{-7,5}\text{W/m}^2 = 4,16 \cdot 10^{-8}\text{W/m}^2.$$

Der Schallintensitätspegel ist also

$$L_I = 120 + 10 \cdot \log\left(4,16 \cdot 10^{-8}\right) = 120 + 10(\log(4,16) - 8) = \ldots = 46,2dB$$

2.1.3 FECHNER-WEBERsches Gesetz

Im Zusammenhang mit logarithmischem Messen ist das FECHNER-WEBERsche Gesetz von Bedeutung. Es besagt, daß die kleinste wahrnehmbare Differenz bei Sinneseindrücken ein fester Prozentsatz der Stärke des Sinneseindrucks ist. Beispiel:

Gewichte von
20 und 21 g
100 und 105 g
1000 und 1050 g

kann man in der Hand noch gerade unterscheiden.

Es kommt also nicht auf die absolute Differenz, sondern auf die Differenz der Logarithmen an.

$$\begin{array}{rcl} \log 21 - \log 20 & = & \log 1,05 \\ \log 105 - \log 100 & = & \log 1,05 \\ \log 1050 - \log 1000 & = & \log 1,05 \end{array}$$

Das Gesetz gilt jedoch nur approximativ.

Aufgabe: Zur Darstellung quantitativer Zusammenhänge benutzt man oft eine *logarithmische Darstellung* bzw. *logarithmische Skalen.* Was ist das? Suche in Lehrbüchern (aber auch Tageszeitungen, Broschüren etc.) Beispiele. Was ist der Effekt einer logarithmischen Skala? Warum benutzt man sie?

Beispiel: Ein weiteres wichtiges Beispiel für logarithmisches Messen ist der pH-Wert. Der pH-Wert einer wässrigen Lösung ist der negative Logarithmus der Wasserstoffionen-Konzentration, genauer der Hydroniumionen-Konzentration. Die Hydroiumionen-Konzentration ist so definiert:

$$[H_3O^+] = \frac{\text{Zahl der } H_3O^+\text{-Ionen/Liter}}{N_L}.$$

Hierbei it $N_L = 6,022 \cdot 10^{23}$ die AVOGARDROsche Zahl. Damit ist also

$$\text{pH} = -\log[H_3O^+].$$

Der pH-Wert einer neutralen Lösung (reines Wasser) ist 7, der pH-Wert von Säuren ist kleiner, der von Basen größ als 7. Daß reines Wasser einen pH-Wert von 7 hat und nicht etwa einen von 0 liegt daran, daß sich ein (sehr kleiner) Teil der H_2O-Moleküle in Hydronium- und Hydroxid-Ionen umwandeln:

$$H_2O + H_2O \leftrightarrows H_3O^+ + OH^-.$$

In neutralen Lösungen sind beide Ionenarten gleich häufig. In sauren Lösungen sind die H_3O^+-Ionen häufiger, in basischen die OH^--Ionen. Das Produkt der beiden ist jedoch konstant:

$$[H_3O^+] \cdot [OH^-] = K_W.$$

Die Konstante K_W nennt man das *Ionenprodukt des WAssers.* Bei 22°C ist $K_W = 10^{-14}$. In neutralem Wasser ist also

$$[H_3O^+] = [OH^-] = 10^{-7}$$

denn $10^{-7} \cdot 10^{-7} = 10^{-14}$. Hieraus folgt, daß der pH-Wert von neutralem Waser 7 ist. Wie erwähnt, entstehen bei Säuren zusätzlich H_3O^+-Ionen, z.B.

$$\text{Salzsäure } HCl + H_2O \longrightarrow H_3O^+ + Cl^-$$

und umgekehrt in Basen zusätzlich OH^--Ionen, z.B.

$$\text{Ammoniak } NH_3 + H_2O \longleftrightarrow OH^- + NH_4^+.$$

3 Grundbegriffe der analytischen Geometrie

3.1 Ebene und Raum

Wir erinnern uns an einige Grundtatsachen der *analytischen Geometrie der Ebene*. Zur Beschreibung geometrischer Objekte in der Ebene führt man zwei aufeinander senkrecht stehende Koordinatenachsen ein (i.a. x-Achse und y-Achse), die sich im Nullpunkt schneiden. Die Lage eines Punktes P wird durch seine Koordinaten beschrieben (s. Abb. 3.1)

$$P = P(x_1, y_1).$$

Der Abstand von zwei Punkten $P_1 = P(x_1, y_1)$, $P_2 = P(x_2, y_2)$ wird

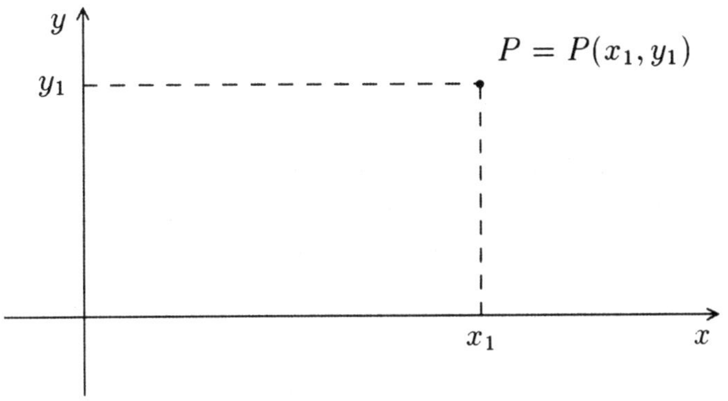

Abbildung 3.1 Ein Punkt in der Ebene

nach dem Satz des PYTHAGORAS gegeben durch (s. Abb. 3.2)

$$d(P_1, P_2) = \sqrt{(x_2 - x_1)^2 + (y_2 - y_1)^2}.$$

Ein Punkt in der Ebene ist also gegeben durch ein *Paar* von reellen Zahlen (x_1, y_1).

$$\mathbb{R}^2 = \{(x, y) | x, y \in \mathbb{R}\}$$

$$P \in \mathbb{R}^2$$

Im Raum geht alles völlig analog: Man hat drei Koordinaten-Achsen (i.a. x-, y- und z-Achse). Ein Punkt ist durch seine drei Koordinaten gegeben: $P = P(x, y, z)$. Der Abstand zweier Punkte $P_1 = P(x_1, y_1, z_1)$, $P_2 = P(x_2, y_2, z_2)$ wird berechnet durch

$$d(P_1, P_2) = \sqrt{(x_2 - x_1)^2 + (y_2 - y_1)^2 + (z_2 - z_1)^2}.$$

Die Menge aller Punkte im Raum ist

$$\mathbb{R}^3 = \{(x, y, z) | x, y, z \in \mathbb{R}\}$$

$$P \in \mathbb{R}^3$$

Dies kann man ohne jedes Problem zum Begriff des *n-dimensionalen euklidischen Raumes* verallgemeinern: n sei eine natürliche Zahl ($n = 1, 2, \ldots$) und $(x_1, \ldots, x_n)$ ein n-tupel reeller Zahlen. Dann ist

$$\begin{aligned} \mathbb{R}^n &= \text{Menge aller } n\text{-tupel reeller Zahlen} \\ &= \{(x_1, \ldots, x_n) | x_i \in \mathbb{R}\}. \end{aligned}$$

Zum Beispiel ist

$$(-3, 4, 1, 33 \ldots, 7),\ (0, 0, -1, -\pi) \in \mathbb{R}^4.$$

Der n-dimensionale euklidische Raum *ist* diese Menge $\mathbb{R}^n$. Die Elemente dieser Menge heißen Punkte. Der Abstand zweier Punkte $P_1 = P(x_1, \ldots, x_n)$, $P_2 = P(y_1, \ldots, y_n)$ ist gegeben durch

$$d(P_1, P_2) = \sqrt{(y_1 - x_1)^2 + \ldots (y_n - x_n)^2}.$$

Man lasse sich nicht durch die unterschiedlichen Bezeichnungen der Koordinaten im $\mathbb{R}^2$, $\mathbb{R}^3$, $\mathbb{R}^n$ x, y, z, bzw. $x_1, x_2, \ldots, x_n$ verwirren.

3.2 Vektoren

Man kann die Elemente der Ebene $\mathbb{R}^2$, des Raumes $\mathbb{R}^3$, bzw. des n-dimensionalen euklidischen Raumes $\mathbb{R}^n$ auch anders interpretieren, nämlich als Vektoren.

In der Ebene geht das folgendermaßen. Zum Punkt $P = P(x, y)$ gehört der Verbindungsvektor vom Nullpunkt zu P, den man sich als gerichtete Strecke von 0 nach P vorstellt (s. Abb. 3.3). Dieser Vektor ist auch durch die Koordinaten x, y gegeben. Vorläufig wollen wir für ihn die Bezeichnung

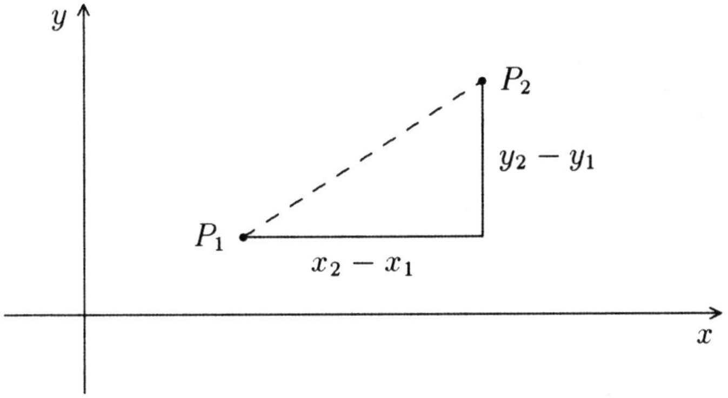

Abbildung 3.2 Abstand zweier Punkte

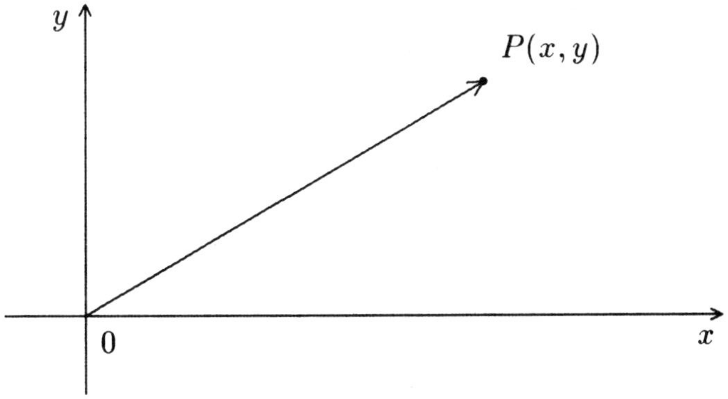

Abbildung 3.3 Ein Vektor

$$\overrightarrow{0P} = (x, y)$$

verwenden. Die Länge des Vektors ist

$$d(0, P) = \sqrt{x^2 + y^2} = \| \overrightarrow{0P} \|.$$

Vektoren sind also Größen, die eine „absolute" Größe (Länge, Stärke, ...) und eine Richtung haben. Viele physikalische Größen sind Vektoren.

- Kraft: setzt mit einer bestimmten Stärke in einer Richtung an.
- Geschwindigkeit: hat Richtung und absolute Größe
- magnetische Feldstärke, elektrische Feldstärke, ...

Vektoren im Raum, bzw. im $\mathbb{R}^n$ werden völlig analog definiert.

Vektoren kann man von Punkten „abtragen" (s. Abb. 3.4). Man ver-

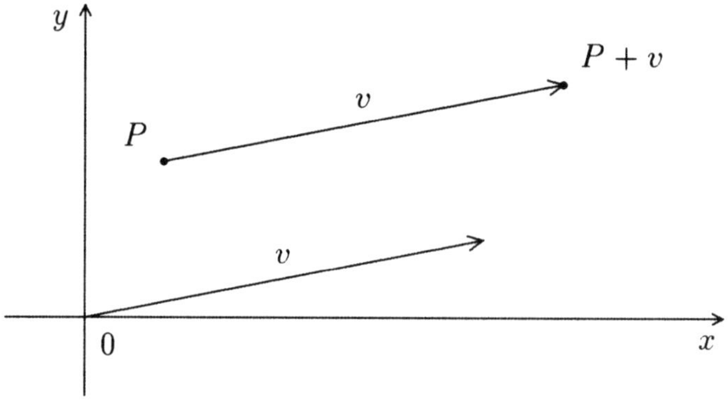

Abbildung 3.4 „Abtragen" von Vektoren

schiebt den Punkt in Richtung des Vektors. Umgekehrt haben zwei Punkte einen Verbindungsvektor.

$$P_1 = (x_1, y_1), \quad P_2 = (x_2, y_2), \quad \overrightarrow{P_1P_2} = (x_2 - x_1, y_2 - y_1)$$

Im Unterschied zu Vektoren nennt man Zahlengrößen oft auch *Skalare*. Skalare Größen in der Physik sind z.B. Masse, Zeit, Energie, Temperatur und Spannung.

3.2.1 Rechnen mit Vektoren

Mit Vektoren kann man auch rechnen. Bevor wir das tun, legen wir aber noch folgende Bezeichnung fest.

Punkte aus dem $\mathbb{R}^n$ bezeichnen wir mit $x, y, \ldots, a, b, \ldots$. Hierbei ist $x = (x_1, \ldots, x_n)$. $x_1, \ldots, x_n$ sind die Koordinaten von x. Fassen wir x als Vektor auf (also auch $\overrightarrow{0x}$), so schreiben wir $\vec{x} = (x_1, \ldots, x_n)$ und entsprechend $\vec{y}, \ldots, \vec{a}, \vec{b}, \ldots$.

Nun die Rechenregeln:

Negatives eines Vektors

Das Negative eines Vektors $\vec{x} = (x_1, \ldots, x_n)$ bezeichnen wir mit $-\vec{x}$. Es wird definiert durch

$$-\vec{x} = (-x_1, \ldots, -x_n).$$

$-\vec{x}$ hat die gleiche Länge wie $\vec{x}$, jedoch die entgegengesetzte Richtung (s. Abb. 3.5).

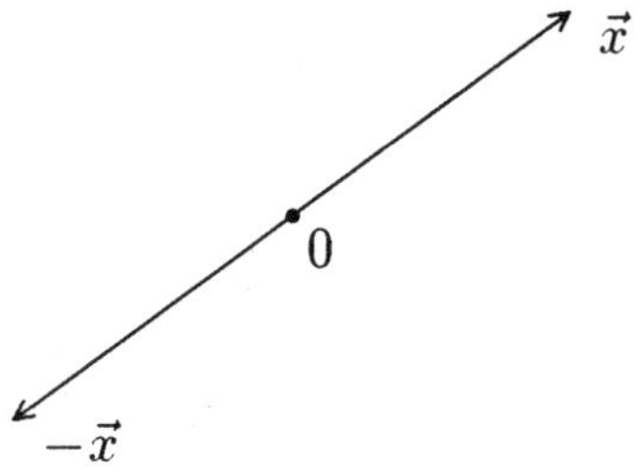

Abbildung 3.5 Negatives eines Vektors

Summe von zwei Vektoren

Für zwei Vektoren $\vec{x} = (x_1, \ldots, x_n)$ und $\vec{y} = (y_1, \ldots, y_n)$ ist deren *Summe*, bzw. *Differenz* definiert als

$$\vec{x} + \vec{y} = (x_1 + y_1, \ldots, x_n + y_n)$$

bzw.

$$\vec{x} - \vec{y} = (x_1 - y_1, \ldots, x_n - y_n).$$

Mehrere Kräfte, die in einem Punkt ansetzen, addieren sich nach dieser Regel. Geometrisch bildet diese Regel das „Parallelogramm der Kräfte“ (s. Abb. 3.6).

Bei der Addition von Vektoren gelten unter anderem die folgenden Regeln.

$$\vec{x} + \vec{y} = \vec{y} + \vec{x}$$

$$(\vec{x} + \vec{y}) + \vec{z} = \vec{x} + (\vec{y} + \vec{z})$$

Ein Beispiel zum Parallelogramm der Kräfte ist folgende

Frage: Ein Gewicht von 1kg ist wie in Abb. 3.7 an einem Seil aufgehängt. Welche Kraft wirkt auf das Seil?

Lösung: Das Gewicht befindet sich in Ruhe. Nach dem NEWTONschen Grundgesetz der Mechanik addieren sich also alle Kräfte zu Null. Insgesamt treten in dem betrachteten System drei Kräfte auf, nämlich

- die Gravitationskraft des Gewichts und
- die zu bestimmenden Kräfte in beiden Teilen des Seils.

Die Gravitationskraft des Gewichts berechnet sich nach der Regel $\vec{F} = m\vec{g}$, „Kraft = Masse × Erdbeschleunigung“. Auf das Gewicht von 1kg wirkt also die Gewichtskraft von 9,81N. Auf den numerischen Wert kommt es im folgenden nicht an. Die Kräfte, die auf das Seil wirken, wirken natürlich in Richtung des Seils. Die Vektoren der Seilkräfte müssen sich also so addieren, daß die Summe ein Vektor (eine Kraft) ist, die gerade das Negative des Vektors der Gravitationskraft ist. Man kann also aus Abb. 3.8 erkennen, daß auf das Seil eine Kraft von

$$\sqrt{2,5^2 + 0,5^2} \cdot 9,81\text{N} = 2,55 \cdot 9,81\text{N}$$

wirkt, was das 2,55-fache der Gravitationskraft des Gewichtes ist.

Skalare Multiplikation

Für einen Skalar $a \in \mathbb{R}$ und einen Vektor $\vec{x}$ ist die *skalare Multiplikation* definiert als

$$a\vec{x} = (ax_1, \ldots, ax_n).$$

Geometrisch bedeutet dies gerade eine Verlängerung, bzw. Verkürzung um den Faktor a. Ist $a < 0$, so ist die Richtung von $a\vec{x}$ der von $\vec{x}$ entgegengesetzt. Für die skalare Multiplikation gelten unter anderem die Rechenregeln

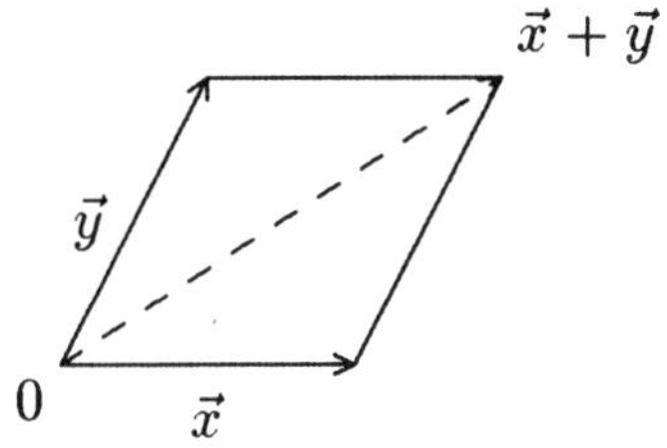

Abbildung 3.6 Addition von Vektoren

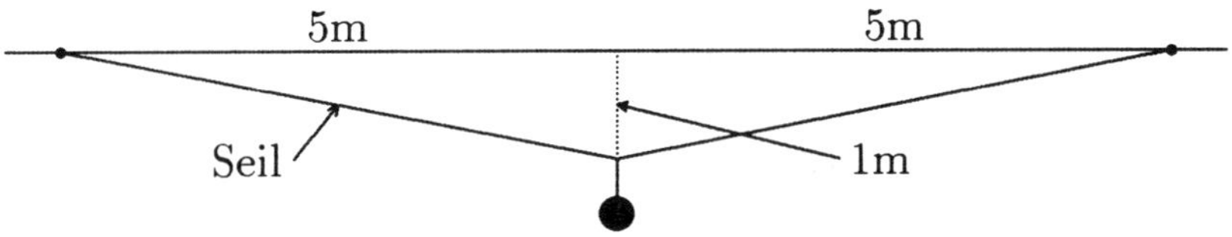

Abbildung 3.7 Beispiel zum Parallelogramm der Kräfte

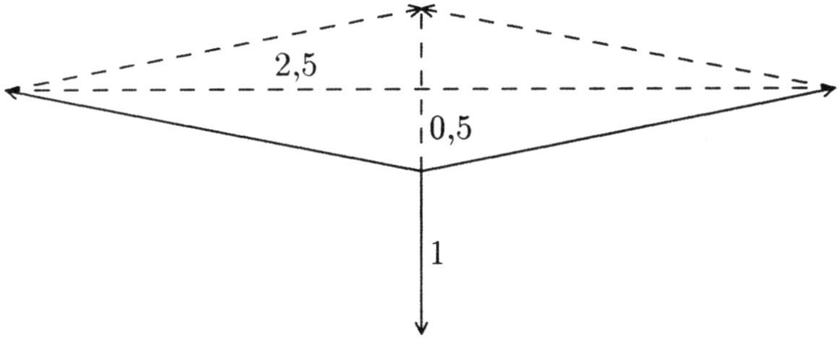

Abbildung 3.8 Lösung des „Gewichtsproblems“

$$a(\vec{x}+\vec{y}) = a\vec{x}+a\vec{y} \quad \text{und} \quad a(b\vec{x}) = (ab)\vec{x}.$$

Die Gültigkeit dieser Regeln ist sofort aus der Definition ersichtlich.

Skalarprodukt

Für zwei Vektoren $\vec{x}, \vec{y}$ ist das *innere Produkt* oder *Skalarprodukt* definiert. Dies ist *kein* Vektor, sondern ein Skalar. Die Bezeichnung und Definition lautet

$$\vec{x}\cdot\vec{y} = \langle\vec{x},\vec{y}\,\rangle = x_1y_1 + x_2y_2\,,$$

falls $\vec{x}$ und $\vec{y}$ Vektoren in der Ebene sind und allgemeiner im $\mathbb{R}^n$

$$\vec{x}\cdot\vec{y} = x_1y_1 + \ldots + x_ny_n.$$

Für das Skalarprodukt gelten folgende Rechenregeln.

$$\vec{x}\cdot\vec{y} = \vec{y}\cdot\vec{x}$$

$$(a\vec{x})\vec{y} = a(\vec{x}\cdot\vec{y}) = \vec{x}\cdot(a\vec{y})$$

$$\vec{x}\cdot(\vec{y}+\vec{z}) = \vec{x}\cdot\vec{y}+\vec{x}\cdot\vec{z}$$

$$(\vec{x}+\vec{y})\cdot\vec{z} = \vec{x}\cdot\vec{z}+\vec{y}\cdot\vec{z}$$

Diese Regeln ergeben sich unmittelbar aus der Definition. Es ist

$$\vec{x}\cdot\vec{x} = x_1^2 + \ldots + x_n^2.$$

Die *Länge* oder *Norm* von $\vec{x}$ ist also

$$\|\vec{x}\| = \sqrt{\vec{x}\cdot\vec{x}}.$$

Mittels des Skalarproduktes kann man leicht überprüfen, ob zwei Vektoren auf einander *senkrecht* stehen, zu einander *orthogonal* sind. Ist dies der Fall, so schreibt man $\vec{x}\perp\vec{y}$.

Bemerkung:

$$\vec{x}\perp\vec{y} \quad \Leftrightarrow \quad \vec{x}\cdot\vec{y} = 0$$

Da $\vec{x}\cdot\vec{y}$ ganz leicht berechnet werden kann, bedeutet dies, daß man Orthogonalität leicht überprüfen kann.

Begründung: Sind $\vec{x}, \vec{y}$ orthogonal, so ist das Dreieck mit den Eckpunkten $0, \vec{x}, (\vec{x}+\vec{y})$ rechtwinklig (s. Abb. 3.9). Es gilt also der Satz des PYTHAGORAS:

$$\|\vec{x}+\vec{y}\|^2 = \|\vec{x}\|^2 + \|\vec{y}\|^2.$$

Nach den gerade erwähnten Rechenregeln ist aber

$$\begin{aligned} \|\vec{x}+\vec{y}\|^2 &= (\vec{x}+\vec{y}) \cdot (\vec{x}+\vec{y}) \\ &= \vec{x} \cdot (\vec{x}+\vec{y}) + \vec{y} \cdot (\vec{x}+\vec{y}) \\ &= \vec{x} \cdot \vec{x} + 2\vec{x} \cdot \vec{y} + \vec{y} \cdot \vec{y} \\ &= \|\vec{x}\|^2 + \|\vec{y}\|^2 + 2\vec{x} \cdot \vec{y}\,, \end{aligned}$$

also $\vec{x} \cdot \vec{y} = 0$.

Veranschaulichung im $\mathbb{R}^2$:
Es ist $(x, y) \perp (-y, x)$ (s. Abb. 3.10) und wirklich ist $(x, y) \cdot (-y, x) = -xy + yx = 0$!

Bemerkung: In der Mathematik *definiert* man Orthogonalität mittels des Skalarproduktes:

$$\vec{x} \perp \vec{y} \quad \text{per Definition} \quad \Leftrightarrow \quad \vec{x} \cdot \vec{y} = 0.$$

Allgemeiner gilt der *Cosinus-Satz*:

$$\vec{x} \cdot \vec{y} = \|\vec{x}\| \cdot \|\vec{y}\| \cos(\varphi).$$

Dabei ist φ der von $\vec{x}, \vec{y}$ eingeschlossene Winkel.

Das innere Produkt wird in der Physik zur Definition (bzw. Berechnung) vieler fundamentaler Größen benutzt, z.B. bei der *Arbeit*.

$$\text{Arbeit} = \text{Kraft} \cdot \text{Weg} \qquad W = \vec{F} \cdot \vec{s}$$

Kraft und Weg sind vektorielle Größen, Arbeit ist eine skalare Größe. Zwei Beispiele hierfür sind in Abb. 3.11 und Abb. 3.12 dargestellt.

Der Cosinussatz ist völlig plausibel: Man zerlegt $\vec{y}$ in eine Komponente in Richtung $\vec{x}$ und eine senkrecht dazu (s. Abb. 3.13)

$$\vec{y} = \vec{u} + \vec{v}.$$

$\vec{u}$ hat die Länge $\|\vec{y}\| \cos\varphi$ und daher ist

$$\vec{x} \cdot \vec{y} = \vec{x} \cdot (\vec{u} + \vec{v}) = \vec{x} \cdot \vec{u} + 0 = \|\vec{x}\| \|\vec{y}\| \cos\varphi.$$

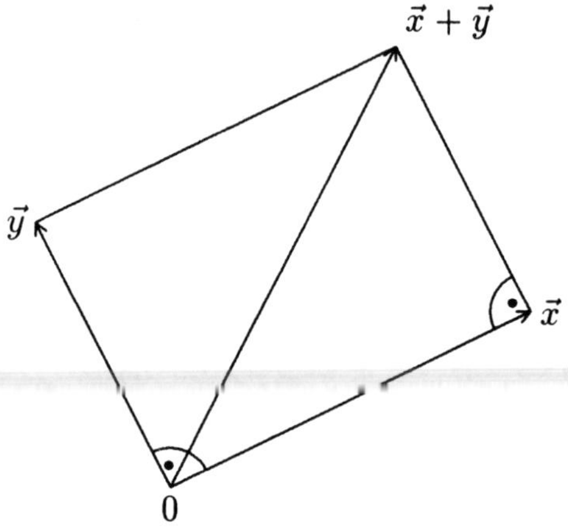

Abbildung 3.9 $\vec{x} \perp \vec{y}$

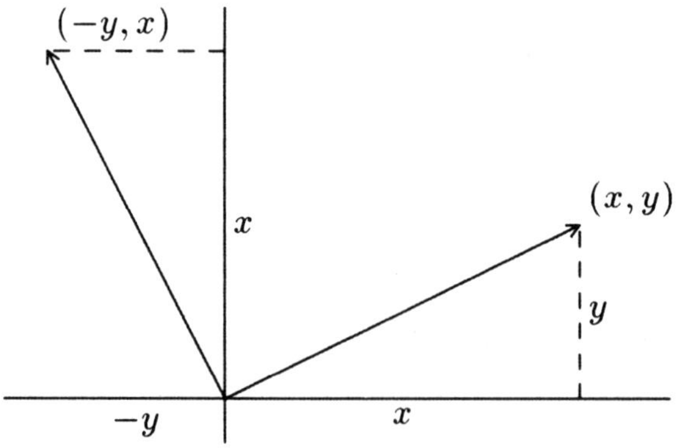

Abbildung 3.10 Orthogonalität im $\mathbb{R}^2$

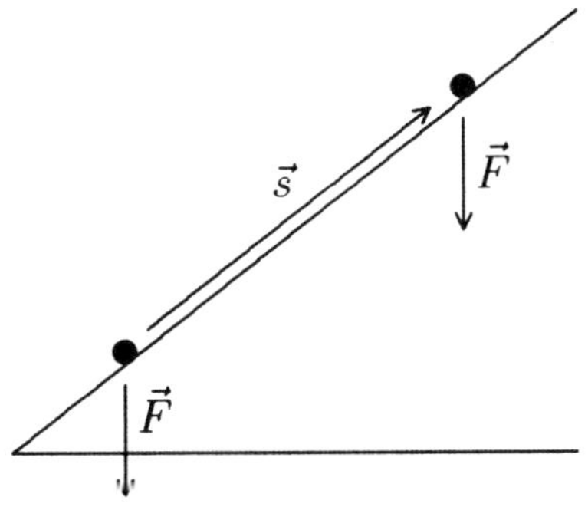

Abbildung 3.11 Arbeit, die geleistet wird, um eine Kugel im Gravitationsfeld auf einer Ebene zu bewegen.

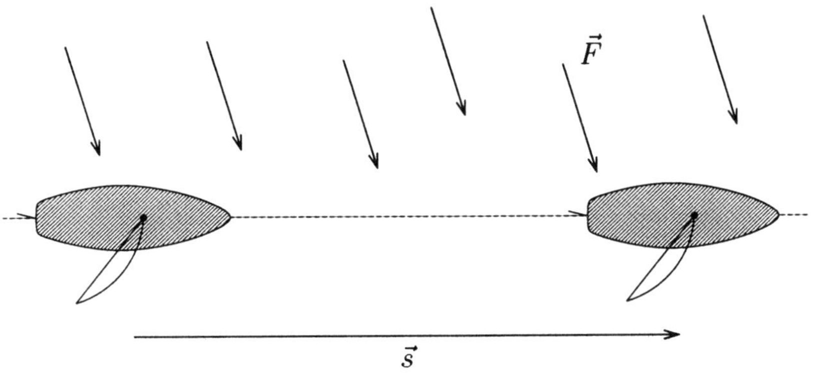

Abbildung 3.12 Arbeit, die der Wind leistet, um ein Schiff zu bewegen.

Aufgabe: Welche der folgenden Größen sind skalare, welche vektorielle Größen:
Geschwindigkeit, Zeit, Leistung, Flächeninhalt, Streckenlänge, Drehmoment, elektrische Feldstärke, Energie, elektrische Ladung, Beschleunigung?

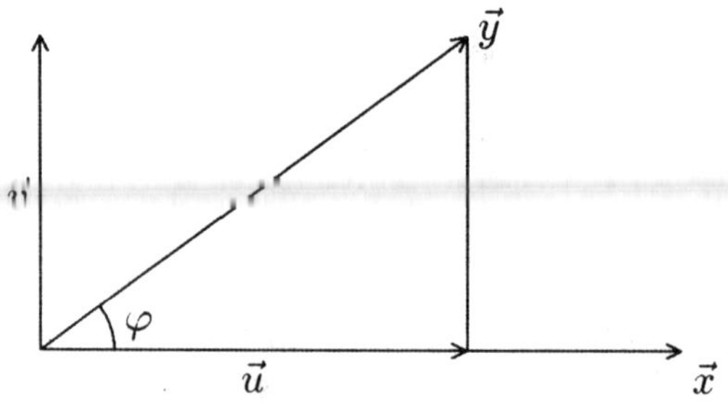

Abbildung 3.13 Begründung des Cosinussatzes

4 Geraden in der Ebene

Es ist eine elementare, aber für viele Anwendungen äußerst wichtige Aufgabe, Geraden in der Ebene - also im $\mathbb{R}^2$ - analytisch zu beschreiben. Mancher wird sich auch daran erinnern, daß die „Geraden-Gleichung“ die Form

$$y = ax + b \tag{4.1}$$

hat. Wir erläutern jetzt diese Gleichung und verschiedene Möglichkeiten, Geraden zu beschreiben.

Wir gehen zunächst von der Gleichung aus. Es sind dort a, b feste reelle Zahlen. Zu jedem $x \in \mathbb{R}$ gehört dann ein eindeutig bestimmtes y, nämlich $y = ax + b$, und es geht um die Menge aller dieser Punkte (x, y). Wir betrachten also

$$g = \{(x, y) | x \in \mathbb{R}\, ,\ y = ax + b\}\ .$$

Wir wollen uns überlegen, daß diese Menge eine Gerade in der Ebene $\mathbb{R}^2$ ist. Dazu betrachten wir zunächst den Spezialfall, daß $b = 0$ ist. Wir haben dann $y = ax$, also

$$g = \{(x, ax) \mid x \in \mathbb{R}\}\ .$$

Statt (x, ax) kann man auch $x(1, a)$ schreiben. g besteht also aus allen Vielfachen des Vektors $(1, a)$, das heißt g ist die Gerade, die durch $0 = (0, 0)$ und $(1, a)$ geht (Abb. 4.1).

Von besonderem Interesse ist der *Anstieg* oder die *Steigung* dieser Geraden. Per Definition ist das der Tangens des Neigungswinkels α gegen die x-Achse. Es ist also (Abb. 4.1):

$$\text{Steigung von } g = \tan(\alpha) = \frac{y}{x} = \frac{a}{1} = a\ .$$

Die Gerade g mit der Gleichung $y = ax + b$ entsteht aus der Geraden g' mit der Gleichung $y = ax$ offenbar dadurch, daß zu jeder y-Koordinate die Konstante b addiert wird. Also entsteht g aus g' durch Verschiebung um b in Richtung der y-Achse, genauer durch Verschiebung um den Vektor $(0, b)$. *Ergebnis*: Die Gleichung $y = ax + b$ beschreibt eine Gerade g, die die y-Achse bei b schneidet und den *Anstieg* a hat.

Geraden können in verschiedener Weise beschrieben und charakterisiert werden, z. B.

1) durch zwei beliebige verschiedene Punkte $P = (p, q)$, $Q = (u, v)$ auf der Geraden;

2) durch einen beliebigen Punkt $P = (p, q)$ auf der Geraden und ihre Richtung;

3) durch einen beliebigen Punkt $P = (p, q)$ auf der Geraden und durch ihre Steigung a.

Von allen drei Charakterisierungen kommt man schnell zur Geradengleichung 4.1. Wir beginnen mit der dritten: Der Anstieg a ist ja schon gegeben. Um den „Ordinaten-Abschnitt" b zu bestimmen, nutzt man aus, daß sich für $x = p$ der Wert $y = q$ ergeben muß, also

$$q = ap + b \quad \text{oder} \quad b = q - ap\,.$$

Die Geraden-Gleichung ist also in diesem Fall

$$y = ax + (q - ap)\,. \tag{4.2}$$

Sind zwei Punkte P, Q wie in 1) gegeben, so kann man den Anstieg a mittels des „Steigungsdreiecks" ausrechnen. Aus diesem Dreieck (das wir im Prinzip schon bei der Abstandsberechnung in 3.1 benutzt haben) ergibt sich (vgl. Abb. 4.2)

$$a = \frac{v - q}{u - p}\,.$$

Weil g durch $P = (p, q)$ geht, ergibt sich nach Gleichung 4.2

$$y = \frac{v - q}{u - p}x + (q - \frac{v - q}{u - p}p).$$

Die Klammer (den Ausdruck für b) kann man etwas vereinfachen. Dann lautet die Gleichung einer Geraden durch die Punkte (p, q) und (u, v):

$$y = \frac{v - q}{u - p}x + \frac{qu - pv}{u - p}\,. \tag{4.3}$$

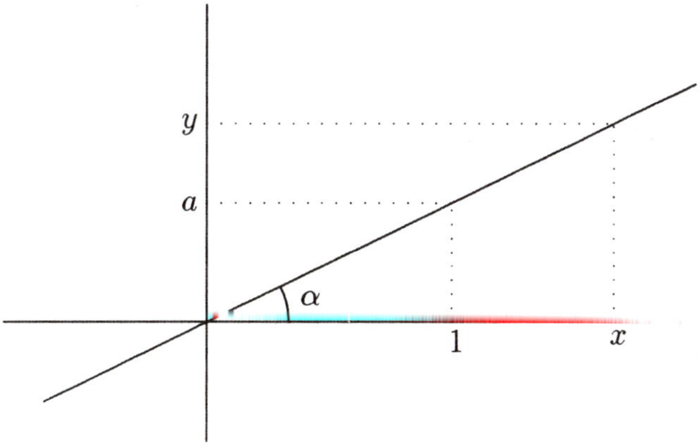

Abbildung 4.1 Die Gerade $y = ax$.

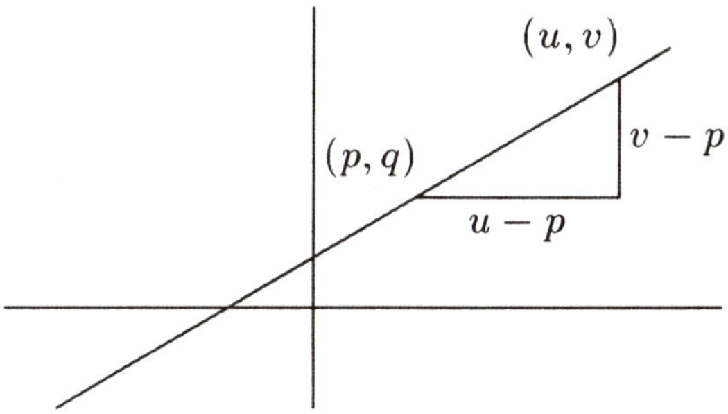

Abbildung 4.2 Gerade durch (p, q) und (u, v)

Bemerkung: Zu diesem Fall 1) ist noch ein kleiner Kommentar erforderlich. Es könnte sein, daß P und Q „senkrecht übereinander" liegen, also $p = u$. Dann ist unsere Gerade eine Parallele zur y-Achse. Dieser Fall wird nicht durch Gleichung 4.1 erfaßt. (Der Anstieg a ist gewissermaßen ∞.) Auch die Darstellung nach Gleichung 4.3 existiert nicht, denn dort taucht der Nenner $0 = u - p$ auf.

Im Fall 2) ist außer dem Punkt $P = (p, q)$ ein Richtungsvektor $(c, d) \neq (0, 0)$ gegeben und g besteht aus allen Punkten

$$(p, q) + t(c, d)\,, \ t \in \mathbb{R}\,.$$

Ist $c = 0$, so erhält man wieder eine Parallele zur $y-$Achse. Andernfalls wird der Anstieg offenbar gegeben durch

$$a = \frac{d}{c}\,.$$

Die Gleichung einer Geraden durch $P = (p, q)$ mit Richtungsvektor (c, d), $c \neq 0$ ist damit gegeben durch

$$y = \frac{d}{c}x + (q - \frac{d}{c}p)\,.$$

Viele Naturvorgänge folgen einem „linearen Gesetz", das durch eine Geradengleichung beschrieben wird. Zum Beispiel erhöht sich der systolische Blutdruck mit der Leistung, die der Körper erbringt (während der diastolische Blutdruck in etwa gleichbleibt oder leicht absinkt). Ähnlich besteht ein linearer Zusammenhang zwischen Leistung (bzw. Sauerstoffaufnahme) und Pulsfrequenz (jedenfalls in einem bestimmten Bereich). Vgl. dazu die Diagramme in Abb. 4.3 und Abb. 4.4.

Aufgabe: Man bestimme für beide Beispiele die zugehörige Geradengleichung in der Form $y = ax + b$ (d.h. man bestimme jeweils die Parameter a und b). Wie würden Sie b im zweiten Beispiel nennen; was beschreibt b?

4.1 Regressions-Gerade

Führt man einen Versuch wie im zweiten Beispiel konkret durch, d.h. mißt man den Puls bei verschiedenen Belastungen, so liegen i.a. die Meßwerte natürlich nicht auf einer so schönen Geraden. Man erhält etwas, das aussehen könnte wie in Abb. 4.5.

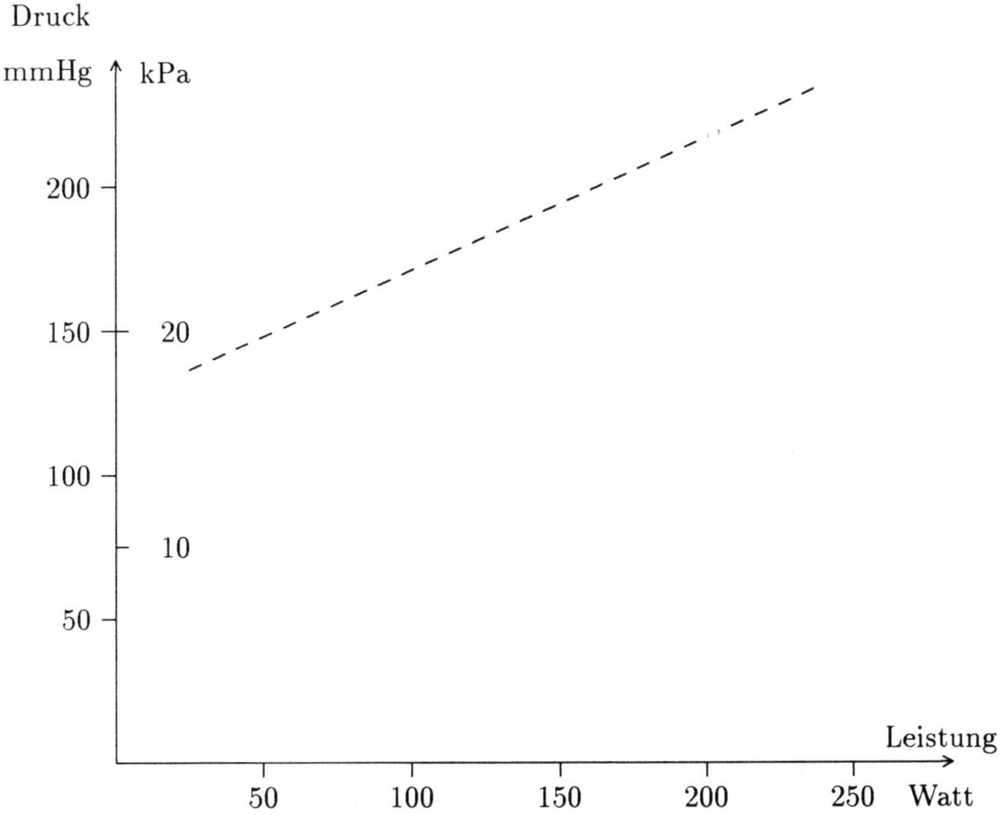

Abbildung 4.3 Systolischer Blutdruck in Abhängigkeit von Leistung

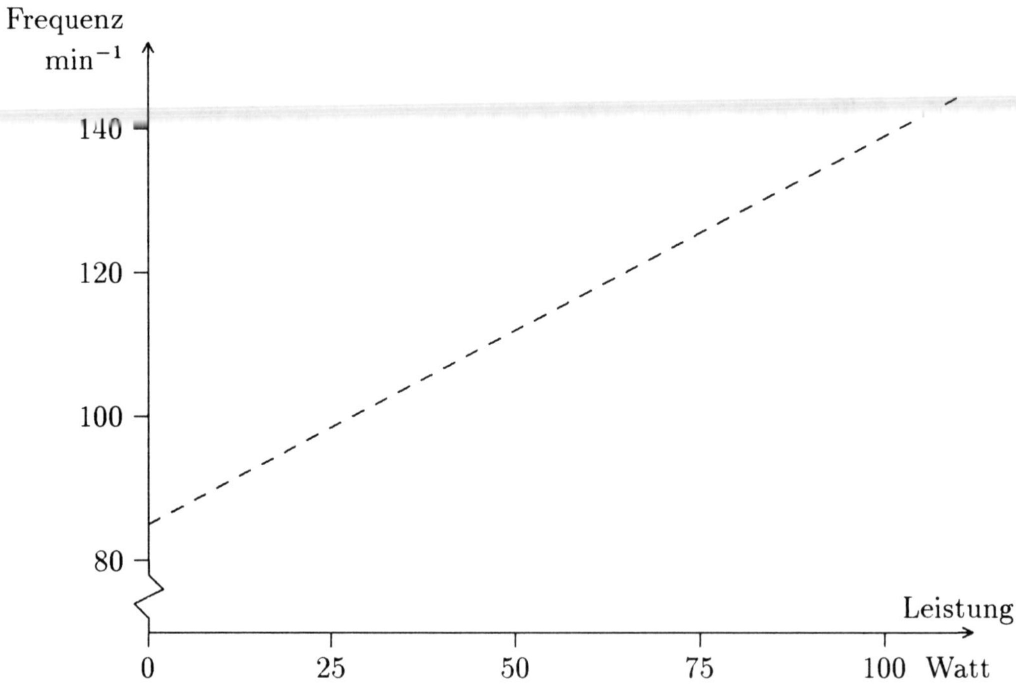

Abbildung 4.4 Pulsfrequnz in Abhängigkeit von Leistung am Ergometer (Versuchsperson: weiblich, 12 J)

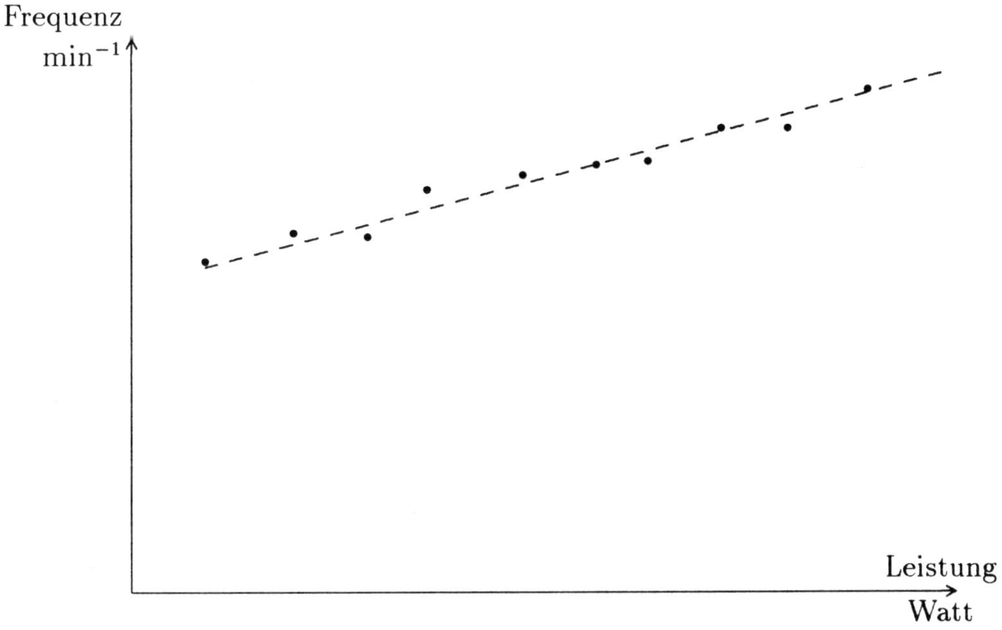

Abbildung 4.5 Realistische Meßdaten zu Abb. 4.4

Ein linearer Zusammenhang ist also erkennbar. Es geht jetzt darum, eine Gerade in der Ebene zu finden, die diese Punkte „möglichst gut" approximiert. Diese Gerade ist die sogenannte *Regressions-Gerade.* Sie wird wie folgt berechnet.

Gegeben sind n Punkte in der Ebene $\mathbb{R}^2$:

$$(u_1, v_1), (u_2, v_2), \ldots, (u_n, v_n).$$

Gesucht ist eine Gerade $y = ax + b$, die an den Stellen $u_1, u_2, \ldots, u_n$ möglichst gut die Werte $v_1, v_2, \ldots, v_n$ annimmt. Diese Gerade geht durch den Schwerpunkt

$$(\bar{u}, \bar{v}), \quad \bar{u} = \frac{1}{n}\sum_{i=1}^{n} u_i, \ \bar{v} = \frac{1}{n}\sum_{i=1}^{n} v_i$$

und hat den Anstieg

$$a = \frac{\sum_{i=1}^{n} u_i v_i - n\bar{u}\bar{v}}{\sum_{i=1}^{n} u_i^2 - n\bar{u}^2}.$$

Mit diesen Formeln kann die gesuchte Gerade wie früher ausgeführt berechnet werden. Wie man zu diesen Formeln kommt, wird in Teil B, Abschnitt 5.3 erklärt. (Beachte, daß im Nenner von a ein Ausdruck steht, der auch bei der Berechnung der Streuung der u_i auftritt.)

Hinweis: In der Praxis reicht es oft aus, die Regressionsgerade nach „Gefühl" zu zeichnen. Man hat ein erstaunlich sicheres „Gefühl" für die richtige Lage.

5 Funktionen

Einer der wichtigsten Gegenstände der Mathematik überhaupt - vor allem auch im Hinblick auf Anwendungen - sind die Funktionen. Eine Funktion ist eine Abbildung

$$f : D \to \mathbb{R} .$$

Die Funktion f ordnet jeder Zahl x des Definitionsbereiches D eine reelle Zahl $y = f(x)$ zu. Dabei nehmen wir an, daß der Definitionsbereich D eine Teilmenge der reellen Zahlen ist. In den meisten Fällen wird D ein *Intervall* sein. Ein *abgeschlossenes* Intervall ist eine Menge der Form

$$[a, b] = \{x \in \mathbb{R} | a \leq x \leq b\} ,$$

ein *offenes* Intervall enthält die Randpunkte nicht, ist also von der Form

$$(a, b) = \{x \in \mathbb{R} \mid a < x < b\}.$$

Bei offenen Intervallen sind als „Randpunkte" auch $-\infty$ und $+\infty$ zugelassen.

Zur Veranschaulichung einer Funktion dient ihr *Graph*, die „Kurve", die f in der euklidischen Ebene beschreibt. Genauer ist der Graph von f folgende Teilmenge des $\mathbb{R}^2$:

$$\text{Graph}(f) = \{(x, f(x)) \mid x \in D\} .$$

Es ist sehr wichtig, sich Funktionen möglichst immer durch ihren Graphen zu veranschaulichen. Man sollte sich auch angewöhnen, den Definitionsbereich zu präzisieren.

5.1 Beispiele

Einige wichtige Funktionen sind:

- *Lineare Funktionen*: $D = (-\infty, \infty) = \mathbb{R}$, $f(x) = ax + b$ mit $a, b \in \mathbb{R}$ fest gewählt (vgl. Abb.4.2).

- *Quadratische Parabel*: $D = (-\infty, \infty)$, $f(x) = x^2$ oder allgemeiner $f(x) = ax^2 + bx + c$, $a, b, c \in \mathbb{R}$, $a \neq 0$ (Abb. 5.1 a)).

- *Wurzelfunktion*: $D = [0, \infty)$, $f(x) = \sqrt{x}$ (Abb. 5.1 b)).
- *Kubische Parabel*: $D = (-\infty, \infty)$, $f(x) = x^3$ oder allgemeiner $f(x) = ax^3 + bx^2 + cx + d$ (Abb. 5.1 c)).
- *Hyperbel*: $D = \mathbb{R} - \{0\}$, $f(x) = \frac{1}{x}$ (Abb. 5.1 d)).

In der Mathematik (oder auch Physik) werden Funktionen (funktionale Zusammenhänge, „Gesetze") meistens (oft) formelmäßig angegeben:

$$f(x) = x^2\,,\ |x|\,,\ \frac{1}{x}\,,\ \log(x)\,,\ \frac{\sin(x)}{x}\,,\ x\,\mathrm{tg}(x)\,,\ldots$$

In den deskriptiven Wissenschaften werden Funktionen ganz oft nicht formelmäßig angegeben, sondern durch ihren Graph beschrieben. Man braucht nur irgendein Lehrbuch aufzuschlagen, um Beispiele dafür zu sehen. Es ist sehr wichtig, diese Graphen verstehen und interpretieren zu können.

Hier ein (willkürliches)

Beispiel: Das menschliche Auge kann durch *Akkommodation* die Brechkraft verschieden einstellen und damit verschieden weit entfernte Gegenstände scharf auf die Netzhaut abbilden. Bei dem jugendlichen Auge ist diese Fähigkeit sehr groß. Normalsichtige Kleinkinder können noch Gegenstände scharfstellen, die nur ca. 7 cm entfernt sind. Mit zunehmendem Alter läßt diese Fähigkeit zur Akkommodation nach (wie andere körperliche Fähigkeiten auch). Der „Nahpunkt" verschiebt sich bis auf ca. 60 cm. Den funktionalen Zusammenhang gibt Abb. 5.2 in etwa wieder.

Der Kehrwert dieser Funktion, gemessen in *Dioptrien* dpt $= \mathrm{m}^{-1}$ ist die sogenannte Akkommodationsbreite, die angibt, um wieviel Dioptrien die Brechkraft des Auges verstellt werden kann. Dieser Wert sinkt im Laufe des Lebens von ca. 14 dpt auf unter 2 dpt.

5.2 Rechnen mit Funktionen

Mit Funktionen kann man in der offensichtlichen Weise ähnlich wie mit Zahlen rechnen. Nur mit dem Definitionsbereich muß man eventuell etwas aufpassen. Es seien f, g zwei Funktionen mit *demselben* Definitionsbereich D (z.B. D ein Intervall in $\mathbb{R}$)

$$f : D \to \mathbb{R}\,,\ g : D \to \mathbb{R}$$

und $a \in \mathbb{R}$. Dann sind $f + g$, $f - g$, af, fg definiert durch

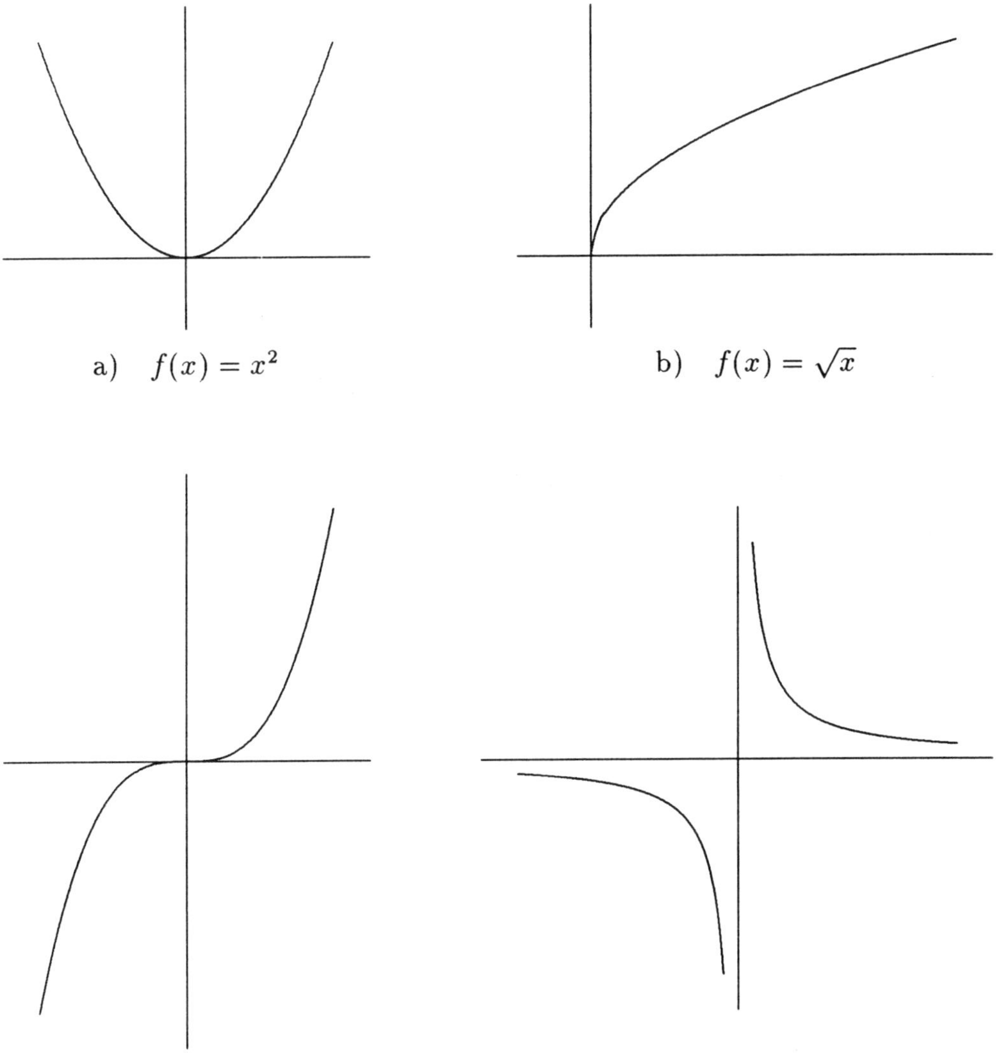

a) $f(x) = x^2$ b) $f(x) = \sqrt{x}$

c) $f(x) = x^3$ d) $f(x) = \frac{1}{x}$

Abbildung 5.1 Wichtige Funktionen

$$\begin{array}{rclcrcl}(f+g)(x) & = & f(x)+g(x) & , & (af)(x) & = & af(x)\\ (f-g)(x) & = & f(x)-g(x) & , & (fg)(x) & = & f(x)g(x).\end{array}$$

Der Definitionsbereich ist in allen Fällen wieder D.

Der Quotient f/g kann dagegen nur definiert werden, wo die Nennerfunktion g nicht Null wird. Es sei also

$$D' = \{x \in \mathbb{R} \mid x \in D\,,\ g(x) \neq 0\}\,.$$

Dann ist der Quotient auf D' definiert durch

$$\frac{f}{g} : D' \to \mathbb{R}\,,\quad \frac{f}{g}(x) = \frac{f(x)}{g(x)}$$

Natürlich gelten dieselben Rechenregeln wie für das Rechnen mit Zahlen.

5.3 Eigenschaften von Funktionen

Eine Funktion $f : D \to \mathbb{R}$ heißt *monoton wachsend*, wenn mit größer werdendem x auch $f(x)$ zunimmt. Aus $x < y$ und $x, y \in D$ folgt also $f(x) \leq f(y)$. f heißt *monoton fallend*, falls aus $x < y$ folgt $f(x) \geq f(y)$.

Die Funktion $f(x) = x^2$ ist im Intervall $(-\infty, 0]$ monoton fallend, im Intervall $[0, \infty)$ monoton wachsend. Die Funktion $f(x) = x^3$ ist überall monoton wachsend.

Eine Funktion $f : D \to \mathbb{R}$ heißt *stetig* an einer Stelle $x_0 \in D$, wenn bei kleinen Veränderungen von x sich auch $f(x)$ nur wenig ändert, d. h. f darf an der Stelle x_0 keine „Sprungstelle" haben.

Den Begriff der Stetigkeit zu präzisieren, erfordert etwas Sorgfalt. Wegen der Bedeutung des Begriffs geben wir eine formale Definition:

Definition 5.3.1 *Eine Funktion f ist* stetig in x_0, *wenn zu jedem $\varepsilon > 0$ ein $\delta > 0$ existiert, so daß aus $|x - x_0| < \delta$ folgt $|f(x) - f(x_0)| < \varepsilon$.*

Diese Definition ist so zu verstehen: Ist f stetig in x_0, so darf $f(x)$ bei x_0 keinen „Sprung" machen. Wie klein man auch immer $\varepsilon > 0$ wählt, die Veränderung von f muß kleiner sein als dieses ε, wenn man nur x entsprechend wenig verändert. Zu jedem $\varepsilon > 0$ muß es also ein $\delta > 0$ geben, so daß für alle x mit $|x - x_0| < \delta$ gilt $|f(x) - f(x_0)| < \varepsilon$.

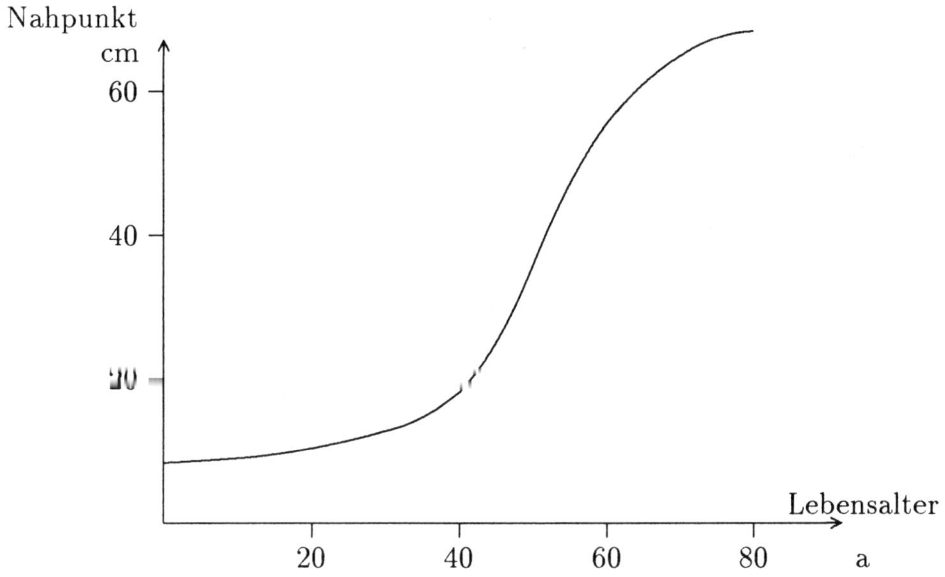

Abbildung 5.2 Akkommodation des menschlichen Auges. Diese Funktion wird nicht durch eine einfache Formel beschrieben.

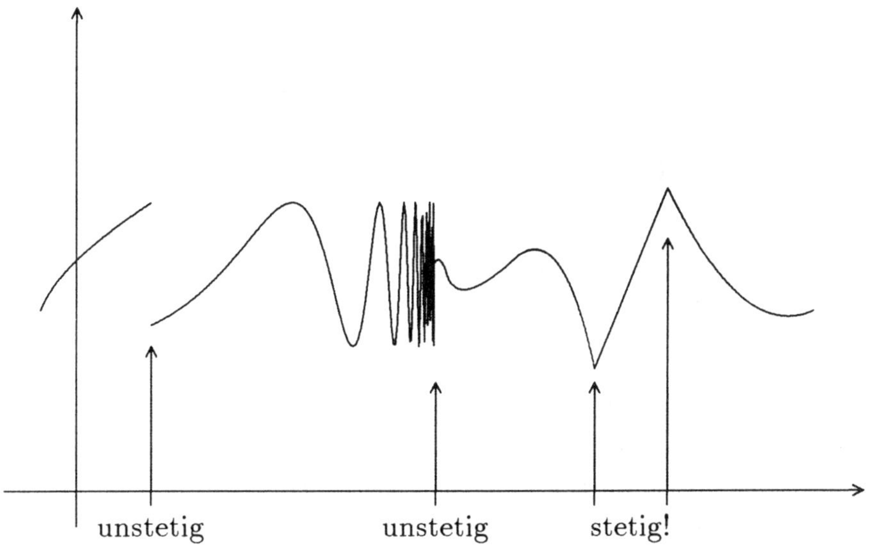

Abbildung 5.3 Funktion mit Unstetigkeitsstellen

Im ersten Semester des Mathematikstudiums wird der Begriff der Stetigkeit sorgfältig untersucht.

Stetige Funktionen haben eine Reihe wichtiger Eigenschaften, die z. T. anschaulich sehr plausibel sind, aber doch exakt bewiesen werden müssen. Eine ist der

Zwischenwertsatz: *D sei ein Intervall und* $f : D \to \mathbb{R}$ *stetig. Es seien* $a, b \in D$ *und* $a < b$ *und* $f(a) < f(b)$ *(oder* $f(a) > f(b)$*). Sei* y *beliebig zwischen* $f(a)$ *und* $f(b)$ *gewählt. Dann existiert ein* c *mit* $a < c < b$ *und* $f(c) = y$.

(Vgl. Abb. 5.4) Die Funktion nimmt also alle Werte zwischen $f(a)$

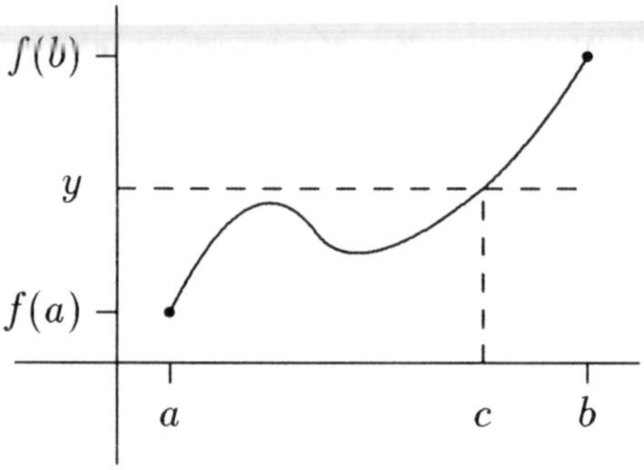

Abbildung 5.4 Der „Zwischenwert" y wird an einer Stelle angenommen.

und $f(b)$ an. (Deshalb spricht man von dem Zwischenwertsatz.)

5.4 Nullstellen

Es sei $D = [a, b]$ ein Intervall und $f : D \to \mathbb{R}$ eine Funktion. Eine Zahl $x \in D$ heißt *Nullstelle* von f, falls $f(x) = 0$. Die Nullstellen sind die Schnittpunkte des Graphen von f mit der $x-$Achse.

Wie findet man Nullstellen?

Es sei f stetig. Für numerische Berechnungen benutzt man oft das *Einschachtelungsverfahren*:

Es sei etwa $f(a) < 0$ und $f(b) > 0$. Dann weiß man nach dem Zwischenwertsatz, daß eine Nullstelle im Intervall (a, b) existiert. Man betrachtet nun den Mittelpunkt $x_1 = \frac{1}{2}(a + b)$ des Intervalles $[a, b]$. Ist $f(x_1) = 0$, so hat man eine Nullstelle gefunden. Ist $f(x_1) > 0$, so weiß man, daß in dem Intervall $[a, x_1]$ eine Nullstelle liegt; sonst liegt in $[x_1, b]$ eine. In beiden Fällen halbiert man wieder das Intervall, in dem die Nullstelle liegt, betrachtet also $x_2 = \frac{1}{2}(a + x_1)$ bzw. $x_2 = \frac{1}{2}(x_1 + b)$. Man findet ein Intervall, dessen Länge $\frac{1}{4}(b - a)$ ist, in dem eine Nullstelle liegt. Dies Verfahren setzt man fort, bis die gewünschte Genauigkeit erreicht ist. Die Intervallgrenzen „konvergieren“ gegen eine Nullstelle. (Vgl. Abb. 5.5)

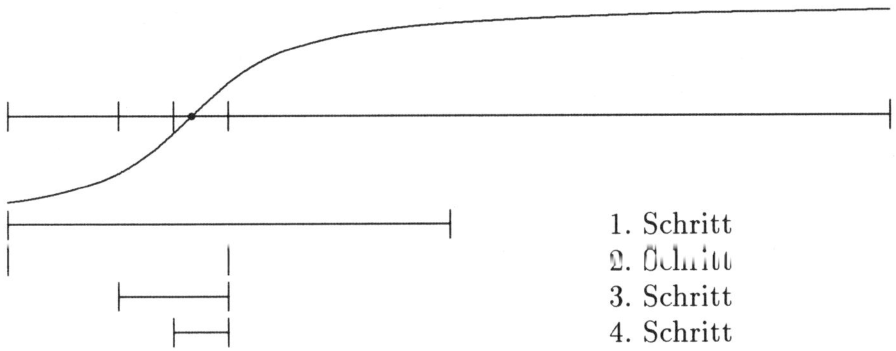

Abbildung 5.5 Verfahren zur Einschachtelung einer Nullstelle

5.5 Extremwerte von Funktionen

Interessante Stellen einer Funktion sind solche, an denen sie einen maximalen oder minimalen Wert annimmt.

Die Funktion $f : D \to \mathbb{R}$ hat bei $x_0 \in D$ ein *Maximum*, falls für alle $x \in D$ gilt $f(x_0) \geq f(x)$ und ein *Minimum*, falls für alle $x \in D$ gilt $f(x_0) \leq f(x)$.

Natürlich brauchen Maxima oder Minima nicht unbedingt zu existieren, z. B. hat die Gerade $f : \mathbb{R} \to \mathbb{R}, \quad f(x) = ax + b, \quad a \neq 0$ weder Maxima noch Minima. Auch die Hyperbel $f(x) = \frac{1}{x}$ hat keine Maxima und Minima. Dagegen hat die quadratische Parabel $f(x) = x^2$ bei $x = 0$ ein Minimum, aber kein Maximum.

Oft interessiert man sich nur für *lokale* oder *relative* Maxima oder Minima. Dann verlangt man nur, daß $f(x_0) \geq f(x)$ (bzw. $f(x_0) \leq f(x)$) in einer Umgebung von x_0 gilt, d. h. für solche x, die dicht bei x_0 liegen. Anschaulich ist ganz klar, was damit gemeint ist (Abb. 5.6).

Aufgabe: Bei den folgenden Beispielen kommen im Prinzip (und qualitativ) folgende Funktionen vor $f(x) = ax$, $f(x) = ax + b$, $f(x) = \dfrac{c}{x^2}$, $f(x) = \frac{c}{x}$, $f(x) = \sin(x)$, $f(x) = ac^x$, $f(x) = ax^2$

Identifiziere die jeweils richtige Funktion:

a) Höhe der Stromrechnung in Abhängigkeit vom Verbrauch,
b) Kinetische Energie in Abhängigkeit von der Geschwindigkeit,
c) Gravitationskraft in Abhängigkeit von der Entfernung,
d) Rechnung beim Tanken in Abhängigkeit von der Menge,
e) Masse einer radioaktiven Substanz in Abhängigkeit von der Zeit,
f) Höhe des Wasserstandes am Meer in Abhängigkeit von der Zeit,
g) elektrischer Widerstand eines Drahtes in Abhängigkeit von der Länge,
h) Stromstärke in Abhängigkeit vom Widerstand bei fester Spannung

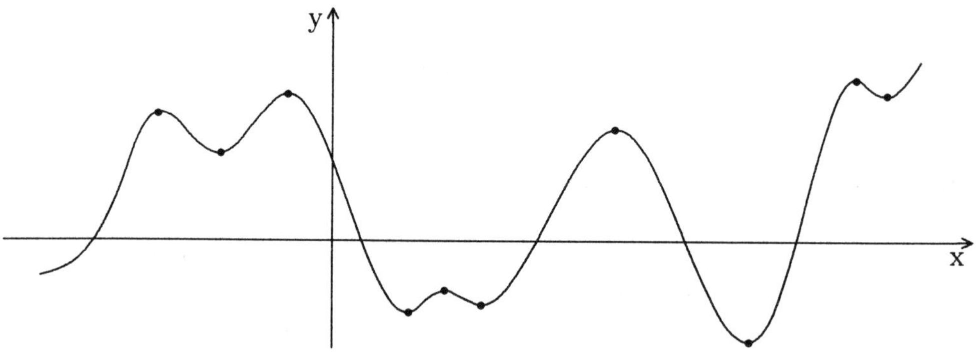

Abbildung 5.6 Lokale Maxima und Minima

6 Elementare Funktionen

Wir besprechen kurz eine Reihe von wichtigen Funktionen, die zum Teil schon in der einen oder anderen Form erwähnt wurden.

6.1 Polynom-Funktionen

Ein *Polynom* (oder eine *ganze rationale Funktion*) ist ein Ausdruck wie

$$3x-4\,,\quad x^2+5\,,\quad x^4-3x^2+7x\,,$$

allgemein

$$p(x)=a_nx^n+a_{n-1}x^{n-1}+\ldots+a_0\,,$$

wobei die Koeffizienten $a_0, a_1, \ldots a_n$ reelle Zahlen sind. Ist $a_n \neq 0$, so ist n der Grad des Polynomes.

Speziell erhält man für

$n=1$	eine	lineare Funktion (Geradengleichung)
$n=2$	eine	quadratische Parabel.

Einige wichtige Eigenschaften von Polynomen:

- Der Definitionsbereich von Polynomen ist ganz $\mathbb{R}$.
- Summe, Differenz und Produkt von Polynomen ist wieder ein Polynom.
- Ein Polynom vom Grad n kann höchstens n Nullstellen haben.

Die einfachsten und wichtigsten Polynom-Funktionen sind die *Potenz-Funktionen*

$$f(x)=x^2\,,\quad f(x)=x^3\,,\ldots$$

aus denen sich alle anderen zusammensetzen.

Flächeninhalte verhalten sich bezüglich des Längenmaßes wie x^2, Volumina wie x^3. Genauer ist damit folgendes gemeint: Ein Rechteck mit Seitenlängen a, b hat bekanntlich die Fläche $F = ab$. Vergrößert (oder verkleinert) man die Seiten um den Faktor x, so vergrößert (verkleinert) sich die Fläche um den Faktor x^2 (vgl. Abb. 6.1). Bei einem Quader im Raum mit Kantenlängen a, b, c und Volumen $V = abc$ vergrößert (verkleinert) sich das Volumen entsprechend um den Faktor x^3. Diese Regel gilt dann für beliebige Flächen bzw. Körper. Man sieht das leicht ein, indem man die Fläche in kleine Rechtecke zerlegt, die alle um den Faktor x^2 abgeändert werden (vgl. Abb. 6.2). Das Volumen eines Körpers wächst also mit der dritten Potenz x^3 des Vergrößerungsfaktors, die Oberfläche dagegen mit der zweiten Potenz x^2. Bei einem Faktor $x = 2$ verachtfacht sich das Volumen und vervierfacht sich die Oberfläche.

Dies erklärt die sogenannte BERGMANN*sche Regel* (jedenfalls qualitativ). Diese besagt bekanntlich, daß (warmblütige) Tiere derselben oder nahe verwandter Arten in kälteren Klimaten größer sind als in wärmeren. Die Begründung ist folgende: Die Wärmeproduktion eines Tieres ist im wesentlichen proportional zur Masse, also zum Volumen. Der Wärmeverlust an die Umgebung geschieht über die Oberfläche und ist daher proportional zur Oberfläche. Das Volumen nimmt mit der Größe stärker zu als die Oberfläche. Also nehmen die Wärmeverluste mit Zunahme der Körpergröße relativ ab.

6.2 Rationale Funktionen

Rationale Funktionen sind Quotienten von Polynomen wie

$$\frac{1}{1+x}, \quad \frac{x^2}{1-x}, \quad \frac{3x-7}{6x^4-8x^2+5},$$

allgemein

$$f(x) = \frac{p(x)}{q(x)}, \quad p(x)\,,\ q(x) \text{ Polynome.}$$

Sie sind also nur da definiert, wo $q(x)$ keine Nullstelle hat. Also auf ganz $\mathbb{R}$ ohne höchstens endlich viele Punkte.

Die einfachste rationale Funktion (die kein Polynom ist) ist die *Hyperbel*, die duch $f(x) = \frac{1}{x}$ gegeben ist (vgl. Abb. 6.3).

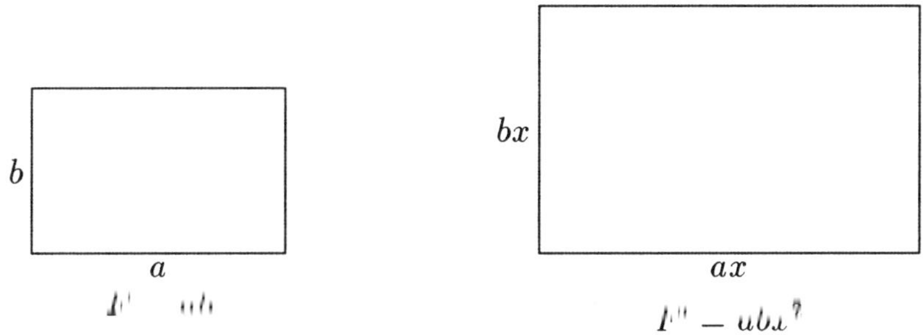

Abbildung 6.1 Flächenänderung eines Rechtecks

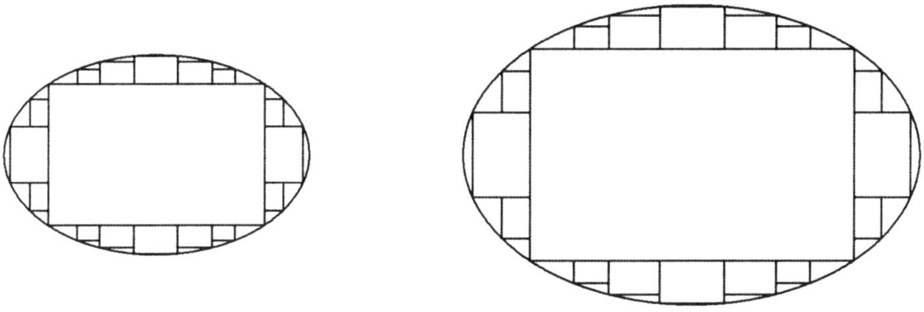

Abbildung 6.2 Flächenänderung einer beliebigen Fläche (hier am Beispiel einer Ellipse)

6.3 Trigonometrische Funktionen

Es geht um die Funktionen Sinus, Cosinus, Tangens und Cotangens. Sie sind zunächst für Winkel definiert. Am rechtwinkligen Dreieck wie in Abb. 6.4 ist

$$\sin(\alpha) = \frac{a}{c}, \quad \cos(\alpha) = \frac{b}{c}, \quad \tan(\alpha) = \frac{a}{b}, \quad \cot(\alpha) = \frac{b}{a}.$$

Insbesondere

$$\tan(\alpha) = \frac{\sin(\alpha)}{\cos(\alpha)}, \quad \cot(\alpha) = \frac{1}{\tan(\alpha)} = \frac{\cos(\alpha)}{\sin(\alpha)}.$$

Es gelten eine Reihe von Rechenregeln. Die wichtigste ist

$$\sin^2\alpha + \cos^2\alpha = 1.$$

Beweis: Nach PYTHARGORAS gilt

$$a^2 + b^2 = c^2,$$

also

$$\left(\frac{a}{c}\right)^2 + \left(\frac{b}{c}\right)^2 = 1,$$

also

$$\sin^2\alpha + \cos^2\alpha = 1.$$

Oft braucht man folgende Formeln

$$\begin{aligned}\sin(\alpha+\beta) &= \sin(\alpha)\cos(\beta) + \cos(\alpha)\sin(\beta)\\ \cos(\alpha+\beta) &= \cos(\alpha)\cos(\beta) - \sin(\alpha)\sin(\beta).\end{aligned}$$

Speziell für $\alpha = \beta$

$$\begin{aligned}\sin(2\alpha) &= 2\sin(\alpha)\cos(\alpha)\\ \cos(2\alpha) &= \cos^2(\alpha) - \sin^2(\alpha).\end{aligned}$$

Die trigonometrischen Funktionen werden jetzt als reellwertige Funktionen definiert. Dazu betrachtet man im $\mathbb{R}^2$ den *Einheitskreis* um den Nullpunkt, also den Kreis mit Radius 1 um 0 (vgl. Abb. 6.5). Er besteht aus allen Punkten (x, y) mit

$$x^2 + y^2 = 1$$

(Kreisgleichung).

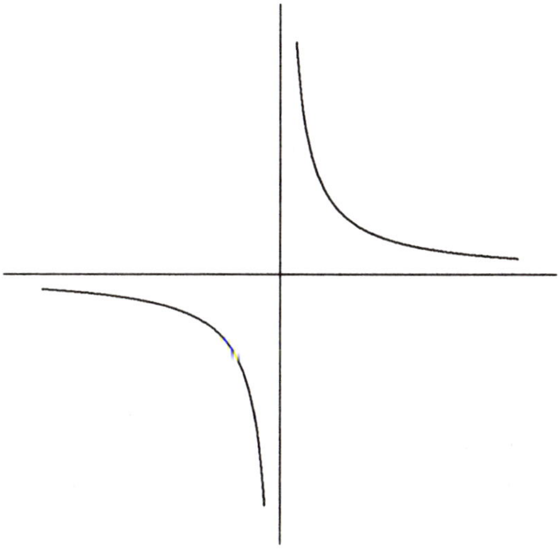

Abbildung 6.3 Die Hyperbel $f(x) = \frac{1}{x}$

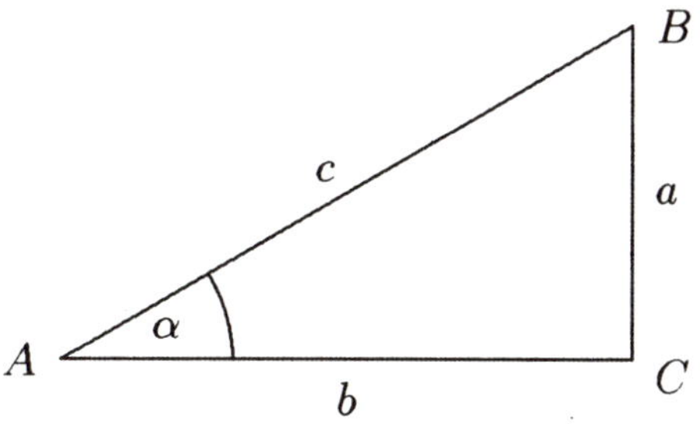

Abbildung 6.4 Rechtwinkliges Dreieck

Nun nehmen wir eine Strecke der Länge t. Diese „wickeln" wir am Punkt $(1,0)$ beginnend entgegen dem Uhrzeigersinn (also in *positiver Drehrichtung*) um den Einheitskreis.

Für	$t = \pi/2$	gelangen wir also zum Punkt	(0,1),
für	$t = \pi$	gelangen wir zum Punkt	(-1,0),
für	$t = 2\pi$	erreichen wir wieder	(1,0),

denn der Kreisumfang ist gerade 2π, usw.

Für beliebiges t bezeichnen wir die Koordinaten des Endpunktes mit $(\cos t, \sin t)$, z.B.

$$\cos(\pi) = -1\,, \quad \cos(\frac{\pi}{2}) = 0\,, \quad \cos(\frac{\pi}{4}) = \frac{1}{\sqrt{2}}, \ldots$$

Für $t < 0$ tragen wir die Strecke $|t| = -t$ in entgegengesetzter Richtung auf dem Einheitskreis ab.

Auf diese Weise sind die Funktionen

$$\cos(t)\,, \quad \sin(t)$$

für alle $t \in \mathbb{R}$ definiert. Die zugehörigen Graphen sind in Abb. 6.6 dargestellt. Folgende Eigenschaften sind offensichtlich:

$$-1 \le \cos t \le 1$$

$$-1 \le \sin t \le 1$$

$$(\cos t)^2 + (\sin t)^2 = 1.$$

$\cos(t), \sin(t)$ sind *periodische* Funktionen mit der Periode 2π, denn wenn man 2π mehr „abwickelt" erreicht man genau denselben Endpunkt. Es gilt:

$\cos(t) = \cos(-t)$	d.h.	cos ist eine *gerade* Funktion
$\sin(t) = -\sin(-t)$	d.h.	sin ist eine *ungerade* Funktion.

Es ist (das ergibt sich aus der Definition)

$$\cos(t) = \sin\left(t + \frac{\pi}{2}\right).$$

Die wichtigste Eigenschaft von $\cos(t), \sin(t)$ ist die Periodizität. Deshalb eignen diese Funktionen sich um (zeitlich) periodische Vorgänge, z.B. periodische Schwingungen, Wellen, ... zu beschreiben.

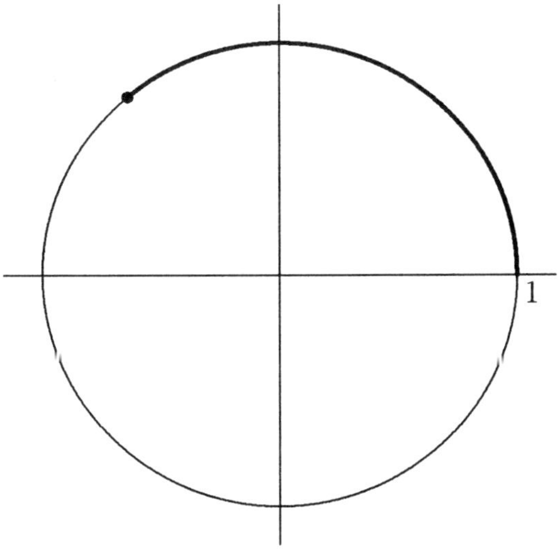

Abbildung 6.5 Der Einheitskreis. Ein Bogen der Länge t ist abgetragen; der Endpunkt hat die Koordinaten $(\cos t, \sin t)$.

Abbildung 6.6 Graphen von sin und cos

Bei Cosinus- und Sinus-Funktion ist die *Periode* wie gesagt 2π, die *Amplitude*, d.h. die maximale „Auslenkung" aus der *Ruhelage* 0 ist 1. Außerdem ist die Variable t so gewählt, daß bei $t = 0$ gerade ein Extremwert oder die Ruhelage angenommen wird. Natürlich können diese Parameter bei einer periodischen Funktion auch anders ausfallen, z.B. wie in Abb. 6.7. Die Funktion, die zu einem derartigen Graphen gehört ist

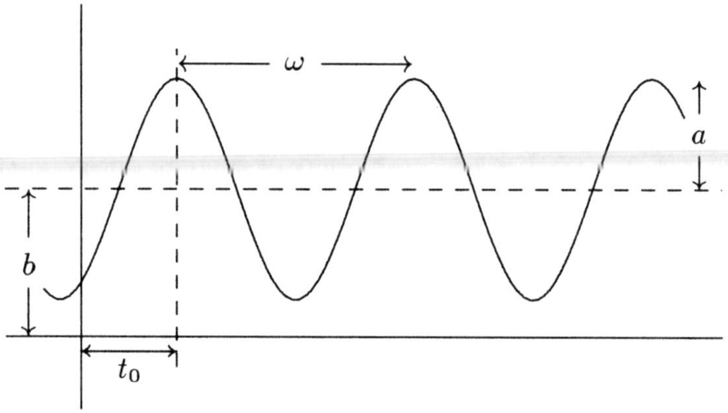

Abbildung 6.7 Eine periodische Funktion

$$f(t) = b + a\cos\left(\frac{2\pi}{\omega}(t - t_0)\right)$$

(in Abb. 6.7 dargestellt) oder

$$f(t) = b + a\sin\left(\frac{2\pi}{\omega}(t - t_0)\right).$$

Diese Funktionen haben Ruhelage b, Amplitude a, Periode ω und sind um t_0 „phasenverschoben".

Die anderen trigonometrischen Funktionen sind mittels $\cos(t)$ und $\sin(t)$ durch die bekannten Formeln definiert,

$$\tan(t) = \frac{\sin(t)}{\cos(t)}, \quad \cot(t) = \frac{\cos(t)}{\sin(t)} = \frac{1}{\tan(t)}.$$

6.4 Exponential- und Logarithmusfunktion

In den ersten beiden Paragraphen haben wir auch schon diese Funktionen kennengelernt.

Es sei $a > 0$ und x beliebig. Dann ist a^x definiert. Man hat also die Funktion

$$f : \mathbb{R} \to \mathbb{R} \quad f(x) = a^x .$$

Der Graph dieser Funktion ist für zwei verschiedene a in Abb. 6.8 dargestellt. Für $a > 1$ ist diese Funktion *monoton wachsend*, denn ist $x > x_0$,

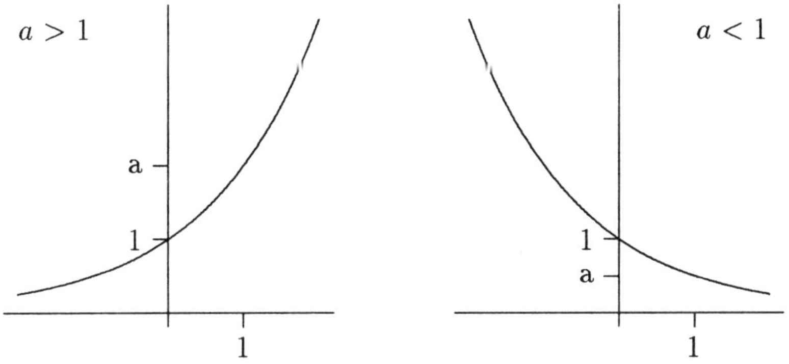

Abbildung 6.8 $f(x) = a^x$

so ist

$$a^x = a^{x+(x-x_0)} = a^{x_0} a^{(x-x_0)}$$

und der Faktor $a^{(x-x_0)}$ ist > 1. Für $a < 1$ ist die Funktion monoton fallend, was man mit dem gleichen Argument erkennt.

$f(x) = a^x$ beschreibt exponentielle Wachstums-, Absorptions- oder Zerfallsprozesse.

Die Logarithmus-Funktion $\log(x)$ ist nur für positive x definiert, also

$$\log : (0, \infty) \to \mathbb{R}.$$

Wir werden in Kapitel 9 Exponential- und Logarithmus-Funktion noch ausführlicher behandeln.

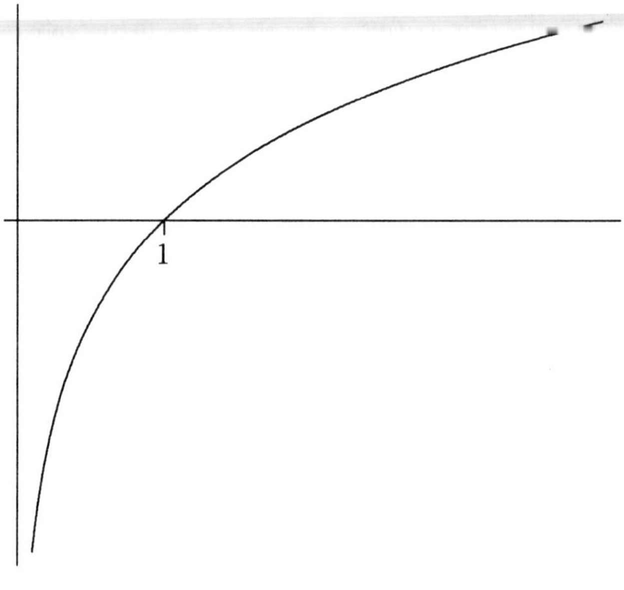

Abbildung 6.9 $f(x) = \log(x)$

7 Grundbegriffe der Differentialrechnung

Die Differential- und Integralrechnung – mit der wir jetzt beginnen – ist ein unentbehrliches Hilfsmittel zur Untersuchung und zum „Rechnen“ mit Funktionen. Da Funktionen quantitative Zusammenhänge beschreiben, ist die Differential- und Integralrechnung (allgemeiner die Analysis) zugleich ein unentbehrliches Hilfsmittel in allen exakten Wissenschaften, vor allem der Physik. Es ist völlig unmöglich, ohne die Sprache und die Hilfsmittel der Analysis auch nur die einfachsten physikalischen Zusammenhänge darzustellen und zu erklären.

7.1 Folgen und Grenzwerte

Der Aufbau der Differential- und Integralrechnung beruht vor allem auf einem Hilfsbegriff, der für sich selbst vielleicht nicht so wichtig, aber unentbehrlich für einen lückenlosen und systematischen Aufbau ist. Es ist dies der Begriff der *konvergenten Folge.*

Vorweg soll noch gesagt werden, daß in der Infinitesimalrechnung mit reellen Zahlen gearbeitet wird. Sprechen wir im folgenden von Zahlen, so sind damit immer reelle Zahlen gemeint.

Es ist leicht zu verstehen, was eine unendliche *Folge* von Zahlen ist. Der Prototyp einer Folge ist die Folge der natürlichen Zahlen

$$1 \quad 2 \quad 3 \quad 4 \quad \ldots$$

Weitere Beispiele von Folgen sind:

$$\begin{array}{ccccc} 1 & \frac{1}{2} & \frac{1}{3} & \frac{1}{4} & \ldots \\ 1 & -1 & 1 & -1 & \ldots \\ 1 & 4 & 9 & 16 & \ldots \end{array}$$

oder

$$3 \quad 3,1 \quad 3,14 \quad 3,141 \quad 3,1415 \quad \ldots$$

Die Zahl, die in einer Folge an n-ter Stelle steht, heißt das n-te Folgenglied. Die Folgenglieder können einem Gesetz „folgen“ (wie in den obigen Beispielen), sie können aber auch ganz regellos sein

$$-4 \quad 7 \quad 2{,}5 \quad 0 \quad -1001 \quad \pi \quad 0{,}\overline{47} \quad \cdots$$

Eine Folge heißt *konvergent*, wenn ihre Glieder sich immer mehr einem bestimmten Wert, dem *Grenzwert* annähern. Die Folge $1, 2, 3, \ldots$ wächst immer weiter und ist nicht konvergent. Die Folge $1, \frac{1}{2}, \frac{1}{3}, \ldots$ konvergiert gegen 0, denn die Folgenglieder kommen der 0 immer näher, die Differenz zur 0 wird „beliebig klein“. Die Folge $1, -1, 1, -1, 1, -1$ ist nicht konvergent. (Zwar konvergiert gewissermaßen die eine „Hälfte“ gegen 1, die andere gegen -1, aber nicht *alle* Folgenglieder nähern sich immer mehr *derselben* Zahl.) Die Folge

$$3 \quad 3{,}1 \quad 3{,}14 \quad 3{,}141\ldots$$

konvergiert gegen die Kreiszahl π.

Eine Folge bezeichnet man allgemein mit

$$a_1\,,\ a_2\,,\ a_3\,,\ \ldots \text{ oder } (a_n)_{n=1,2\ldots}\,;$$

a_n ist also das n-te Folgenglied. Exakt formuliert ist eine Folge eine Abbildung $\mathbb{N} \to \mathbb{R}$; jeder natürlichen Zahl n wird eine reelle Zahl a_n zugeordnet.

Wegen der Bedeutung des Begriffs „Konvergenz“ formulieren wir jetzt die exakte Definition, die man kennen und verstehen sollte.

Definition 7.1.1 *Eine Folge reeller Zahlen $(a_n)_{n=1,2,\ldots}$ heißt* konvergent *gegen den* Grenzwert *(oder* Limes*) a, falls zu jeder positiven reellen Zahl ε ein n_0 existiert, so daß für alle $n \geq n_0$ gilt: $|a - a_n| < \varepsilon$.*

Also: Wenn man die Zahl ε vorgibt, die noch so klein sein kann, dann unterscheiden sich trotzdem alle Folgenglieder von einem n_0-ten an um weniger als ε von dem Grenzwert a. „Fast alle“ (alle bis auf endlich viele) Folgenglieder unterscheiden sich von a um weniger als ε.

Ist die Folge konvergent, so wird der Grenzwert wie folgt bezeichnet:

$$\lim_{n\to\infty} a_n.$$

Es ist also z.B.

$$\lim_{n\to\infty} \left(\frac{1}{n}\right) = 0.$$

Aufgabe: Man untersuche folgende Folgen auf Konvergenz und bestimme gegebenenfalls den Grenzwert.

$$(-1)^n\frac{1}{n}, \quad \frac{n-1}{n}, \quad \frac{1}{n^2}, \quad \frac{n+1}{3}, \quad -\frac{n^2}{n+1}$$

An den Grenzwertbegriff schließt sich ein technischer Begriff an, den wir später noch brauchen, nämlich der Begriff des *Grenzwertes einer Funktion.* Es sei $D = [a,b]$, $x_0 \in D$, $D' = D \setminus \{x_0\}$, also D' ist gleich D ohne einen Punkt x_0, und $f : D' \to \mathbb{R}$ eine Funktion. Man sagt, f hat in x_0 den Grenzwert a, falls für alle Folgen (x_n) in D', die gegen x_0 konvergieren, gilt

$$\lim_{n\to\infty} f(x_n) = a\,.$$

Mit anderen Worten: Nähert sich x dem Wert x_0, so konvergiert $f(x)$ gegen den Wert a. Man schreibt deshalb auch

$$\lim_{x\to x_0} f(x) = a\,.$$

Der Begriff der Stetigkeit (vgl. 5.3.1) drückt sich mit Hilfe des Grenzwertbegriffes offenbar so aus: f ist stetig in x_0, falls $\lim_{x\to x_0} f(x) = f(x_0)$ gilt.

Für konvergente Folgen gibt es eine Reihe von sehr plausiblen Rechenregeln, die wir nicht explizit formulieren, aber gelegentlich benutzen werden. Zum Beispiel:

Konvergiert die Folge (a_n) gegen a und die Folge (b_n) gegen b, so ist auch $(a_n + b_n)$ eine konvergente Folge. Ihr Grenzwert ist $a + b$. Ähnliches gilt für Differenz und Produkt von Folgen.

7.2 Differenzieren und Ableitungen

Wir betrachten eine Funktion

$$f : (a,b) \to \mathbb{R}$$

und eine Stelle x_0 des Definitionsbereiches. Es geht uns um den Anstieg der Funktion f an der Stelle x_0. Dazu betrachten wir den Graphen von f und einen Punkt x in der Nähe von x_0. Auf dem Graphen von f liegen also die Punkte

$$P_0 = (x_0\,, f(x_0))\,,\ P = (x\,, f(x)).$$

Wir betrachten jetzt die Gerade durch P_0 und P. Die Gleichung dieser Geraden können wir wie in Kapitel 4 beschrieben aufstellen. Nach den dort angegebenen Formeln ist der Anstieg α dieser Geraden gleich

$$\alpha = \frac{f(x) - f(x_0)}{x - x_0}.$$

(Aus naheliegenden Gründen heißt dieser Bruch *Differenzenquotient*: Es ist der Quotient aus den Differenzen der y- und der x-Koordinaten.) Legt man nun den Punkt x immer dichter an x_0, so nähert sich die Gerade immer mehr der *Tangente* im Punkt P_0, und die zugehörigen Anstiege α konvergieren gegen den Anstieg der Tangente. Dieser Anstieg ist die *Ableitung* von f im Punkt x_0. Wir fassen diese Begriffe in einer exakten Definition zusammen.

Definition 7.2.1 *Sei $f : (a,b) \to \mathbb{R}$ eine Funktion und $x_0 \in (a,b)$. Die Funktion f heißt in x_0* differenzierbar, *falls eine Zahl a existiert mit*

$$a = \lim_{x \to x_0} \frac{f(x) - f(x_0)}{x - x_0} .$$

Diese Zahl heißt dann Ableitung *von f an der Stelle x_0. Sie wird mit $f'(x_0)$ bezeichnet (oder auch mit $\frac{df}{dx}(x_0)$). Die Funktion heißt* differenzierbar, *wenn sie in allen Punkten des Definitionsbereiches differenzierbar ist. Die Ableitung von f wird mit f' bezeichnet; es ist also die Funktion, die an jeder Stelle $x \in D$ den Anstieg $f'(x)$ von f angibt.*

Bemerkung: Es ist von größter Wichtigkeit für das Verständnis der Differentialrechnung, daß die geometrische Bedeutung der Ableitung $f'(x_0)$ klar ist. Diese Zahl gibt den Anstieg der Kurve $f(x)$ im Punkt x_0 an. Ist $f'(x_0) > 0$, so heißt das anschaulich, daß die Kurve $f(x)$ in x_0 ansteigt: mit zunehmendem x wird der Funktionswert $f(x)$ größer. Ist $f'(x_0) < 0$, so fällt die Kurve: mit zunehmendem x wird der Funktionswert $f(x)$ kleiner.

Gelegentlich benutzt man eine etwas andere Schreibweise: Man setzt oben in 7.2.1 $h = x - x_0$, also $x = x_0 + h$. Dann ist die Ableitung

$$f'(x_0) = \lim_{h \to 0} \frac{1}{h}(f(x_0 + h) - f(x_0)) .$$

7.3 Beispiele

1) Am einfachsten ist es, die Ableitung von Geraden zu berechnen. Ist $f(x) = ax + b$, so wissen wir schon, daß der Anstieg gleich a ist; es ist jeder Differenzenquotient gleich a, nämlich

$$\frac{(ax + b) - (ax_0 + b)}{x - x_0} = a .$$

Der Übergang zum Grenzwert ist also gar nicht nötig. Es ist $f'(x) = a$ für alle x.

2) Wir betrachten eine quadratische Parabel $f(x) = x^2$. Dann gilt für alle x

$$f'(x) = 2x.$$

Beweis: Wir betrachten zu einem beliebigen x_0 den Differenzenquotienten

$$\frac{f(x) - f(x_0)}{x - x_0} = \frac{x^2 - x_0^2}{x - x_0} = x + x_0.$$

Konvergiert nun x gegen x_0, so geht der Differenzenquotient gegen $2x_0$, also $f'(x_0) = 2x_0$ für alle x_0.

3) Wir betrachten die Potenzfunktion $f(x) = x^k$ und behaupten

$$f'(x) = kx^{k-1}.$$

Beweis: Wir gehen ähnlich vor wie eben. Es ist

$$x^k - x_0^k = \left(x^{k-1} + x^{k-2}x_0 + \ldots + xx_0^{k-2} + x_0^{k-1}\right)(x - x_0).$$

Multipliziert man nämlich die rechte Seite aus, so heben sich alle Terme weg, bis auf die zwei auf der linken Seite. Der Differenzenquotient ist also

$$\frac{x^k - x_0^k}{x - x_0} = x^{k-1} + x^{k-2}x_0 + \ldots + x_0^{k-1}.$$

Geht x gegen x_0 so geht jeder der k Summanden der rechten Seite gegen x_0^{k-1}, also $f'(x_0) = kx_0^{k-1}$.

4) Wir betrachten die Hyperbel $f(x) = \frac{1}{x}$ und behaupten $f'(x) = -\frac{1}{x^2}$. Der Differenzenquotient ist

$$\frac{\frac{1}{x} - \frac{1}{x_0}}{x - x_0} = \frac{x_0 - x}{xx_0} \cdot \frac{1}{x - x_0} = \frac{-1}{xx_0}.$$

Geht x gegen x_0, so ergibt sich die Behauptung.

7.4 Rechenregeln für Ableitungen

Für die Berechnung der Ableitung einer Funktion gibt es einige nützliche Rechenregeln, die die Rechnung sehr erleichtern.

Ableitung einer Summe

Die Ableitung einer Summe von Funktionen ist die Summe der Ableitungen

$$(f+g)' = f' + g' .$$

Beispiel: Ist $f(x) = x^2 + 3x + 2$, so ist nach dieser Regel und den betrachteten Beispielen $f'(x) = 2x + 3$.

Ableitung eines Vielfachen

Ist c eine reelle Zahl, so gilt für jede Funktion f daß

$$(cf)' = cf'.$$

Beispiel: Die Ableitung von $f(x) = 5x^3$ ist $15x^2$.

Ableitung von Polynomfunktionen

Beide obige Regeln folgen sofort aus der Definition; zusammen mit den Beispielen ermöglichen sie die Berechnung der Ableitung beliebiger Polynomfunktionen: Ist

$$f(x) = a_n x^n + a_{n-1}x^{n-1} + \ldots + a_0 \; ; \; a_0, \ldots, a_n \in \mathbb{R},$$

so gilt

$$f'(x) = na_n x^{n-1} + (n-1)a_{n-1}x^{n-2} + \ldots + a_1.$$

Produktregel

Ist $h = fg$ also $h(x) = f(x)g(x)$, so gilt

$$h'(x) = f'(x)g(x) + f(x)g'(x) .$$

Beweis: Für das Produkt $h(x)$ haben wir folgenden Differenzenquotienten zu betrachten:

$$\frac{h(x)-h(x_0)}{x-x_0} = \frac{f(x)g(x)-f(x_0)g(x_0)}{x-x_0}.$$

Im Zähler fügen wir einen Summanden 0 als $-f(x)g(x_0) + f(x)g(x_0)$ geschrieben ein. Dann ergibt sich

$$\frac{h(x)-h(x_0)}{x-x_0} = \frac{f(x)g(x)-f(x)g(x_0)}{x-x_0} + \frac{f(x)g(x_0)-f(x_0)g(x_0)}{x-x_0}$$

$$= \quad f(x)\frac{g(x)-g(x_0)}{x-x_0} + \frac{f(x)-f(x_0)}{x-x_0}g(x_0)$$

Für $x \to x_0$ wird das gleich

$$h'(x_0) = f(x_0)g'(x_0) + f'(x_0)g(x_0).$$

Beispiel: Wir wollen die Ableitung von

$$h(x) = \frac{1}{x^2} = \frac{1}{x} \cdot \frac{1}{x}$$

berechnen. Wir haben $f(x) = g(x) = \frac{1}{x}$ und erhalten mit 7.3 (4)

$$h'(x) = \frac{-1}{x^2} \cdot \frac{1}{x} + \frac{1}{x} \cdot \frac{-1}{x^2} = \frac{-2}{x^3} = -2x^{-3}.$$

Beispiel: Wir wollen die Ableitung von $f(x) = \sqrt{x}$ berechnen und benutzen folgenden Trick. Es sei $f(x) = g(x) = \sqrt{x}$, also $h(x) = f(x)g(x) = x$. Nach der Produktregel ist

$$1 = h'(x) = f'(x)\sqrt{x} + \sqrt{x}f'(x),$$

also

$$f'(x) = \frac{1}{2\sqrt{x}}.$$

Quotientenregel

Ist $h = \frac{f}{g}$, also $h(x) = \frac{f(x)}{g(x)}$, $g(x) \neq 0$, so ist

$$h'(x) = \frac{f'(x)g(x) - f(x)g'(x)}{(g(x))^2}.$$

7.5 Die Kettenregel

Die *Kettenregel* ist eine wichtige Regel zur Berechnung von Ableitungen. Sie betrifft zusammengesetzte Funktionen. Dabei setzt man eine Funktion in eine andere ein, z.B.

$$h(x) = \sqrt{1+x^2}.$$

Die Funktion $f(x) = 1 + x^2$ wird in die Funktion $g(x) = \sqrt{x}$ eingesetzt:

$$h(x) = g(f(x)) = \sqrt{1+x^2}.$$

Oder $f(x) = x^2$, $g(x) = \sin(x)$ ergibt die zusammengesetzte Funktion $h(x) = \sin(x^2)$. Dieser Prozeß soll jetzt formal exakt formuliert werden. Dabei muß man mit dem Definitionsbereich etwas aufpassen.

Gegeben seien Funktionen

$$f : D \to \mathbb{R}\,, \quad g : D' \to \mathbb{R}.$$

Es werde vorausgesetzt, daß $f(D) \subset D'$. Dann ist die zusammengesetzte Funktion

$$g \circ f : D \to \mathbb{R}$$

definiert durch

$$(g \circ f)(x) = g(f(x)).$$

Beachte, daß g an der Stelle $f(x)$ definiert ist, denn $f(x)$ liegt ja nach Voraussetzung $f(D) \subset D'$ im Definitionsbereich von g.

Bei dem ersten Beispiel hatten wir

$$\begin{array}{ll} f : \mathbb{R} \to \mathbb{R} & f(x) = x^2 + 1 \\ g : [0, \infty) \to \mathbb{R} & g(x) = \sqrt{x} \end{array}$$

f nimmt nur Werte ≥ 1 an, also $f(\mathbb{R}) \subset [0, \infty)$, so daß $g(f(x))$ definiert ist.

Für die Ableitung einer zusammengesetzten Funktion gilt die „Kettenregel“:

$$h'(x) = g'(f(x))f'(x).$$

Begründung: Wir erweitern den Differenzenquotienten

$$\frac{h(x) - h(x_0)}{x - x_0} = \frac{g(f(x)) - g(f(x_0))}{x - x_0}$$

mit $f(x) - f(x_0)$ und erhalten

$$\frac{h(x) - h(x_0)}{x - x_0} = \frac{g(f(x)) - g(f(x_0))}{f(x) - f(x_0)} \frac{f(x) - f(x_0)}{x - x_0}.$$

Bei dem Grenzübergang $x \to x_0$ geht der zweite Faktor gegen die Ableitung $f'(x_0)$. In dem ersten Faktor geht $y = f(x)$ gegen $y_0 = f(x_0)$, und mit diesen Abkürzungen gilt

$$\frac{g(f(x)) - g(f(x_0))}{f(x) - f(x_0)} = \frac{g(y) - g(y_0)}{y - y_0} \to g'(y_0)\,,$$

wobei $g'(y_0) = g'(f(y_0))$. Also

$$\frac{h(x) - h(x_0)}{x - x_0} \to g'(f(x_0))f'(x_0).$$

Wir wenden die Regel auf das erste Beispiel an:

$$f(x) = x^2 + 1, \quad f'(x) = 2x$$
$$g(x) = \sqrt{x} \quad , \quad g'(x) = \tfrac{1}{2\sqrt{x}}$$

$$h'(x) = g'(f(x))f'(x) = \frac{1}{2\sqrt{x^2+1}} \cdot 2x = \frac{x}{\sqrt{x^2+1}}$$

7.6 Umkehrfunktionen

Die Umkehrfunktion einer Funktion $f(x)$ ist dadurch definiert, daß der Zahl $f(x)$ als Wert die Zahl x zugeordnet wird. Zum Beispiel ist $\sqrt{x}$ die Umkehrfunktion von x^2, denn $\sqrt{x^2} = x$. Dabei muß man etwas aufpassen: Die Funktion $f(x)$ darf nicht verschiedenen Werten $x_1, x_2, \ldots$ denselben Wert $f(x_1) = f(x_2) = \ldots$ zuordnen. Denn wenn das geschieht, ist der ursprügliche Wert x nicht eindeutig durch $f(x)$ definiert.

Wir setzen also voraus, daß f auf einem Intervall D definiert ist und dort streng-monoton wachsend oder fallend ist:

$$f : D \to \mathbb{R} \quad , \quad x_1 < x_2 \Rightarrow f(x_1) < f(x_2) \tag{7.1}$$
$$\text{oder} \quad x_1 < x_2 \Rightarrow f(x_1) > f(x_2). \tag{7.2}$$

Die Umkehrfunktion $\overset{-1}{f}$ (nicht zu verwechseln mit $\frac{1}{f(x)}$!!) ist auf $f(D)$ definiert durch

$$\overset{-1}{f} : f(D) \to \mathbb{R}, \quad \overset{-1}{f}(f(x)) = x.$$

Beispiele

1) $f(x) = x^2$ ist auf $[0, \infty)$ streng-monoton wachsend. Die Bildmenge ist ebenfalls $[0, \infty)$. Dort ist also die Umkehrfunktion definiert. Es ist $\overset{-1}{f}(x) = \sqrt{x}$.

2) Die Exponentialfunktion $f(x) = 10^x$ ist auf ganz $\mathbb{R}$ definiert und dort streng-monoton wachsend. Die Bildmenge besteht aus den positiven reellen Zahlen: $f(\mathbb{R}) = (0, \infty)$. Die Umkehrfunktion ist gerade die Logarithmus-Funktion, denn

$$\log(10^x) = x.$$

3) Die cos-Funktion ist auf dem Intervall $[0, \pi]$ streng-monoton fallend und nimmt dort die Werte zwischen 1 und -1 an. Die Umkehrfunktion, die man Arcuscosinus nennt (arccos) ist also auf $[-1, 1]$ definiert:

$$\arccos : [-1, 1] \to \mathbb{R}\,, \quad \arccos(\cos x) = x\,.$$

Ähnlich ist sin auf $[-\frac{\pi}{2}, \frac{\pi}{2}]$ streng-monoton wachsend und

$$\arcsin : [-1, 1] \to \mathbb{R}$$

definiert.

Bemerkung: Hat $f : D \to \mathbb{R}$ eine Umkehrfunktion $\overset{-1}{f}$ und ist $(x, f(x))$ ein Punkt auf dem Graph von f, so liegt $(f(x), x)$ auf dem Graph von $\overset{-1}{f}$. Denn $\overset{-1}{f}$ ordnet ja der Zahl $f(x)$ die Zahl x zu. $(f(x), x)$ entsteht aus $(x, f(x))$ durch Spiegelung an der Winkelhalbierenden $y = x$ (vgl. Abb. 7.1). Der Graph von $\overset{-1}{f}$ entsteht also aus dem Graphen von f durch Spiegelung an der Geraden $y = x$.

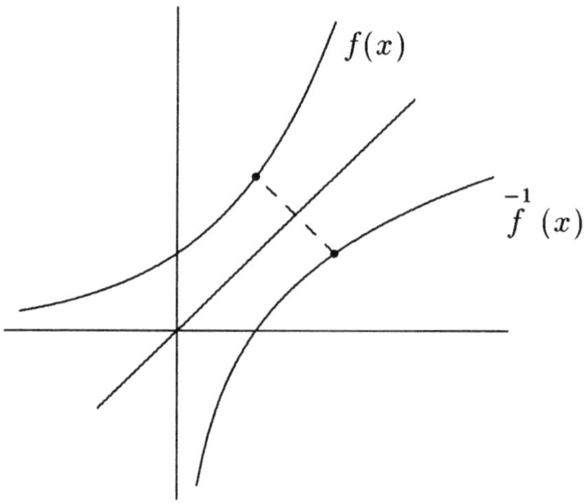

Abbildung 7.1 Die Graphen von f und $\overset{-1}{f}$

Die Ableitung der Umkehrfunktion $\overset{-1}{f}(x)$ kann man nach der Kettenregel ausrechnen. Es ist

$$\overset{-1}{f}(f(x)) = x.$$

Leiten wir beide Seiten ab und wenden dabei links die Kettenregel an, so folgt

$$\overset{-1}{f}{}'(f(x))f'(x) = 1\,,$$

also

$$\overset{-1}{f}{}'(f(x)) = \frac{1}{f'(x)}.$$

Dabei wird $f'(x) \neq 0$ vorausgesetzt.

8 Fortsetzung der Differentialrechnung, Kurvendiskussion

8.1 Geometrische Bedeutung der Ableitung

Es ist von größter Wichtigkeit für das Verständnis der Differentialrechnung, daß die geometrische Bedeutung der Ableitung $f'(x_0)$ klar ist. Diese Zahl gibt den Anstieg der Kurve $f(x)$ im Punkt x_0 an. Ist $f'(x_0) > 0$, so heißt das anschaulich, daß die Kurve $f(x)$ in x_0 ansteigt: mit zunehmendem x wird der Funktionswert $f(x)$ größer. Ist $f'(x_0) < 0$, so fällt die Kurve: mit zunehmendem x wird der Funktionswert $f(x)$ kleiner (vgl. dazu Abb. 8.1).

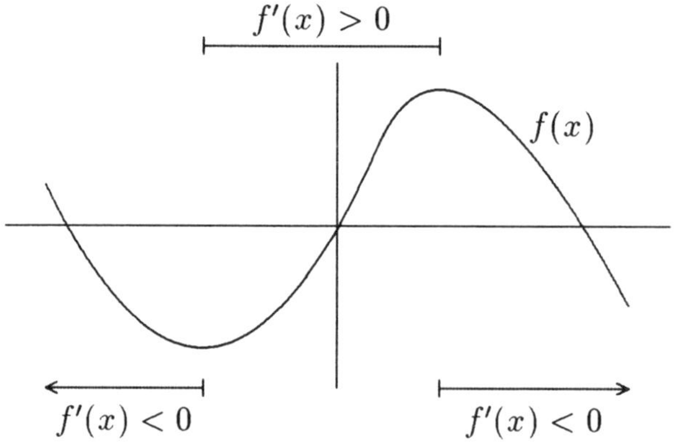

Abbildung 8.1 Geometrische Bedeutung der Ableitung

In diesen Zusammenhang gehört der Mittelwertsatz der Differentialrechnung, der ein grundlegendes Hilfmittel ist, um viele anschaulich plausible Tatsachen exakt zu beweisen.

Satz 8.1.1 (Mittelwertsatz der Differentialrechnung) *Es sei $f : D \to \mathbb{R}$ eine differenzierbare Funktion (wobei der Definitionsbereich ein Intervall ist). Es seien $a, b \in D$, $a < b$. Dann existiert ein x_0 mit $a < x_0 < b$ und*

$$f'(x_0) = \frac{f(b) - f(a)}{b - a}.$$

Beweis: Siehe Lehrbücher der Differential- und Integralrechnung.

Interpretation dieser Aussage

Vgl. dazu Abbildung 8.2. Der Differenzenquotient

$$\frac{f(b) - f(a)}{b - a}$$

ist der Anstieg der Sekante zu den Stellen a, b. Der Satz besagt, daß ein Zwischenwert x_0 zwischen a, b existiert, so daß die Ableitung an der Stelle x_0 gerade dieser Anstieg ist. Das heißt: Sekante und Tangente in x_0 sind parallel. Diese Aussage erscheint anschaulich sehr plausibel.

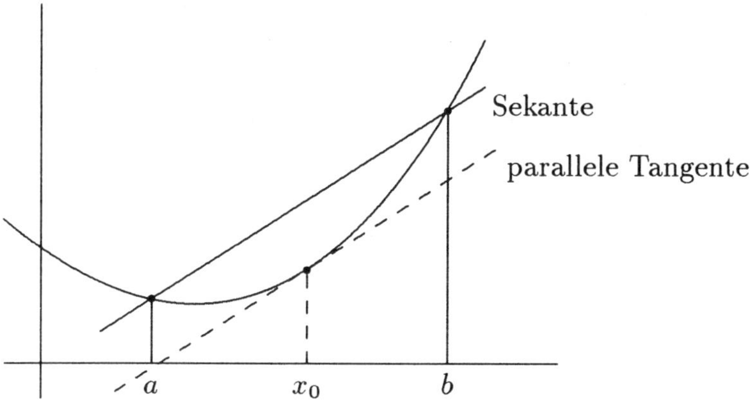

Abbildung 8.2 Geometrische Interpretation des Mittelwertsatzes

Anwendung: Wir wissen: Ist $f(x) \equiv c$, so ist (trivialerweise) $f'(x) \equiv 0$. Es gilt auch die Umkehrung: Ist $f'(x) \equiv 0$, so ist die Funktion $f(x)$ eine Konstante.

Beweis: Angenommen es gäbe Werte a, b mit $f(a) \neq f(b)$. Dann ist der Differenzenquotient $\neq 0$. Nach dem Mittelwertsatz existiert ein x_0 mit

$$f'(x_0) = \frac{f(b) - f(a)}{b - a} \neq 0.$$

Dies ist ein Widerspruch zu der Voraussetzung $f'(x) \equiv 0$. Also ist $f(a) \neq f(b)$ unmöglich. Alle Funktionswerte sind gleich.

Aufgabe: Sei $f'(x) \equiv a$. Beweise: $f(x)$ ist eine affine Gerade $f(x) = ax + b$. (Tip: Betrachte die Funktion $f(x) - ax$.)

8.2 Höhere Ableitungen

Hat man die Ableitung f' der Funktion f gebildet, so kann man (Differenzierbarkeit von f' vorausgesetzt) auch die Ableitung von f' bilden. Dies ist die *zweite Ableitung* von f; sie wird mit f'' bezeichnet. Entsprechend sind die weiteren *höheren Ableitungen* von f definiert, die dritte Ableitung f''' und allgemein die n-te Ableitung $f^{(n)}$.

Beispiel: $f(x) = x^3 - 2x^2 + 5$, $f'(x) = 3x^2 - 4x$, $f''(x) = 6x - 4$, $f'''(x) = 6$, $f^{(4)}(x) = 0$.

Es ist wichtig, die geometrische Bedeutung der zweiten Ableitung zu verstehen. Was bedeutet $f''(x_0) > 0$? Nach der Bemerkung zu Beginn dieses Kapitels heißt dies, daß in einer Umgebung von x_0 die erste Ableitung f' zunimmt; die Funktion $f'(x)$ wächst. Dies heißt aber, daß der Anstieg der Ausgangsfunktion $f(x)$ wächst; die Funktion wird immer „steiler". Dies bedeutet, daß in einer Umgebung von x_0 die Kurve $f(x)$ nach links gekrümmt ist. Also $f''(x_0) > 0$ bedeutet: die Kurve $f(x)$ ist in der Nähe von x_0 links gekrümmt. Entsprechend heißt $f''(x_0) < 0$, daß der Anstieg kleiner wird; die Kurve ist rechts gekrümmt.

8.3 Extremwerte

Eine der wichtigsten und häufigsten Anwendungen der Differentialrechnung ist die Lösung von Extremwertaufgaben. Dabei geht es um folgendes: Gegeben ist eine Funktion $f : (a, b) \to \mathbb{R}$ und gesucht sind die Stellen x, an denen f lokale Extremwerte, also lokale Maxima oder Minima annimmt (vgl. 5.5). Es wird vorausgesetzt, daß f „genügend oft" (zweimal oder mehr) differenzierbar ist.

Hat f an der Stelle x_0 ein lokales Extremum, so muß notwendig $f'(x_0) = 0$ gelten. Wäre $f'(x_0) > 0$, so wäre $f(x)$ in der Umgebung von x_0 wachsend; wäre $f'(x_0) < 0$, so wäre $f(x)$ in der Nähe von x_0 fallend. In beiden Fällen könnte bei x_0 kein Maximum oder Minimum sein.

Aus $f'(x_0) = 0$ kann man jedoch *nicht* schließen, daß bei x_0 wirklich ein lokales Extremum vorliegt. Ein Gegenbeispiel ist $f(x) = x^3$. Dann ist $f'(x_0) = 3x_0^2$. Es ist also $f'(0) = 0$; trotzdem liegt bei $x = 0$ kein Extremum vor, die Funktion x^3 ist nämlich streng monoton wachsend.

Ob ein Extremum an einer Stelle x_0 mit $f'(x_0) = 0$ vorliegt, läßt sich oft mit Hilfe der zweiten Ableitung entscheiden. Wir nehmen an, daß gilt

$f''(x_0) > 0$. Nach der obigen Diskussion der geometrischen Bedeutung der zweiten Ableitung ist $f(x)$ dann in x_0 linksgekrümmt; außerdem ist der Anstieg bei x_0 gleich 0. Aus beiden zusammen folgt, daß bei x_0 ein lokales Minimum vorliegt.

Ist $f''(x_0) < 0$, so ist $f(x)$ rechtsgekrümmt, und wir haben ein lokales Maximum. Wir fassen diese Diskussion zusammen; für den Beweis des Satzes verweisen wir wieder auf Lehrbücher über Differential- und Integralrechnung.

Satz 8.3.1 *$f : (a, b) \to \mathbb{R}$ sei zweimal differenzierbar und die 2. Ableitung $f''(x)$ sei stetig. Dann gilt:*

1) *Hat $f(x)$ in x_0 ein lokales Extremum, so gilt $f'(x_0) = 0$. (Die Bedingung $f'(x_0) = 0$ ist eine* notwendige Bedingung *für das Vorliegen eines Extremums.)*

2) *Gilt $f'(x_0) = 0$ und $f''(x_0) > 0$ (bzw. $f''(x_0) < 0$), so hat f in x_0 ein lokales Minimum (bzw. ein lokales Maximum). (Die Bedingung $f'(x_0) = 0$, $f''(x_0) \neq 0$ ist eine* hinreichende *Bedingung für das Vorliegen eines Extremums.)*

Beispiel

Es gibt eine Fülle von Aufgaben, die auf die Bestimmung der Extremwerte einer Funktion zurückgeführt werden können. Wir behandeln ein (ganz einfaches) Beispiel.

Aufgabe: Welches Rechteck mit Umfang a hat den größten Flächeninhalt?

Lösung: Eine Seite des noch zu bestimmenden Rechtecks habe die Länge x. Die beiden angrenzenden Seiten haben dann zusammen die Länge $a-2x$; die Seitenlängen des Rechtecks sind also x und $\frac{a}{2}-x$. Der Flächeninhalt ist also $x(\frac{a}{2}-x) = \frac{a}{2}x-x^2 = f(x)$. Gesucht ist das Maximum dieser Funktion in Abhängigkeit von x. Wir benutzen die Bedingung $f'(x) = 0$. Es ist

$$f'(x) = \frac{a}{2} - 2x.$$

Die einzige Nullstelle der Ableitung liegt also bei $x_0 = \frac{a}{4}$. Es ist $f''(x) = -2$, also $f''(\frac{a}{4}) = -2 < 0$, d. h. bei $x = \frac{a}{4}$ ist ein Maximum. Offensichtlich haben alle vier Seiten dann die gleiche Länge $\frac{a}{4}$, das heißt, das Rechteck ist ein Quadrat.

Ergebnis: Unter allen Rechtecken mit gleichem Umfang hat das Quadrat den größten Flächeninhalt.

Bemerkung: Der letzte Satz veranlaßt, sich genau den Unterschied zwischen *notwendigen* und *hinreichenden* Bedingungen klarzumachen:

- $f'(x_0) = 0$ ist notwendige Bedingung für ein Extremum. Liegt ein Extremum bei x_0 vor, so gilt notwendig $f'(x_0) = 0$. Ist die Bedingung $f'(x_0) = 0$ nicht erfüllt (also $f'(x_0) \neq 0$), so kann auch kein Extremum vorliegen. Abstrakt gesprochen ist der Zusammenhang der folgende: A ist notwendige Bedingung für B, wenn aus B die Aussage A folgt.
- $f'(x_0) = 0$ und $f''(x_0) \neq 0$ ist dagegen eine hinreichende Bedingung für ein Extremum. Sind diese Bedingungen erfüllt, so liegt ein Extremum vor. Abstrakt: A ist hinreichende Bedingung für B, wenn aus A die Aussage B folgt.

8.4 Kurvendiskussion

Zu den traditionellen Anwendungen der Differentialrechnung gehört die „Kurvendiskussion". Dabei geht es um folgendes. Gegeben ist eine Funktion $f(x)$. Es sollen der Verlauf der Kurve $f(x)$ und ihre geometrischen Eigenschaften bestimmt werden. Diese Diskussion besteht aus folgenden Einzelpunkten (von denen je nach Situation auch einige wegfallen können): Wir erläutern das Vorgehen jeweils an dem Beispiel der Funktion (s.Abb. 8.3)

$$f(x) = \frac{2x}{1+x^2}\,.$$

1) *Berechnung von einigen Funktionswerten*
   Um einen ungefähren Überblick über den Verlauf der Kurve zu erhalten, berechnet man numerisch (etwa mit einem Taschenrechner) die Funktionswerte an einigen Stellen, etwa $x = 0, \pm1, \pm2$ usw.
   Im Beispiel

x	-2	-1	0	1	2	3
$f(x)$	-0,8	-1	0	1	0,8	0,6

.

2) *Bestimmung der Nullstellen*
   Die Bestimmung der Nullstellen kann schwierig sein. In unserem Beispiel ist offenbar die einzige Nullstelle bei $x = 0$.

3) *Bestimmung des Verhaltens für $x \to \pm\infty$*
Man stellt fest, wie sich $f(x)$ qualitativ für große x verhält. Wächst $f(x)$ sehr stark an, geht $f(x)$ gegen Null, usw.? In unserem Beispiel wird für große x der Zähler viel kleiner als der Nenner. Der Bruch geht also gegen 0:

$$f(x) = \frac{2x}{1+x^2} < \frac{2x}{x^2} = \frac{2}{x} \to 0 \qquad \text{für} \quad x \to \pm\infty .$$

Für $x > 0$ ist $f(x) > 0$; für $x < 0$ ist $f(x) < 0$. Also konvergiert $f(x)$ für $x \to \pm\infty$ gegen die x-Achse; für positive x von oben, für negative von unten.

4) *Symmetrie*
Man stellt fest, ob z. B. gilt $f(-x) = f(x)$ (in diesem Fall ist die Funktion symmetrisch zur y-Achse) oder ob $f(-x) = -f(x)$ (dann ist die Funktion symmetrisch zum Nullpunkt). In unserem Fall liegt Symmetrie zum Nullpunkt vor.

5) *Bestimmung der Extremwerte*
Mittels Satz 8.3.1 werden die Extremwerte von $f(x)$ berechnet. Dazu muß zunächst die Ableitung berechnet werden. In unserem Fall geschieht das mit der Quotientenregel

$$f'(x) = \frac{2(1+x^2) - 2x \cdot 2x}{(1+x^2)^2} = \frac{-2x^2+2}{(1+x^2)^2} .$$

$f'(x) = 0$ kann nur gelten, wenn der Zähler gleich 0 ist. Das führt auf die Bedingung $x^2 = 1$, also $x = \pm 1$.

Extremwerte können also nur bei $x = -1$ und $x = +1$ liegen. Da $f(x) \to 0$ für $x \to \pm\infty$, ist klar, daß irgendwo ein Minimum und irgendwo ein Maximum sein muß. Das Minimum kann dann nur bei $x = -1$, das Maximum nur bei $x = 1$ liegen. Dies kann auch mittels der 2. Ableitungen überprüft werden (was aber ein bißchen mühsam ist)

$$\begin{aligned} f''(x) &= \frac{-4x(1+x^2)^2 - (2-2x^2)2(1+x^2)2x}{(1+x^2)^4} \\ &= \ldots (\text{rechnen}) \\ &= \frac{-4x(1+x^2)(3-x^2)}{(1+x^2)^4} . \end{aligned}$$

An der Stelle $x = 1$, $y = 1$ liegt ein Maximum, bei $x = -1$, $y = -1$ liegt ein Minimum.

6) *Wendepunkte*
Mit *Wendepunkten* haben wir uns noch nicht beschäftigt. Dabei geht es um folgendes. Wir haben gesehen, daß für $f''(x) > 0$ die Kurve linksgekrümmt ist, für $f''(x) < 0$ dagegen rechtsgekrümmt. Eine Änderung des Krümmungsverhaltens kann also nur dort vorliegen, wo $f''(x) = 0$ ist. Punkte, wo das Krümmungsverhalten sich ändert, nennt man *Wendepunkte*. Die Bedingung $f''(x) = 0$ ist notwendig (aber nicht hinreichend) für einen Wendepunkt.

Im Beispiel ist $f''(x) = 0$ genau dann, wenn der Zähler 0 ist. Das führt auf die Lösungen

$$x = 0 \quad \text{und} \quad x = \pm\sqrt{3}\,.$$

Tatsächlich liegen hier auch Wendepunkte vor: für $x < -\sqrt{3}$ ist die Kurve rechtsgekrümmt (denn $f''(x) < 0$), für $-\sqrt{3} < x < 0$ ist die Kurve linksgekrümmt, für $0 < x < \sqrt{3}$ wieder rechtsgekrümmt und für $\sqrt{3} < x$ linksgekrümmt.

8.5 TAYLOR-Polynom und TAYLOR-Reihe

Oft möchte man eine (komplizierte) Funktion $f(x)$ durch eine Polynomfunktion (also eine einfache Funktion) approximieren. Das kann man folgendermaßen machen:

Es sei x_0 eine fest gewählte Stelle aus dem Definitionsbereich von f, der sogenannte *Entwicklungspunkt*. Dann sieht man sich folgendes Polynom in x an:

$$F_n(x) = f(x_0) + \frac{f'(x_0)}{1!}(x-x_0) + \frac{f''(x_0)}{2!}(x-x_0)^2 + \ldots + \frac{f^{(n)}(x_0)}{n!}(x-x_0)^n\,,$$

also speziell

$$\begin{aligned} F_0(x) &= f(x_0)\,, \\ F_1(x) &= f(x_0) + \frac{f'(x_0)}{1!}(x-x_0)\,, \\ F_2(x) &= f(x_0) + \frac{f'(x_0)}{1!}(x-x_0) + \frac{f''(x_0)}{2!}(x-x_0)^2 \end{aligned}$$

usw. Dieses Polynom hat nun folgende Eigenschaft

$$\begin{aligned} f(x_0) &= F_n(x_0)\,, \\ f'(x_0) &= F_n'(x_0)\,, \end{aligned}$$

$$\begin{aligned} f''(x_0) &= F_n''(x_0)\,, \\ &\vdots \\ f^{(n)}(x_0) &= F_n^{(n)}(x_0)\,. \end{aligned}$$

Diese Behauptung rechnet man einfach nach:

$$f(x_0) = F_n(x_0) \quad \text{ist offensichtlich}$$

$$\begin{aligned} F_n'(x) &= f'(x_0) + \frac{f''(x_0)}{2!}2(x-x_0)^1 + \frac{f'''(x_0)}{3!}3(x-x_0)^2 + \ldots \\ F_n'(x_0) &= f'(x_0) \end{aligned}$$

$$\begin{aligned} F_n''(x) &= f''(x_0) + \frac{f'''(x_0)}{2!}2(x-x_0)^1 + \ldots \\ F_n''(x_0) &= f''(x_0) \end{aligned}$$

usw.

$F_n(x)$ nimmt also bei x_0 denselben Wert wie $f(x)$ an und die ersten n Ableitungen stimmen bei x_0 überein. $F_n(x)$ paßt sich immer besser der Funktion $f(x)$ an (vgl. Abb. 8.4 und 8.5). $F_1(x)$ beschreibt gerade die Tangente an $f(x)$ in $(x_0, f(x_0))$, nämlich die Gerade durch $(x_0, f(x_0))$ mit Anstieg $f'(x_0)$ (vgl. Abb. 8.4).

Es gilt also

$$f(x) \approx F_n(x)\,,$$

insbesondere für große n und x, die nicht zu weit von x_0 entfernt sind. $F_n(x)$ heißt das n-te TAYLOR-*Polynom* von $f(x)$ mit Entwicklungpunkt x_0.

Diesen Prozeß kann man unendlich oft wiederholen und erhält die TAYLOR-Reihe von $f(x)$:

$$f(x_0) + \frac{f'(x_0)}{1!}(x-x_0) + \frac{f''(x_0)}{2!}(x-x_0)^2 + \frac{f'''(x_0)}{3!}(x-x_0)^3 + \ldots$$

Abgesehen von „pathologischen“ Ausnahmefällen (die die Mathematiker konstruieren, die aber in der „Natur“ kaum vorkommen) gilt

$$f(x) = \text{TAYLOR-Reihe} = f(x_0) + \frac{f'(x_0)}{1!}(x-x_0) + \frac{f''(x_0)}{2!}(x-x_0)^2 + \ldots$$

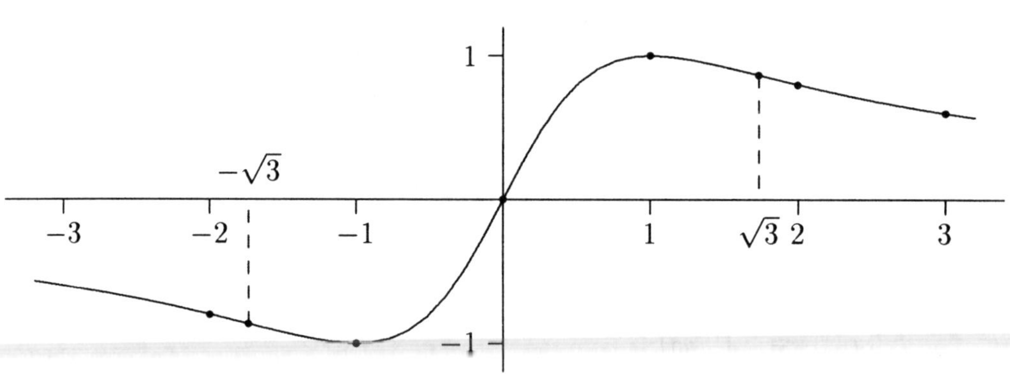

Abbildung 8.3 Kurvendiskussion von $f(x) = \frac{2x}{1+x^2}$

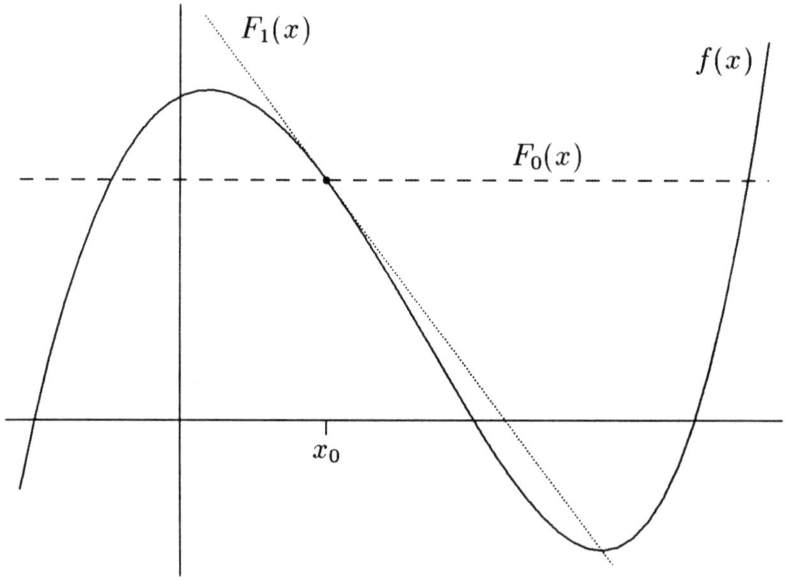

Abbildung 8.4 Approximation von $f(x)$ durch $F_0(x)$ und $F_1(x)$

Beispiel: Bekanntlich ist $\sin' x = \cos x$ und $\cos' x = -\sin x$. Daraus folgt

$$\sin''(x) = -\sin(x)\,, \quad \sin'''(x) = -\cos(x)\,, \quad \sin''''(x) = \sin(x)$$

und dann wiederholt sich alles. Nun ist für $x_0 = 0$:

$$\begin{aligned} &\sin(0) = 0\,, \quad \sin'(0) = \cos(0) = 1\,, \\ &\sin''(0) = 0\,, \quad \sin'''(0) = -1\,, \\ &\sin''''(0) = 0 \end{aligned}$$

usw. Also

$$\sin(x) = x - \frac{1}{3!}x^3 + \frac{1}{5!}x^5 - \frac{1}{7!}x^7 + - \ldots$$

und analog

$$\cos(x) = 1 - \frac{1}{2!}x^2 + \frac{1}{4!}x^4 - \frac{1}{6!}x^6 + - \ldots$$

Mit diesen Formeln sind die trigonometrischen Funktionen explizit und numerisch berechenbar dargestellt. Im Prinzip benutzt ein Taschenrechner diese Formeln zur Berechnung von $\sin(x)$ oder $\cos(x)$.

Aufgabe: Eine der wichtigsten Funktionen der mathematischen Statistik ist die Normalverteilung

$$f(x) = \frac{1}{\sqrt{2\pi}} e^{-\frac{1}{2}x^2}$$

Führe eine Kurvendiskussion durch (Symmetrie, $x \to \pm\infty$, Maximum, Wendepunkte, Monotonie, Krümmung, Skizze!)

Es sei $f(x) = \frac{1}{\sqrt{2\pi}} e^{-\frac{1}{2}x^2}$ und

$$F(x) = \int_{-\infty}^{x} f(t)dt$$

Diskutiere den Verlauf von $F(x)$ (Symmetrie, $x \to \infty$, Monotonie, Extremwerte, Wendepunkte, Krümmungsverhalten) *ohne* $F(x)$ explizit zu berechnen (das ist nämlich gar nicht möglich).
Hinweis: Ohne Beweis kann benutzt werden

$$\int_{-\infty}^{\infty} f(t)dt = 1.$$

Aufgabe: Bestimme den kürzesten aller Wege von A nach B wie in der Skizze in Abbildung 8.6.

Aufgabe: Bei einer Exkursion hat man einen Weg von A nach B zurückzulegen (vgl. Abb. 8.7). Auf dem Weg kann man sich mit 7 km/h bewegen, auf der Wiese mit 3 km/h. Bestimme den schnellsten Weg mit $a = 1$ km, $b = 500$ m. Bestimme den schnellsten Weg für beliebiges a, b.

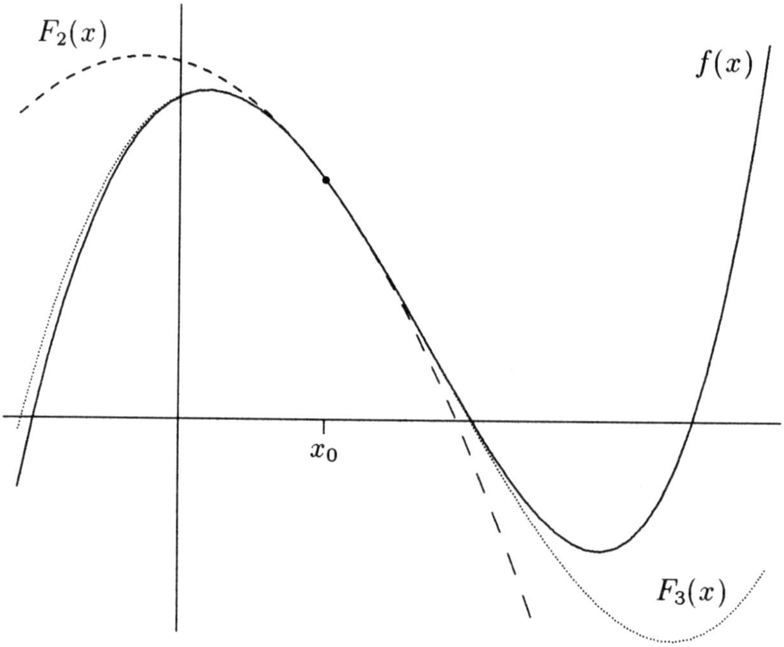

Abbildung 8.5 Approximation von $f(x)$ durch $F_2(x)$ und $F_3(x)$

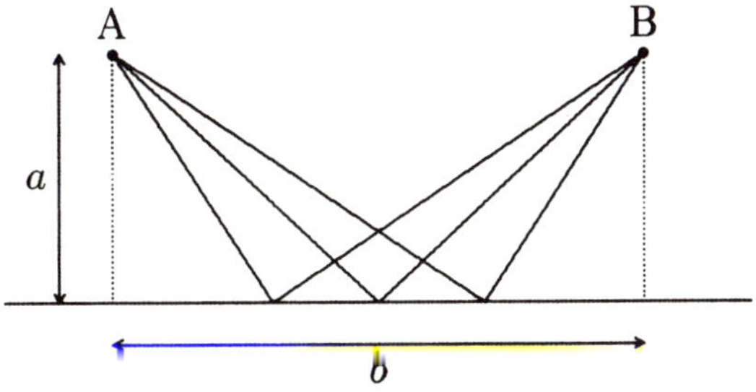

Abbildung 8.6

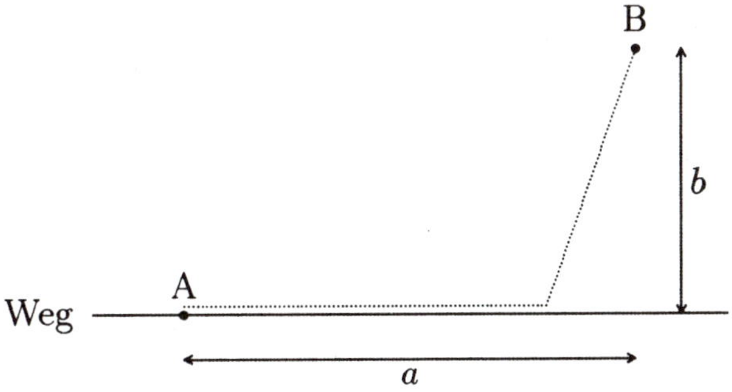

Abbildung 8.7

9 Elementare Funktionen

Die sogenannten Potenzreihen sind ein theoretisch und praktisch wichtiges Hilfsmittel, um Funktionen explizit anzugeben. Wir haben das gerade am Beispiel der Sinus- und Cosinus-Funktion gesehen. Dazu sagen wir jetzt noch etwas mehr und behandeln einige wichtige Beispiele.

9.1 Geometrische Reihe

Man rechnet leicht folgende Formel nach:

$$(1+x+x^2+\ldots+x^n)(1-x)=1-x^{n+1}$$

oder

$$1+x+x^2+\ldots+x^n=\frac{1-x^{n+1}}{1-x}.$$

Sei jetzt $|x|<1$, also $-1<x<1$. Läßt man jetzt n gegen ∞ gehen, so geht x^{n+1} gegen 0, und man erhält

$$1+x+x^2+\ldots+x^n+x^{n+1}+\ldots=\frac{1}{1-x}$$

(geometrische Reihe). Diese Reihe kann man auf viele Weisen abändern. Ersetze z.B. x durch $-x$ oder $-x^2$ (dabei immer $|x|<1$!). Man erhält

$$1-x+x^2-x^3+-\ldots=\frac{1}{1+x}$$

und

$$1-x^2+x^4-x^6+-\ldots=\frac{1}{1+x^2}.$$

9.2 Trigonometrische Reihen

Man kann elementar – wenn auch mit etwas Rechenaufwand – beweisen

$$\sin'(x)=\cos(x)\,,\quad \cos'(x)=-\sin(x).$$

Mittels der Quotientenregel ergibt sich

$$\tan'(x) = \left(\frac{\sin(x)}{\cos(x)}\right)' = \frac{\cos^2(x) + \sin^2(x)}{\cos^2(x)} = \frac{1}{\cos^2(x)}$$

und

$$\cot'(x) = \left(\frac{\cos(x)}{\sin(x)}\right)' = \ldots = \frac{-1}{\sin^2(x)}.$$

Daraus kann man noch weitere Formeln ableiten. Es sei z.B. arcsin die Umkehrfunktion zur Sinusfunktion:

$$y = \sin(x), \quad \arcsin(y) = x$$

$$\arcsin : [-1, 1] \to \mathbb{R}.$$

Nach der Regel für die Ableitung der Umkehrfunktion gilt

$$\arcsin'(x) = \frac{1}{\sin'(\arcsin(x))} = \frac{1}{\cos(\arcsin(x))}.$$

Nun ist aber $\cos(x) = \sqrt{1 - \sin^2(x)}$, also

$$\arcsin'(x) = \frac{1}{\sqrt{1 - \sin^2(\arcsin(x))}} = \frac{1}{\sqrt{1 - x^2}}.$$

Mittels der TAYLOR-Reihe ergibt sich wie im letzten Kapitel

$$\sin x = x - \frac{x^3}{3!} + \frac{x^5}{5!} - + \ldots$$

$$\cos x = 1 - \frac{x^2}{2!} + \frac{x^4}{4!} - + \ldots.$$

Diese Reihen konvergieren für alle x. Bei einem systematischen Aufbau der Theorie *definiert* man $\sin x, \cos x$ durch diese Reihen. Es ergeben sich dann die bekannten Regeln, z.B.

$$\begin{aligned} \sin' x &= 1 - \frac{3x^2}{3!} + \frac{5x^4}{5!} - + \ldots \\ &= 1 - \frac{x^2}{2!} + \frac{x^4}{4!} - + \ldots \\ &= \cos x. \end{aligned}$$

Analog für $\cos x$.

9.3 Exponentialreihe

Eine wichtige Funktion wird durch die Exponentialreihe gegeben

$$\exp(x) = 1 + \frac{x}{1!} + \frac{x^2}{2!} + \frac{x^3}{3!} + \dots$$

Man kann leicht sehen, daß diese Reihe für alle x konvergiert.

1) Die Funktion $\exp(x)$ hat die merkwürdige Eigenschaft, daß sie gleich ihrer Ableitung ist. Ableiten ergibt nämlich

$$\begin{aligned} \exp'(x) &= 0 + \frac{1}{1!} + \frac{2x}{2!} + \frac{3x^2}{3!} + \\ &= 1 + \frac{x}{1!} + \frac{x^2}{2!} + \dots \\ &= \exp(x) \end{aligned}$$

2) Offensichtlich ist $\exp(0) = 1$ und

$$\begin{aligned} \exp(1) &= 1 + 1 + \frac{1}{2} + \frac{1}{6} + \frac{1}{24} + \dots \\ &= \mathrm{e} \\ &= 2,718282\dots \end{aligned}$$

3) Für alle x, y gilt die sogenannte Funktionalgleichung

$$\exp(x)\exp(y) = \exp(x+y)\,.$$

Diese Gleichung muß man explizit nachrechnen:

$$\left(1 + \frac{x}{1!} + \frac{x^2}{2!} + \frac{x^3}{3!} + \dots\right) \cdot \left(1 + \frac{y}{1!} + \frac{y^2}{2!} + \frac{y^3}{3!} + \dots\right)$$

$$\begin{aligned} &= 1 + \left(\frac{x}{1!} + \frac{y}{1!}\right) \\ &\quad + \left(\frac{x^2}{2!} + \frac{x}{1!}\frac{y}{1!} + \frac{y^2}{2!}\right) \\ &\quad + \left(\frac{x^3}{3!} + \frac{x^2}{2!}\frac{y}{1!} + \frac{x}{1!}\frac{y^2}{2!} + \frac{y^3}{3!}\right) \\ &\quad + \dots \end{aligned}$$

Es werden die Terme mit Exponentensumme n, $n = 0, 1, 2, 3, \ldots$ zusammengefaßt.

$$\begin{aligned}
&= 1 \\
&\quad + \frac{1}{1!}(x+y) \\
&\quad + \frac{1}{2!}(x^2 + 2xy + y^2) \\
&\quad + \frac{1}{3!}(x^3 + 3x^2y + 3xy^2 + y^3) \\
&\quad + \ldots \\
&= 1 + \frac{1}{1!}(x+y) + \frac{1}{2!}(x+y)^2 + \frac{1}{3!}(x+y)^3 + \ldots \\
&= \exp(x+y)
\end{aligned}$$

4) Die Funktionalgleichung hat viele Konsequenzen, die wir jetzt besprechen. Für alle x gilt

$$\exp(x) > 0\,.$$

Beweis: Für $x > 0$ ist das klar, denn in der Reihe

$$\exp(x) = 1 + \frac{x}{1!} + \frac{x^2}{2!} + \ldots$$

sind alle Terme positiv. Für $x < 0$ sind die Terme jedoch abwechselnd positiv und negativ, und es ist nicht unmittelbar klar, welche überwiegen. Es ist aber

$$1 = \exp(0) = \exp(x - x) = \exp(x)\exp(-x)\,,$$

also (für $x > 0$)

$$\exp(-x) = \frac{1}{\exp(x)} = \exp(x)^{-1} > 0.$$

5) exp ist streng-monoton wachsend.

Beweis: Die Ableitung, die ja auch gleich $\exp(x)$ ist, ist überall positiv.

6) Es ist wegen der Funktionalgleichung

$$\exp(2) = \exp(1+1) = \exp(1)\exp(1) = \mathrm{e}\cdot\mathrm{e} = \mathrm{e}^2\,,$$

allgemeiner

$$\exp(n) = \mathrm{e}^n \quad \text{für } n \in \mathbb{N}.$$

Diese Regel gilt auch für $n = 0$

$$\exp(0) = 1 = \mathrm{e}^0$$

und auch für negative n

$$\exp(-n) = \frac{1}{\exp(n)} = \mathrm{e}^{-n}.$$

Dann ist auch

$$\exp\left(\frac{1}{n}\right) = \mathrm{e}^{\frac{1}{n}}\,,$$

denn

$$\mathrm{e} = \exp\left(\frac{1}{n} + \ldots + \frac{1}{n}\right) = \exp\left(\frac{1}{n}\right)^n\,, \quad \exp\left(\frac{1}{n}\right) = \mathrm{e}^{\frac{1}{n}}$$

und somit

$$\exp\left(\frac{m}{n}\right) = \exp\left(\frac{1}{n} + \ldots + \frac{1}{n}\right) = \left(\mathrm{e}^{\frac{1}{n}}\right)^m = \mathrm{e}^{\frac{m}{n}}.$$

Also ist $\exp(x)$ die Exponentialfunktion

$$\exp(x) = \mathrm{e}^x$$

zur Basis e.

9.4 Natürlicher Logarithmus

Die Logarithmusfunktion zur Basis e, also die Umkehrfunktion zu $\exp(x) = \mathrm{e}^x$, heißt *natürlicher Logarithmus* und wird mit $\ln(x)$ bezeichnet. Also

$$y = \mathrm{e}^x\,, \quad \ln(y) = x$$

oder $y = \mathrm{e}^{\ln(y)}$ für alle $y > 0$, bzw. $\ln(\mathrm{e}^x) = x$ für alle $x \in \mathbb{R}$. Schreibt man x statt y, so hat man also

$$x = e^{\ln(x)}.$$

Wir differenzieren beide Seiten, die rechte dabei nach der Kettenregel. Es ergibt sich

$$1 = \ln'(x)\, e^{\ln(x)},$$

denn $(e^x)' = e^x$. Es ist aber $e^{\ln(x)} = x$, also

$$\ln'(x) = \frac{1}{x}.$$

Die Ableitung des natürlichen Logarithmus ist also eine rationale Funktion, nämlich $\frac{1}{x}$.

9.5 Allgemeine Exponentialfunktion

Sei $a > 0$ und $f(x) = a^x$. Etwa

$$a = 10 \qquad f(x) = 10^x$$

oder

$$a = e = 2,718\ldots \qquad f(x) = \exp(x).$$

Was ist $f'(x)$?

Wir können e^x differenzieren und versuchen das zu benutzen. Es ist

$$a = e^{\ln(a)}, \text{ also } a^x = e^{\ln(a)\,x}.$$

Das können wir nach der Kettenregel ableiten.

$$(a^x)' = \ln(a)\, e^{\ln(a)\,x} = \ln(a)\, a^x$$

Also ist für $a > 0$:

$$(a^x)' = \ln(a)\, a^x.$$

9.6 Exponentielles Wachstum

Oft hat man numerische Beobachtungsdaten, von denen man vermutet oder a priori weiß, daß sie einem exponentiellen Gesetz folgen. Die Situation ist ähnlich wie bei der Regressionsgeraden (vgl. 4.1). Es sind Punkte $(x_1, y_1), \ldots, (x_n, y_n)$ gegeben und man vermutet, daß y exponentiell von x abhängt, also

$$y_i \approx c e^{\lambda x_i}$$

mit festen Parametern c, λ. Wie findet man diese Parameter?

Antwort: Man logarithmiert die Gleichung $y \approx ce^{\lambda x}$ und erhält nach den Rechenregeln für den Logarithmus

$$ln(y) = ln(c) + \lambda x.$$

$$= b + ax$$

mit $a = \lambda, b = ln(c)$. Der Wert $ln(y)$ hängt also *linear* von x ab. Die Punkte $(ln(y_i), x_i)$ sollten also ungefähr auf einer Geraden liegen. Zu diesen Punkten bestimmt man also wie in 4.1 erklärt die Regressionsgerade $y = ax + b$. Dann ist $\lambda = a, c = e^b$ und

$$y = ce^{\lambda x}$$

die gesuchte Funktion.

Bemerkung: Graphisch erhält man die Gerade $ln(y) = b + ax$, indem man auf der y-Achse eine *logarithmische Skala* wählt. Eine solche Darstellung findet man oft, wenn es um quantitative Zusammenhänge geht. Sie ist immer dann sinnvoll, wenn es auf die prozentuale Veränderung (und nicht auf die absolute) ankommt, z.B. bei Wirtschaftsdaten wie Aktien-Indizes, usw.

Aufgabe: Die Zahl der am Niederrhein überwinternden Bläßgänse *(Anser albifrons)* hat sich wie folgt entwickelt (Die Vogelwarte Bd. 37, S. 55-77).

Jahr	68/69	71/72	74/75	77/78	80/81	83/84	86/87	89/90
Zahl n(t)	1.500	2.200	3.300	4.000	15.000	55.000	80.000	130.000

Unter der Annahme einer exponentiellen Zunahme bestimme die Parameter c, λ des Wachstumsgesetzes

$$n(t) = C \cdot e^{\lambda t}.$$

Um wieviel Prozent wächst die Winterpopulation jährlich? Welche Zahl wäre für den letzten Winter zu erwarten gewesen, wenn sich dieses Wachstum ungebremst fortgesetzt hätte?

10 Integralrechnung

10.1 Berechnung von Flächeninhalten

Die *Integralrechnung* ist ein Hilfsmittel, um *Flächeninhalte* krummlinig begrenzter Flächenstücke auszurechnen. Genauer geht es um folgendes: Es sei $f : [a, b] \to \mathbb{R}$ eine *stetige* Funktion, die überall ≥ 0 ist. Wir betrachten das Flächenstück aus Abb. 10.1, also das Stück begrenzt durch x-Achse, die Parallelen zur y-Achse durch $x = a$ und $x = b$ und den Graphen von f. Wie groß ist der Flächeninhalt A dieser Fläche? Diese

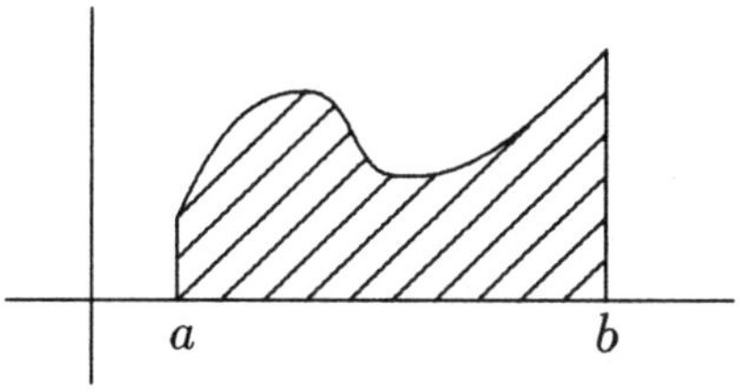

Abbildung 10.1 Durch eine positive Funktion begrenztes Flächenstück

Aufgabe löst man folgendermaßen: Man sucht eine Funktion $F : [a, b] \to \mathbb{R}$, deren Ableitung die vorgegebene Funktion $f(x)$ ist, also $F'(x) = f(x)$. Dann gilt für den gesuchten Flächeninhalt

$$A = F(b) - F(a).$$

Beispiel: Es sei $f(x) = x^2$ und $[a, b] = [0, 1]$. Für $F(x)$ können wir die Funktion $\frac{1}{3}x^3$ wählen, denn die Ableitung davon ist $\frac{1}{3} \cdot 3 \cdot x^2 = x^2$. Für den Flächeninhalt ergibt sich $A = \frac{1}{3} - 0 = \frac{1}{3}$.

Zu der gerade formulierten Berechnungsregel sind verschiedene Kommentare und Ergänzungen notwendig.

Bemerkungen:

1) Die angegebene Regel ist zunächst nur ein „Rezept“ zur Berechnung des Flächeninhaltes. Warum man so vorgehen kann, wird in Abschnitt 10.4 erklärt.

2) Ist $f(x)$ eine beliebige Funktion und $F(x)$ eine Funktion mit $F'(x) = f(x)$, so heißt $F(x)$ *Stammfunktion* von $f(x)$. Zur Berechnung des Flächeninhalts muß man also eine Stammfunktion kennen.

3) Die Stammfunktion $F(x)$ von $f(x)$ ist *nicht* eindeutig bestimmt. Es sei c eine beliebige reelle Zahl und $G(x) = F(x) + c$. Dann gilt $G'(x) = F'(x) = f(x)$, denn die Konstante c hat Ableitung 0. $G(x)$ ist also auch Stammfunktion. Berechnet man A mittels $G(x)$, so erhält man aber dasselbe Ergebnis

$$G(b) - G(a) = F(b) + c - (F(a) + c) = F(b) - F(a).$$

Tatsächlich unterscheiden sich zwei beliebige Stammfunktionen nur um eine Konstante. Sind nämlich $F(x)$ und $G(x)$ beides Stammfunktionen von $f(x)$, so sei $H(x) = F(x) - G(x)$. Dann gilt

$$H'(x) = F'(x) - G'(x) = f(x) - f(x) = 0.$$

Die Differenz ist also eine Funktion, deren Ableitung überall 0 ist. (Vgl. die „Anwendung“ zum Mittelwertsatz 8.1.1.) Diese Funktion kann weder wachsen noch fallen, also ist $H(x) = c$.

4) Ist $f : [a, b] \to \mathbb{R}$ eine Funktion, die nicht unbedingt überall positiv ist, sondern die das Vorzeichen wechselt, und ist $F(x)$ eine Stammfunktion, so ist

$$F(b) - F(a) = A - B.$$

Dabei ist A der Flächeninhalt oberhalb der x-Achse und B der unterhalb. (Vgl. Abb. 10.2)

5) Das Wort *Integral* ist zunächst eine reine Bezeichnung ohne eigenen Inhalt: Statt „Stammfunktion von $f(x)$“ sagt man auch *unbestimmtes Integral* von $f(x)$ und schreibt

$$F(x) = \int f(x)dx.$$

Das Symbol $\int f(x)dx$ bezeichnet also eine Stammfunktion von $f(x)$. Für den Flächeninhalt A selbst benutzt man folgende Schreibweise

$$A = F(b) - F(a) = \int_a^b f(x)dx\,.$$

Dieser Ausdruck heißt *bestimmtes Integral.* Oft benutzt man auch folgende Schreibweise

$$F(x)\Big|_{x=a}^{x=b}.$$

6) Es kann schwierig (oder unmöglich) sein, eine Stammfunktion explizit anzugeben. Für $n \neq -1$ hat x^n die Stammfunktion $\frac{1}{n+1}x^{n+1}$ (vgl. 7.3 3)), aber von x^{-1} oder $(1+x^2)^{-1}$ können wir mit den bisherigen Hilfsmitteln keine Stammfunktion angeben.

Bemerkung: Das Integral dient – wie erläutert – zunächst zur Bestimmung von Flächeninhalten. Für praktische Anwendungen ist jedoch genauso wichtig, daß es auch zur Berechnung von *Durchschnittswerten* veränderlicher Größen benutzt wird: Gegeben sei eine (stetige) Funktion, z.B. wie in Abb. 10.3

$$f : [a, b] \to \mathbb{R}$$

(etwa eine zeitlich veränderliche Größe wie Temperatur, Masse, Konzentration, ..., die in einem Zeitintervall untersucht wird). Es stellt sich die Frage: Was ist der Durchschnittswert von $f(x)$ im Intervall $[a, b]$?

Es ist geometrisch unmittelbar einsichtig, daß dies der Wert c ist, so daß das Rechteck mit Seitenlängen $b - a$ und c gleiche Fläche hat wie das durch Graph(f) begrenzte Stück. Also

$$c(b-a) = \int_a^b f(x)dx\,, \qquad c = \frac{1}{b-a}\int_a^b f(x)dx.$$

Zur Berechnung von Durchschnittswerten wird die Integralrechnung oft herangezogen.

10.2 Rechenregeln

Zur Berechnung des Flächeninhaltes A ist die Kenntnis einer Stammfunktion F mit $F' = f$ notwendig. Für die Berechnung der Ableitung haben wir in 7.4 eine Reihe von Rechenregeln kennengelernt. Es ist einleuchtend, daß diesen Regeln jetzt analoge Rechenregeln für die Integration entsprechen. Die einfachsten sind

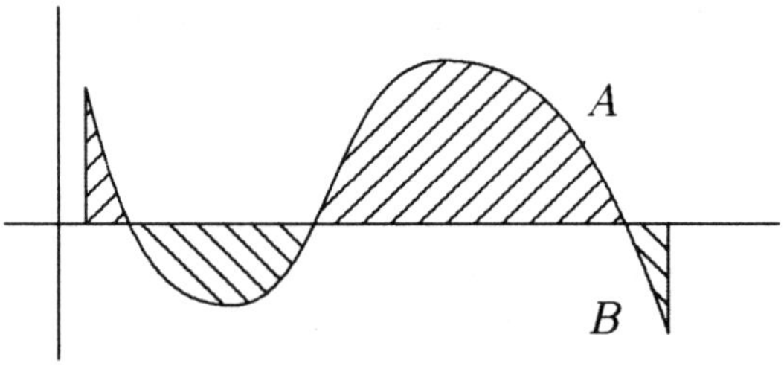

Abbildung 10.2 Flächenstück, das durch eine Funktion begrenzt wird, die ihr Vorzeichen wechselt

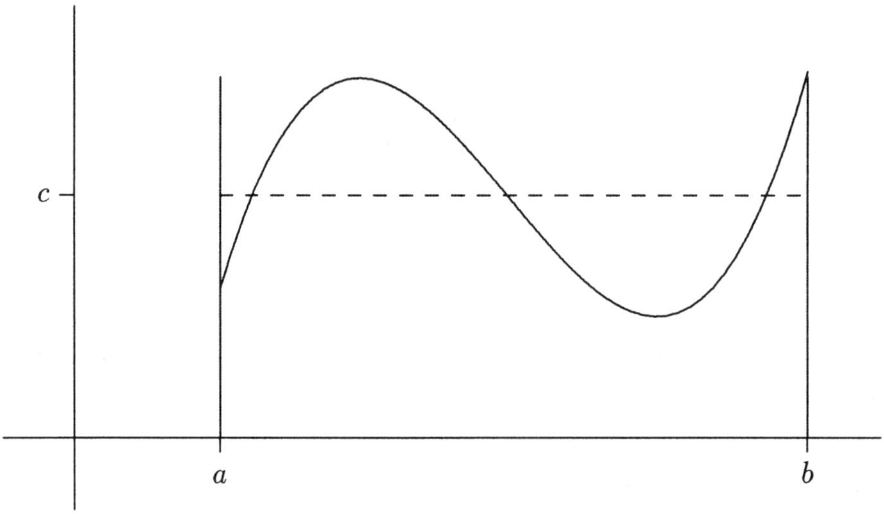

Abbildung 10.3 Berechnung des Durchschnittswertes einer Funktion

$$\int_a^b (f(x)+g(x))dx = \int_a^b f(x)dx + \int_a^b g(x)dx$$

$$\int_a^b cf(x)dx = c\int_a^b f(x)dx$$

und entsprechend für unbestimmte Integrale. Das ergibt sich sofort aus 7.4. Die *Produktregel* übersetzt sich in folgende Formel (wieso?)

$$\int f(x)g'(x)dx = f(x)g(x) - \int f'(x)g(x)dx$$

(sogenannte „partielle Integration"). Ein typisches Beispiel ist die Berechnung von $\int \ln(x)dx$. Man setzt $f(x) = \ln(x)$, $g(x) = x$, also $g'(x) = 1$ und erhält

$$\int \ln(x)dx = x\ln(x) - \int \frac{1}{x}\cdot x dx = x\ln(x) - x\,,$$

ein Ergebnis, das man natürlich durch Ableiten bestätigen kann.

10.2.1 Integration durch Substitution

Die Kettenregel liefert das Verfahren der *Integration durch Substitution*: Ist $F(x)$ Stammfunktion von $f(x)$, so ist nach der Kettenregel

$$(F(g(x)))' = f(g(x))g'(x)$$

für eine beliebige Funktion $g(x)$ (die man in F einsetzen kann). Es ergibt sich also für das unbestimmte Integral

$$\int f(g(x))g'(x)dx = F(g(x))\,. \tag{10.1}$$

und für das bestimmte Integral

$$\int_a^b f(g(x))g'(x)dx = F(g(x))\Big|_{x=a}^{x=b} = F(g(b)) - F(g(a))\,.$$

Weil $F(x)$ Stammfunktion von $f(x)$ ist, ist die rechte Seite gleich

$$\int_{g(a)}^{g(b)} f(x)dx\,,$$

also

$$\int_a^b f(g(x))g'(x)dx = \int_{g(a)}^{g(b)} f(x)dx\,. \tag{10.2}$$

Beispiel: Was ist

$$\int (\sin(x))^n \cos(x) dx\,?$$

Naheliegenderweise setzt man

$$f(x) = x^n\,, \quad \text{also}\, F(x) = \frac{x^{n+1}}{n+1}\,,$$
$$g(x) = \sin(x)\,, \quad g'(x) = \cos(x)\,,$$

also

$$\int (\sin(x))^n \cos(x) dx = \frac{1}{n+1}(\sin(x))^{n+1}\,.$$

Zurück zur allgemeinen Situation:

Es ist zweckmäßig, in Gleichung 10.2 auf der rechten Seite eine andere Variable, etwa y zu schreiben, also

$$\int_a^b f(g(x))g'(x)dx = \int_{g(a)}^{g(b)} f(y)dy\,.$$

Diese Formel merkt man sich so – und so wendet man sie auch oft an: Für die Ableitung $g'(x)$ schreibt man ja auch $g'(x) = \frac{dg(x)}{dx}$, also „symbolisch"

$$dg(x) = g'(x)dx\,.$$

In das zu berechnende Integral $\int_{g(a)}^{g(b)} f(y)dy$ substituiert man nun $y = g(x)$, also $dy = g'(x)dx$. Es soll y von $g(a)$ bis $g(b)$ laufen, also x von a bis b. Also

$$\int_{g(a)}^{g(b)} f(y)dy = \int_a^b f(g(x))dg(x) = \int_a^b f(g(x))g'(x)dx\,.$$

(Bei Anwendungen können die Variablen auch anders bezeichnet sein, etwa x statt y und t statt x.)

Beispiele

a)

$$\int_1^4 \frac{1}{\sqrt{y}} dy = ?$$

Wir substituieren $y = x^2$ (also $g(x) = x^2$). Dann ist $dy = 2xdx$. Wenn x von 1 bis 2 läuft, läuft y von 1 bis 4, also

$$\int_1^4 \frac{1}{\sqrt{y}} dy = \int_1^2 \frac{1}{\sqrt{x^2}} 2x dx = 2\,.$$

b)

$$\int_0^a e^{y^2}\, dy = ?$$

Versuche die Substitution $y = \sqrt{x}$, also $y^2 = x$, $dy = \frac{1}{2\sqrt{x}}dx$.

$$\int_0^a e^{y^2}\, dy = \int_0^{a^2} \frac{1}{2\sqrt{x}} e^x\, dx = \ldots ?$$

Leider weiß man jetzt auch nicht weiter. (Tatsächlich ist dieses Integral nicht elementar berechenbar.)

c) Wir wollen die Fläche des Einheitskreises berechnen (vgl. Abb. 10.4). Für einen Punkt (x, y) des Einheitskreises gilt $x^2 + y^2 = 1$. Er wird also durch die Funktion $y = f(x) = \sqrt{1 - x^2}$ beschrieben.

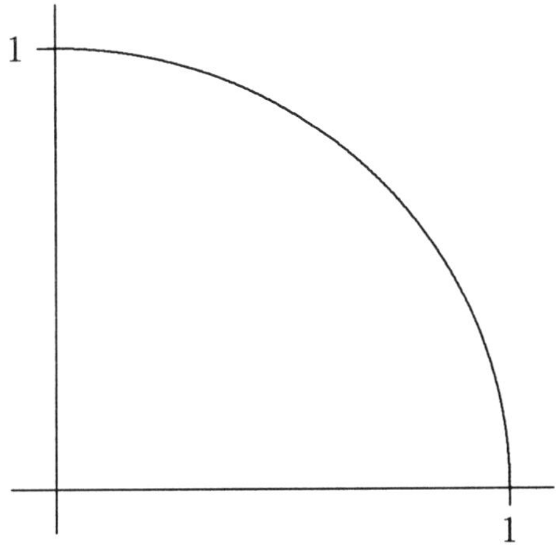

Abbildung 10.4 Ein Segment des Einheitskreises

$$\int_0^1 \sqrt{1 - x^2}\, dx = ?$$

Substituiere $x = \sin(t)$, $dx = \cos(t)dt$. Damit x von 0 bis 1 läuft, muß t von 0 bis $\frac{\pi}{2}$ laufen.

$$\int_0^1 \sqrt{1 - x^2}\, dx = \int_0^{\frac{\pi}{2}} \cos^2(t)\, dt\,.$$

Partielle Integration ergibt

$$\int_0^{\frac{\pi}{2}} (\cos t)(\cos t)dt = \sin(t)\cos(t)\Big|_{t=0}^{t=\frac{\pi}{2}} + \int_0^{\frac{\pi}{2}} \sin^2(t)dt$$
$$= 0 + \int_0^{\frac{\pi}{2}} \left(1 - \cos^2(t)\right) dt\,,$$

also

$$2\int_0^{\frac{\pi}{2}} \cos^2(t)dt = \int_0^{\frac{\pi}{2}} 1dt = \frac{\pi}{2}\,,$$
$$\int_0^1 \sqrt{1-x^2}dx = \frac{\pi}{4}\,.$$

10.3 Beispiele

1) Wir wollen den Flächeninhalt unter einer quadratischen Parabel berechnen $f(x) = x^2$ (vgl. Abb. 10.5). Eine Stammfunktion ist $F(x) =$

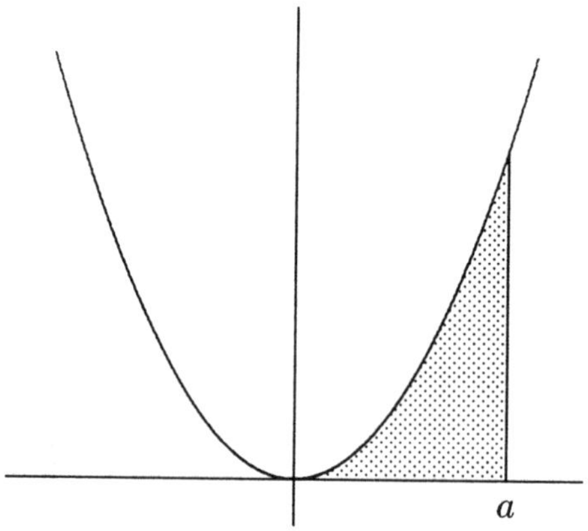

Abbildung 10.5 Flächeninhalt unter einer quadratischen Parabel

$^1\!/_3\, x^3$. Also

$$\int_0^a x^2dx = {}^1\!/_3\, x^3\Big|_{x=0}^{x=a} = {}^1\!/_3\, a^3.$$

2) Dann kann man natürlich auch andere Flächeninhalte berechnen, die mit der Parabel zusammenhängen, z.B. ein Segment wie in Abb. 10.6. Das Viereck hat die Grundseite der Länge $a+b$ und links die Höhe a^2, rechts die Höhe b^2 und damit den Flächeninhalt (warum?)

$$\frac{1}{2}(a+b)(a^2+b^2) = \frac{1}{2}(a^3 + a^2b + ab^2 + b^3).$$

Davon ist abzuziehen der Flächeninhalt unter der Parabel

$$\int_{-a}^{b} x^2 dx = \frac{1}{3}x^3\Big|_{x=-a}^{x=b} = \frac{1}{3}b^3 + \frac{1}{3}a^3.$$

Die Größe des gesuchten Flächeninhalts ist also

$$A = \frac{1}{6}a^3 + \frac{1}{2}a^2b + \frac{1}{2}ab^2 + \frac{1}{6}b^3 = \frac{1}{6}(a+b)^3.$$

3) Vgl. Abb. 10.7

$$f(x) = \frac{1}{x^2} \qquad F(x) = -\frac{1}{x}.$$

$$A = -\frac{1}{x}\Big|_{x=1}^{x=2} = -\frac{1}{2} + 1 = \frac{1}{2}$$

4) Vgl. Abb. 10.8

$$f(x) = \sin(x).$$

Nach Kapitel 9 ist also $F(x) = -\cos(x)$.

$$\int_0^{\pi} \sin(x)dx = -\cos(x)\Big|_{x=0}^{x=\pi} = -(-1) - (-1) = 2.$$

Also

$$\int_0^{\frac{\pi}{2}} \sin(x)dx = 1.$$

5) Flächeninhalt unter einem Hyperbelbogen (vgl. Abb. 10.9).

$$f(x) = \frac{1}{x}$$

Nach Kapitel 9 ist $F(x) = \ln x$.

$$\int_1^{a} \frac{1}{x}dx = \ln(x)\Big|_{x=1}^{x=a} = \ln(a) - \ln(1) = \ln(a).$$

6) Ein typisches Beispiel zur Substitutionsregel ist etwa

$$\int_0^{\pi} x\sin(x^2)dx = ?$$

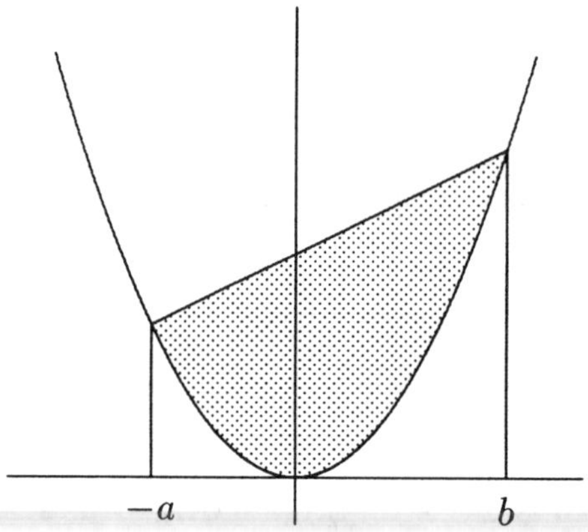

Abbildung 10.6 Flächeninhalt eines Parabelsegments

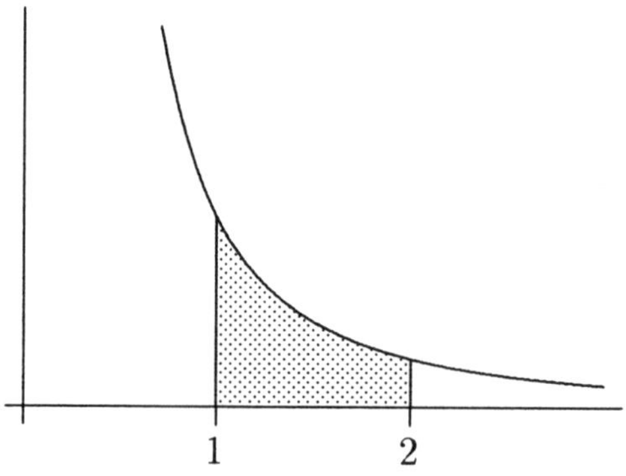

Abbildung 10.7 Fläche unter $f(x) = \frac{1}{x^2}$

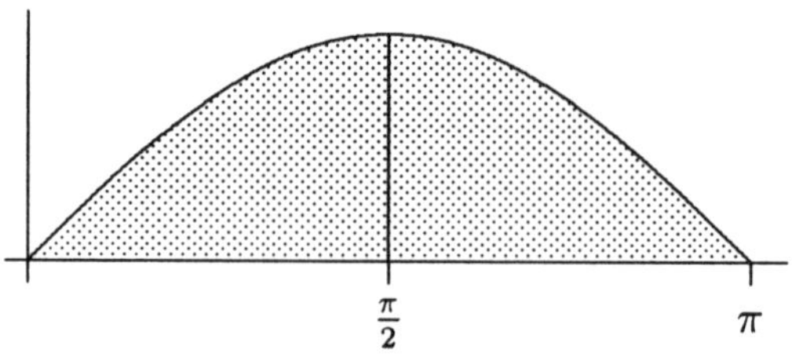

Abbildung 10.8 Fläche unter $f(x) = \sin(x)$

Es liegt nahe $f(x) = \sin(x)$, $g(x) = x^2$ zu probieren, also $g'(x) = 2x$. Dann fehlt nur der Faktor 2. Stammfunktion $F(x)$ von $\sin(x)$ ist $-\cos(x)$, also

$$\begin{aligned}\int_0^\pi x\sin(x^2)dx &= \frac{1}{2}\int_0^\pi (2x)\sin(x^2)dx \\ &= \frac{1}{2}(-\cos(x^2))\Big|_{x=0}^{x=\pi} \\ &= \frac{1}{2}(-\cos(\pi^2)+\cos(0)) \\ &= \frac{1}{2}(1-\cos(\pi^2)) .\end{aligned}$$

7) Bei der Substitutionsregel kann es vorkommen, daß $g(b) < g(a)$, die Integrationsgrenzen also in der „falschen" Reihenfolge erscheinen. Das braucht aber nicht zu stören. Es ist

$$\int_a^b f(x)dx = -\int_b^a f(x)dx ,$$

denn

$$\int_a^b f(x)dx = F(b) - F(a) = -(F(a) - F(b)) = -\int_b^a f(x)dx .$$

10.4 Der Hauptsatz der Differential- und Integralrechnung

Wir werden jetzt erläutern, warum das im letzten Abschnitt beschriebene Berechnungsverfahren zum Ziel führt. Sei also $f : [a,b] \to \mathbb{R}$ eine positive stetige Funktion. Es sei $x \in [a,b]$. Dann betrachten wir die Teilfläche, die von den Parallelen zur y-Achse durch a und x begrenzt wird. Es sei $F(x)$ der Flächeninhalt dieses Teilstückes. Es ist dann $F(a) = 0$ und $F(b) = A$.

Wir machen uns zunächst keine Gedanken darüber, was der Flächeninhalt eines krummlinig begrenzten Flächenstückes eigentlich ist. Die Hauptaufgabe der Integralrechnung ist es allerdings, gerade das zu klären.

Wir sehen $F(x)$ als eine Funktion der variablen rechten Grenze x an. Wir behaupten, daß dieses $F(x)$ eine Stammfunktion $F(x)$ von $f(x)$ im Sinne von 10.1 ist, das heißt also, daß $F'(x) = f(x)$ gilt. Für *diese* Stammfunktion gilt dann auf Grund ihrer Definition, daß $A = F(b) - F(a)$ ist. Nach (3) in der Bemerkung in 10.1 gilt das dann auch für *jede* Stammfunktion.

Um $F'(x) = f(x)$ zu beweisen, müssen wir auf die Definition der Ableitung zurückgehen. Wir fixieren also x_0; dann ist

$$\lim_{x \to x_0} \frac{F(x) - F(x_0)}{x - x_0}$$

zu bestimmen. Betrachtet man Abb. 10.10, so sieht man, daß der Zähler $F(x) - F(x_0)$ gleich dem Flächeninhalt des Streifens zwischen x_0 und x ist. Dieser Streifen ist ungefähr ein Rechteck mit Seitenlängen $x - x_0$ und $f(x_0)$. Der Flächeninhalt des Streifens ist $(x - x_0)f(\xi)$, wobei ξ ein passender Wert zwischen x und x_0 ist. Also ist

$$\frac{F(x) - F(x_0)}{x - x_0} = \frac{(x - x_0)f(\xi)}{x - x_0} = f(\xi)\,.$$

Für $x \to x_0$ gilt auch $\xi \to x_0$, denn ξ liegt zwischen x und x_0. Also ist

$$F'(x_0) = \lim_{x \to x_0} \frac{F(x) - F(x_0)}{x - x_0} = f(x_0)\,.$$

Das heißt, F ist Stammfunktion von f.

10.5 Flächeninhalt

Wir haben uns bisher keine Gedanken darüber gemacht, was der Flächeninhalt eigentlich ist und wie er mathematisch exakt definiert wird. Das soll jetzt in den Grundzügen nachgeholt werden. Wir betrachten dieselbe Situation wie in 10.1, also eine positive stetige Funktion $f : [a, b] \to \mathbb{R}$ und die in Abb. 10.1 beschriebene Fläche. Es geht darum, exakt zu definieren, was der Flächeninhalt A dieses Stückes sein soll. Dazu benutzt man einen naheliegenden Ansatz: Man berechnet den Flächeninhalt zunächst nur approximativ, verbessert diese Approximation immer mehr und geht dann zum Grenzwert über.

Dazu teilt man das Intervall $[a, b]$ in n gleich große Teilintervalle. Die Teilungspunkte sind also

$$a\,,\; a + \frac{b-a}{n}\,,\; a + 2\frac{b-a}{n}\,,\; a + 3\frac{b-a}{n}, \ldots, b\,.$$

Dann approximiert man A, indem man die Fläche ersetzt durch n parallele Streifen der Breite $\frac{b-a}{n}$. Die Höhe jedes Streifens ist der Wert von $f(x)$ im rechten Eckpunkt (vgl. Abb. 10.11). Der Flächeninhalt A_n ist dann also mit $c = \frac{1}{n}(b - a)$

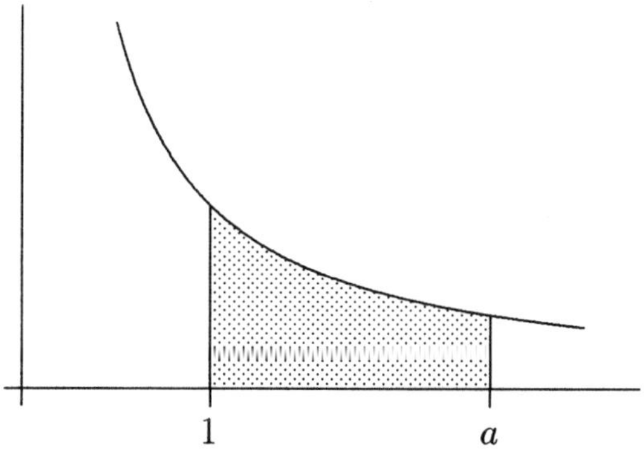

Abbildung 10.9 Fläche unter einem Hyperbelbogen $f(x) = \frac{1}{x}$

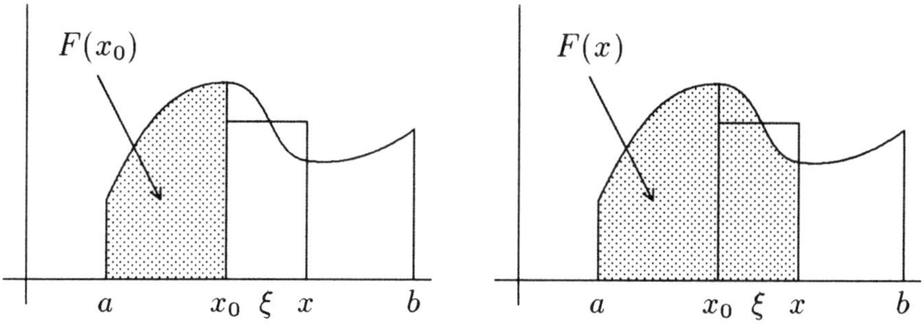

Abbildung 10.10 Veranschaulichung von $F(x) - F(x_0)$

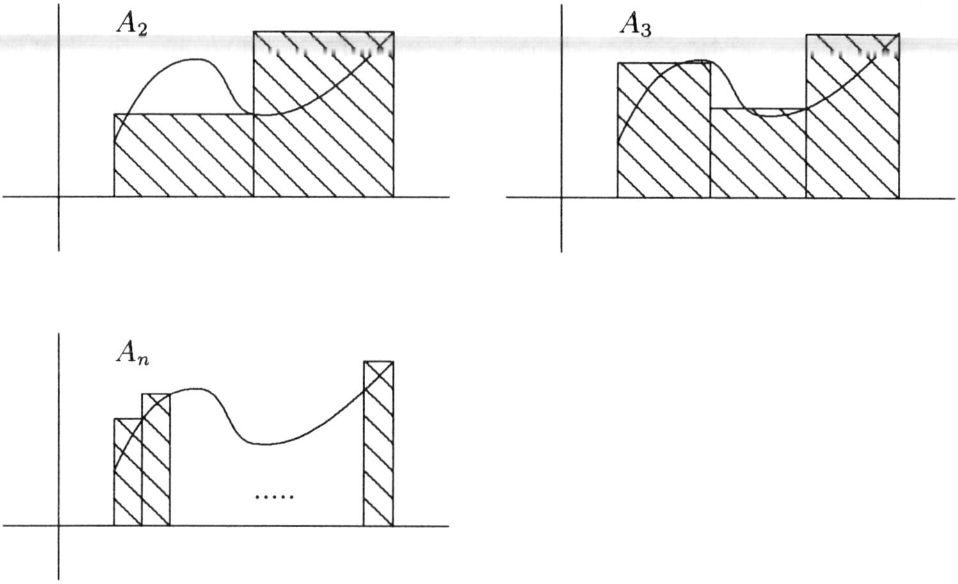

Abbildung 10.11 Approximation des Integrals durch Summen

$$A_n = f(a+c)c + f(a+2c)c + \ldots + f(b)c$$

oder unter Verwendung des Summenzeichens $\sum$,

$$A_n = \sum_{i=1}^{n} f(a+ic)c\,. \tag{10.3}$$

Wird n immer größer, so approximiert A_n die gesuchte Fläche immer besser und man *definiert* deshalb

$$A = \int_a^b f(x)dx = \lim_{n\to\infty} A_n =$$

$$\lim_{n\to\infty} \sum_{i=1}^{n} f(a + i\frac{b-a}{n})(\frac{b-a}{n}) = \lim_{n\to\infty} \sum_{i=1}^{n} f(a+ic)c\,.$$

Diese Formel erklärt die merkwürdige Bezeichnung

$$\int_a^b f(x)dx\,.$$

$f(a+ic)$ durchläuft Funktionswerte $f(x)$, c ist die Differenz aufeinanderfolgender x-Werte, deshalb dx. Es läuft die Variable x von a bis b, also

$$A = \sum_a^b f(x)dx\,.$$

In LEIBNIZ' Handschrift wurde dann noch aus dem $\sum$-Zeichen ein Integralzeichen $\int$, womit die Schreibweise erklärt ist.

Man beachte, daß bei gegebenem $f(x)$ die Summen A_n (die sogenannten RIEMANNschen Summen, vgl. Abb. 10.11) berechnet werden können. Damit kann der gesuchte Flächeninhalt A approximativ berechnet werden.

10.6 Numerische Berechnung

Die Formel 10.3 aus Abschnitt 10.5 kann benutzt werden, um den Flächeninhalt approximativ numerisch zu berechnen. Um sie anzuwenden, muß man nur $f(x)$ an den Zwischenstellen, aber nicht die Stammfunktion $F(x)$ kennen. Es gibt aber bessere numerische Verfahren als 10.3. Die effiziente numerische Bestimmung von Flächeninhalten und Integralen ist von großer praktischer Bedeutung, z.B. in der Technik. Es gibt umfangreiche Theorien, die sich damit beschäftigen. Wir erwähnen den allerersten Anfang dieser Theorie.

Schwankt eine Funktion $f(x)$ nur wenig in dem Intervall $[a,b]$ oder ist sie dort monoton, so kann man die *Trapez-Regel* verwenden:

$$\int_a^b f(x)dx \approx \frac{b-a}{2}(f(a)+f(b)).$$

Die rechte Seite ist der Flächeninhalt des Vierecks aus Abb. 10.12. Besser

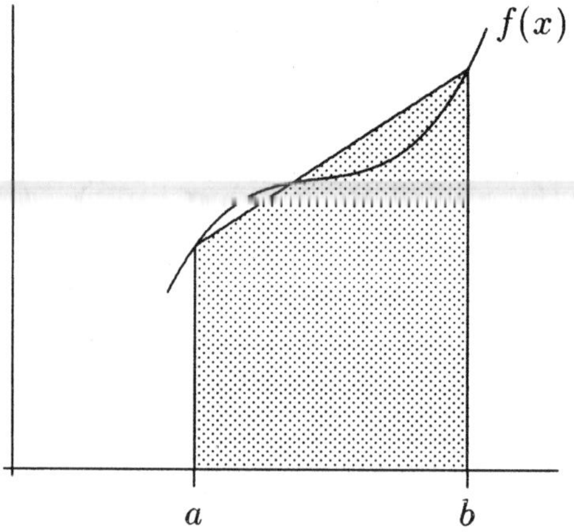

Abbildung 10.12 Geometrische Veranschaulichung der Trapez-Regel

ist die SIMPSON*sche Formel*:

$$\int_a^b f(x)dx \approx \frac{b-a}{6}\left(f(a)+4f\left(\frac{a+b}{2}\right)+f(b)\right).$$

Sie berücksichtigt nicht nur die Randpunkte a, b, sondern auch den Mittelpunkt $\frac{a+b}{2}$ des Intervalls und zwar mit dem vierfachen Gewicht. Es ist dies die „beste“ Formel, die man angeben kann, wenn man nur die Funktionswerte in a, b und dem Mittelpunkt $\frac{a+b}{2}$ kennt oder benutzen will.

Aufgabe: $f : [a,b] \to \mathbb{R}$ sei beliebig. Bestimme die quadratische Parabel $g(x)$, die an den Stellen $a, \frac{a+b}{2}, b$ dieselben Werte wie f annimmt.

Zeige, daß $\int_a^b g(x)dx$ genau die rechte Seite der SIMPSONschen Formel ist.

11 Differentialgleichungen

Wir betrachten Funktionen $f(t), y(t), \ldots$, die von einer Variablen t abhängen. Dabei denken wir in erster Linie an t als Zeit, also zeitlich veränderliche Funktionen. Traditionell wird die Ableitung nach der Zeit oft mit einem Punkt bezeichnet, also $\dot{f}(t), \dot{y}(t)$ usw. Die Ableitung ist ungefähr gleich dem Differenzenquotienten:

$$\dot{y}(t) \approx \frac{y(t+h) - y(t)}{h}; \quad y(t+h) - y(t) \approx h\dot{y}(t).$$

Es kommt sehr oft vor, daß man eine Funktion nicht direkt kennt, auch nicht ihre Ableitung, wohl aber eine Beziehung (d.h. Gleichung) zwischen Ableitung und Funktion. Die Ableitung $\dot{y}(t)$ hängt irgendwie von der Funktion $y(t)$ und der Zeit t ab.

Beispiele (z.T. etwas willkürlich):

$$\dot{y}(t) = cy(t) \qquad c \text{ Konstante}$$

$$\dot{y}(t) = c(y(t) - y_0) \qquad c, y_0 \text{ Konstanten}$$

$$\dot{y}(t) = y - t$$

$$\dot{y}(t) = \tfrac{1}{y(t)} + t^2 + 2,$$

allgemein

$$\dot{y}(t) = f(y, t) = f(y(t), t),$$

wobei f eine Funktion von zwei Variablen y und t ist. Eine solche Gleichung nennt man eine *gewöhnliche Differentialgleichung 1. Ordnung.* (1. Ordnung weil nur die erste Ableitung vorkommt.) Es gibt keine allgemeinen Rechenverfahren, um solche Differentialgleichungen explizit formelmäßig zu lösen. In aller Regel ist das sogar unmöglich.

11.1 Einfache Beispiele

1) Die Differentialgleichung $\dot{y}(t) = cy(t)$ hat, wie man durch leichtes Nachrechnen sieht, die Lösung

$$y(t) = \mathrm{e}^{ct} = \exp(ct), \quad \text{denn} \quad \dot{y}(t) = c\mathrm{e}^{ct}.$$

Dies ist aber nicht die einzige Lösung! Auch $y(t) = ae^{ct}$, a reelle Zahl, ist Lösung

$$\dot{y}(t) = ace^{ct} = cy(t)\,.$$

Es gibt also eine ganze „Schar“ von Lösungen. Die Lösungen sehen aus wie in Abb. 11.1 skizziert. Durch jeden Punkt des $\mathbb{R}^2$ geht genau eine Lösungskurve. Dieses Verhalten ist typisch für Lösungen von gewöhnlichen Differentialgleichungen 1.Ordnung.

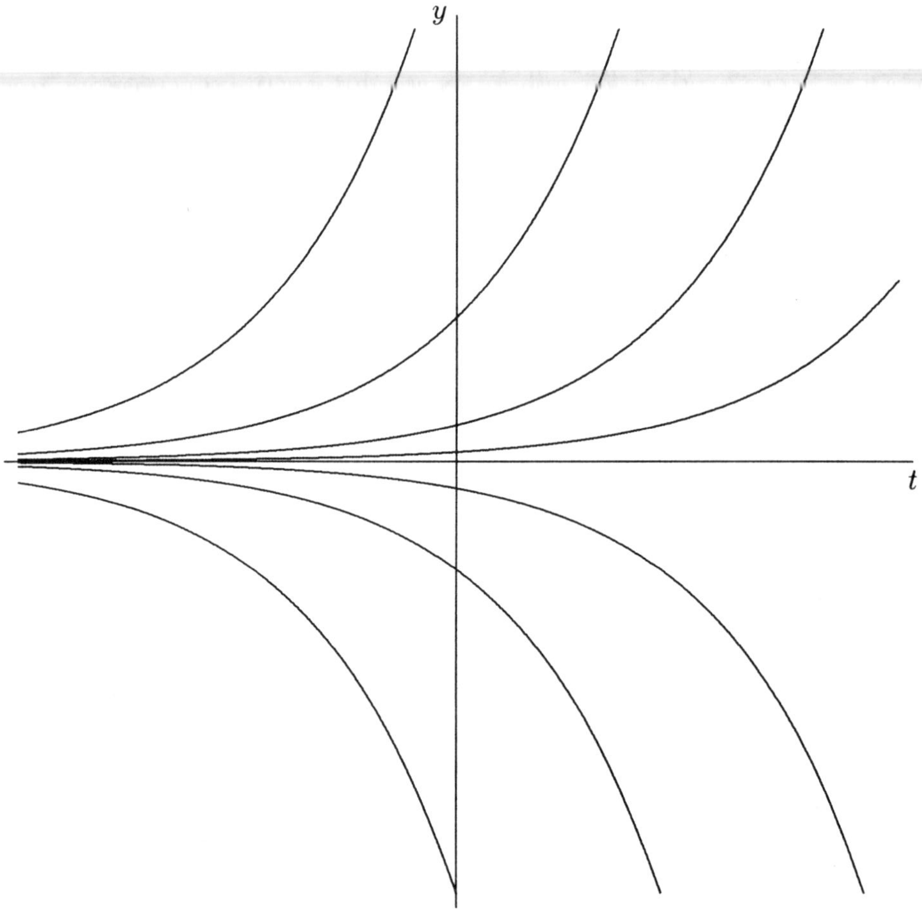

Abbildung 11.1 Verschiedene Lösungen von $\dot{y}(t) = cy(t)$

2) Die Differentialgleichung

$$\dot{y}(t) = y(t)f(t)$$

hat die Lösung

$$y(t) = a\mathrm{e}^{F(t)} = a\exp(F(t)),$$

wobei $F(t)$ Stammfunktion von $f(t)$ ist.

Beweis: Nachrechnen mittels Kettenregel und $(\mathrm{e}^x)' = \mathrm{e}^x$ ergibt sofort die Behauptung.

3) Die Differentialgleichung

$$\dot{y}(t) = \frac{1}{2y(t)}$$

hat die Lösung $y(t) = \sqrt{t}$ (Nachrechnen!) und allgemeiner die Lösung

$$y(t) = \sqrt{t+a}, \quad a \text{ reell}.$$

4) Die Differentialgleichung

$$\dot{y}(t) = -y(t)^2$$

hat die Lösung

$$y(t) = \frac{1}{t}.$$

An diesen Beispielen sieht man: Ist man irgendwie auf die richtige Lösung gekommen, so kann diese durch einfaches Nachrechnen verifiziert werden.

11.2 Numerische Lösungsverfahren

Bei diesem Verfahren wird eine Lösung schrittweise approximativ konstruiert. Man konstruiert eine Lösung $y(t)$, die zu einem Anfangszeitpunkt t_0 einen vorgegebenen Wert y_0 annimmt. Die Lösungskurve $y(t)$ geht also durch den Punkt (t_0, y_0). Aus der Differentialgleichung kann man die Ableitung $\dot{y}(t)$ zur Zeit t_0 berechnen:

$$\dot{y}(t_0) = f(y_0, t_0).$$

Es sei $\tau > 0$ klein (wie klein hängt von der Situation und der gewünschten Genauigkeit ab) und $t_1 = t_0 + \tau$. Dann kann man $y(t_1)$ ungefähr berechnen nach der Formel

$$y_1 = y(t_1) = y(t_0 + \tau) = y_0 + \tau\dot{y}(t_0)\,.$$

Aus der Differentialgleichung berechnet man die Ableitung an der Stelle t_1

$$\dot{y}(t_1) = f(y_1, t_1)$$

und wiederholt das Verfahren:

$$t_2 = t_1 + \tau = t_0 + 2\tau\,,$$

$$y_2 = y(t_2) = y_1 + \tau\dot{y}(t_1)$$

usw. Man erhält Punkte $(y_0, t_0), (y_1, t_1), \ldots$, die man durch einen Streckenzug miteinander verbindet. Dieser approximiert die gesuchte Funktion $y(t)$.

Beispiel: $\dot{y} = y - t^2 + t$

Wir wählen den Anfangswert $t_0 = 0, y_0 = 1$ und die Schrittweite $\tau = 0,5$. Sukzessive Berechnung ergibt (vgl. Abb. 11.2)

n	t_n	y_n	$\dot{y}_n$
0	0,0	1,0	1,0
1	0,5	1,5	1,75
2	1,0	2,375	2,375
3	1,5	3,563	2,813
4	2,0	4,969	2,969
5	2,5	6,454	2,704
6	3,0	7,806	1,806
7	3,5	8,709	-0,041
8	4,0	8,689	-3,312
9	4,5	7,033	-8,717
10	5,0	2,675	-17,325

Es ist offensichtlich, wie ein Rechnerprogramm zur Lösung im Prinzip aussieht, nämlich wie in Abb. 11.3.

11.3 Existenz- und Eindeutigkeitssatz

Das im letzten Abschnitt beschriebene Streckenzug-Verfahren zur approximativen Lösung von

$$\dot{y}(t) = f(y(t), t)$$

läßt sich zu einem exakten Existenzbeweis ausbauen. Man verfeinert die Schrittweite τ und läßt $\tau \to 0$ gehen. Die sich ergebenden Streckenzüge konvergieren gegen eine Lösungskurve. Dann ergibt sich:

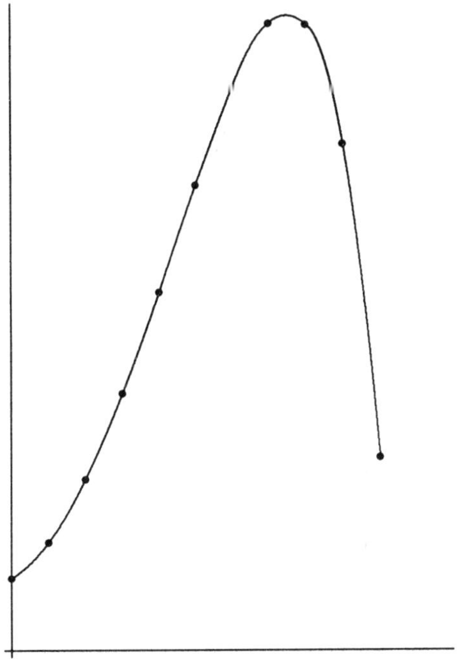

Abbildung 11.2 Numerische Approximation der Lösung von $\dot{y} = y - t^2 + t$

Satz 11.3.1 *Die Funktion $f(y,t)$ sei differenzierbar in beiden Variablen. Der Anfangswert (y_0, t_0) liege im Definitionsbereich von $f(y,t)$. Dann existiert eine eindeutig bestimmte Lösung $y(t)$ der Differentialgleichung mit $y(t_0) = y_0$.*

11.4 Weitere Beispiele

Wie schon anfangs gesagt, beschreiben Differentialgleichungen quantitative Zusammenhänge. Es ist wichtig das zu verstehen. Deshalb erläutern wir noch einige Beispiele, von denen wir das erste im Prinzip schon kennen.

1) Bei exponentiellen Wachstums-, Absorptions- oder Zerfallsprozessen ist die Veränderung (also die Ableitung) der betrachteten Größe $y(t)$ proportional zur Größe selbst. Also

$$\dot{y}(t) = cy(t)\,.$$

$c > 0$ heißt Wachstum, $c < 0$ Zerfall oder Absorption etc. Die Lösung mit dem Anfangswert $t_0 = 0, y_0 = y(t_0) > 0$ wird gegeben durch

$$y(t) = y_0 e^{ct}\,.$$

2) Wir betrachten jetzt einen zeitlichen Vorgang, bei dem die Größe $y(t)$ einem Grenzwert Y_∞ zustrebt und die zeitliche Veränderung, also die Schnelligkeit mit der das geschieht, proportional zum Abstand $Y_\infty - y(t)$ ist (vgl. Abb. 11.4). Also

$$\dot{y}(t) = c(Y_\infty - y(t))\,.$$

Für solche Vorgänge gibt es viele Beispiele:

(a) *Begrenztes Wachstum:* Die Größe der Population $y(t)$ sei durch äußere Umstände auf Y_∞ begrenzt, das Wachstum sei proportional zur Differenz $(Y_\infty - y(t))$.

(b) *Abkühlung:* Man stelle sich einen erhitzten Gegenstand in einer Umgebung konstanter Temperatur ($= Y_\infty$) vor. Der Gegenstand kühlt sich ab und zwar um so schneller je größer die Temperaturdifferenz ist. Für die Temperatur $y(t)$ gilt also

$$\dot{y}(t) = c(Y_\infty - y(t))\,.$$

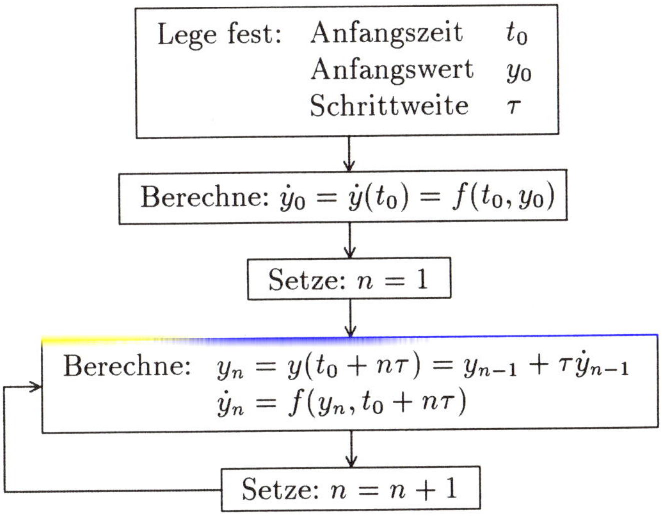

Abbildung 11.3 „Rechnerprogramm“ zur numerischen Approximation der Lösung einer gewöhnlichen Differentialgleichung 1.Ordnung

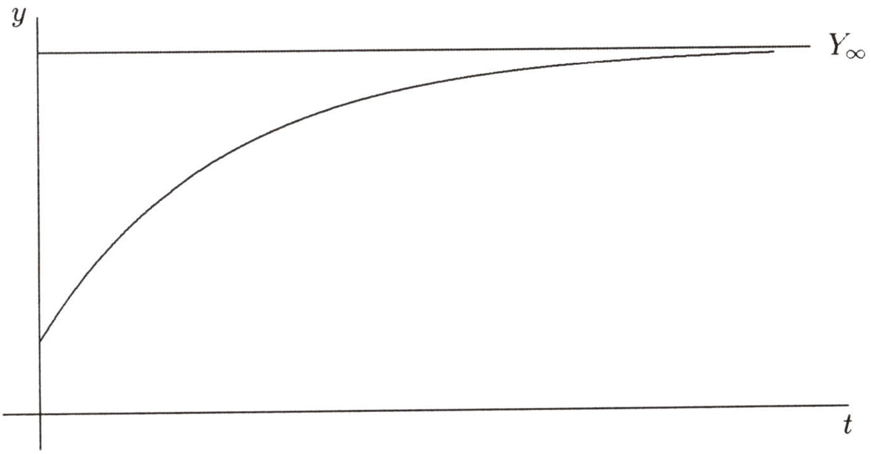

Abbildung 11.4 $y(t)$ strebt einem Grenzwert Y_∞ zu

(c) *Diffusion:* Man stelle sich eine Zelle vor, die mit einer Salzlösung gefüllt ist und sich in schwach salzigem Wasser befindet. Die Salzkonzentration außerhalb der Zelle betrage Y_∞. Durch Diffusion nach außen (vgl. Abb. 11.5) verringert sich die Salzkonzentration $y(t)$ in der Zelle. Die Diffusion verläuft schnell bei hoher, langsam bei niedriger Konzentrationsdifferenz $Y_\infty - y(t)$, also wieder ein Zusammenhang der Form

$$\dot{y}(t) = c(Y_\infty - y(t)).$$

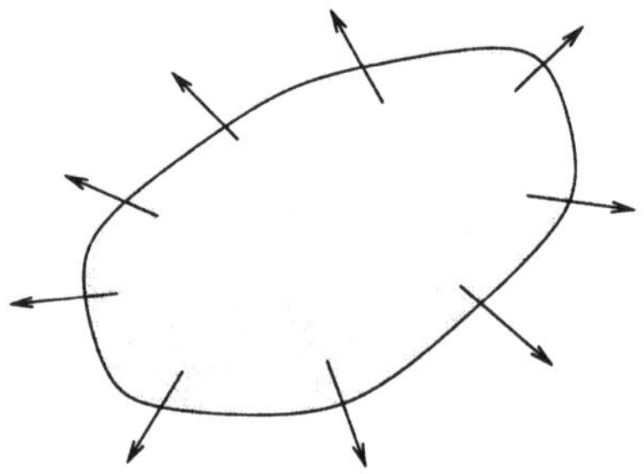

Abbildung 11.5

Diese Differentialgleichung hat für den Anfangswert $t_0 = 0$, $y_0 = y(t_0)$ die Lösung

$$y(t) = (y_0 - Y_\infty)e^{-ct} + Y_\infty,$$

wie man wiederum durch Ableiten und Einsetzen sofort feststellt.

3) (a) Weder das Wachstumsmodell in (1), noch in (2a) ist realistisch. Unbegrenztes Wachstum wie in (1) ist nicht möglich, andererseits ist Wachstum von der Größe der Population abhängig. Es ist also naheliegend, diese Ansätze zu kombinieren. Das Wachstum $\dot{y}(t)$ ist einerseits proportional zur Größe der Population $y(t)$, andererseits aber auch zum Abstand $Y_\infty - y(t)$ vom Grenzwert Y_∞:

$$\dot{y}(t) = cy(t)(Y_\infty - y(t)), \quad c > 0.$$

Durch Nachrechnen stellt man fest, daß

$$y(t) = Y_\infty \left(1 + K e^{-cY_\infty t}\right)^{-1}$$

eine Lösung ist (vgl. Abb. 11.6). Dabei ist K eine beliebige Kon-

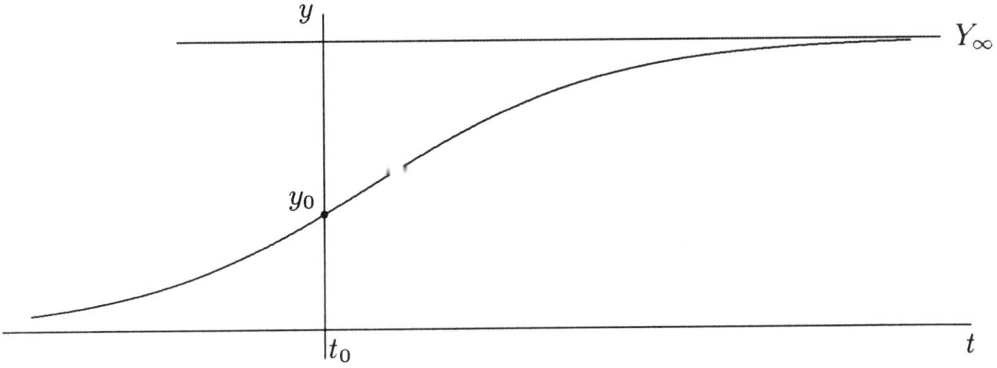

Abbildung 11.6 Die „logistische Kurve"

stante, die so gewählt wird, daß bei t_0 der Anfangswert $y_0 = y(t_0)$ angenommen wird. Für $t \to \infty$ gilt $e^{-cY_\infty t} \to 0$, also $y(t) \to Y_\infty$. Diese Funktion, die „logistische Kurve" genannt wird, beschreibt begrenztes Wachstum, z.B. einer Bakterienkultur, relativ realistisch.

(b) *Infektionsrate:* Das Modell aus (3a) ist auch zur Beschreibung der Ausbreitung infektiöser Krankheiten geeignet. Wir denken uns eine Population konstanter Größe Y_0. Von dieser sei zur Zeit t der Teil $y(t)$ mit einer ansteckenden Krankheit infiziert. Der nicht-infizierte Teil ist also $Y_0 - y(t)$. Die Zunahme der Infektion, also $\dot{y}(t)$, ist einerseits proportional zu $y(t)$, weil nur die Infizierten auch andere anstecken können, andererseits zu $Y_0 - y(t)$, weil nur die noch nicht infizierten neu angesteckt werden können. Wenn $Y_0 - y(t)$ groß ist können viele angesteckt werden, sonst nur wenige. Also

$$\dot{y}(t) = cy(t)(Y_0 - y(t)).$$

Wir haben also dieselbe Differentialgleichung wie in (3a).

(c) *Autokatalytische Vorgänge:* Bei einer autokatalytischen Reaktion wirkt der entstehende Stoff als Katalysator für die Reaktion. Ein Beispiel ist die Umwandlung des von der Bauchspeicheldrüse produzierten *Trypsiogen* in das Enzym *Trypsin*, das an der Verdauung beteiligt ist. Die Reaktionsgeschwindigkeit ist einerseits proportional zur Menge des Katalysators, also dem Reaktionsprodukt selbst, andererseits zur Menge des Ausgangsstoffes. Dies führt zu der in (3a) und (3b) betrachteten Differentialgleichung.

Die Beobachtungsergebnisse stimmen bei diesen Beispielen vielfach recht gut mit der Theorie überein.

Bemerkung: Diese Beispiele sollen einen ersten Eindruck davon vermitteln, welch eine entscheidende Rolle Differentialgleichungen bei der Beschreibung quantitativer gesetzmäßiger Zusammenhänge spielen. Dabei kommt es für das Verständnis zunächst mehr auf die Modellierung als die Lösung an. Es lohnt sich, diese Beispiele gründlich zu durchdenken!

Aufgabe: Die Dicke $y(t)$ einer Eisschicht auf einer Wasserfläche wächst (näherungweise) nach folgender Formel

$$\dot{y}(t) = \frac{-a}{4y(t)} \frac{cm^2}{h^\circ C}.$$

Dabei wird $y(t)$ in cm, t in Stunden h und die Temperatur in Grad Celsius $^\circ C$ angegeben. a bezeichne die (negative!) als konstant angenommene Umgebungstemperatur.

a) Man gebe die Lösung der Differentialgleichung in allgemeiner Form an.

b) Zur Zeit $t = t_0 = 0$ und $a = -4^\circ\ C$ sei $y(t_0) = 5\ cm$. Nach welcher Zeit ist die Dicke auf $6\ cm$ angewachsen?

c) Man bestimme für $a = -12^\circ C$ eine approximative Lösung nach dem Streckenzug-Verfahren mit dem Anfangswert $t_0 = 0,\ y(t_0) = 2\ cm$, Schrittweite $\tau = 0,5\ h, 10$ Schritte. (Skizze!)

12 Die Schwingungsgleichung

Bei Differentialgleichungen 1. Ordnung kommt in der Gleichung nur die 1. Ableitung $\dot{y}(t)$ der gesuchten Funktion vor. Bei Differentialgleichungen höherer Ordnung kommen auch höhere Ableitungen vor, z.B. hat eine Differentialgleichung 2. Ordnung allgemein die Form

$$\ddot{y}(t) = f(y(t), \dot{y}(t), t).$$

Hier bezeichnet natürlich $\ddot{y}(t)$ die 2. Ableitung nach der Variablen t. Ein wichtiges Beispiel ist die Differentialgleichung

$$\ddot{y}(t) = -Cy(t) - B\dot{y}(t), \quad C, B > 0,$$

die in diesem Kapitel besprochen werden soll.

12.1 Ungedämpfte Schwingungen

Wir erläutern das Problem am Beispiel einer Masse m, die an einer elastischen Feder aufgehängt ist und auf- und niederschwingt, etwa so wie in Abb. 12.1 angedeutet. In der Physik gibt es zahllose Situationen, die auf dieselbe Differentialgleichung führen (z.B. Schwingkreis, harmonischer Oszillator).

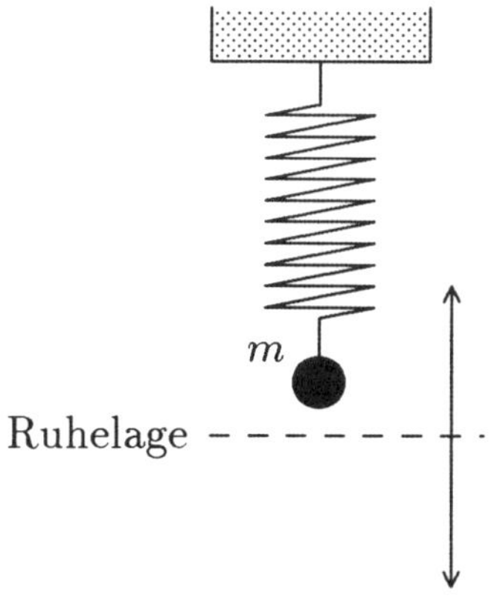

Abbildung 12.1 Ein Federpendel

$y(t)$ sei die Auslenkung der Masse aus der Ruhelage zur Zeit t.
$\dot{y}(t)$ ist also die Geschwindigkeit, mit der sich m zur Zeit t bewegt.
$\ddot{y}(t)$ ist die Beschleunigung, die m zur Zeit t erfährt.

Die gespannte Feder bewirkt eine Kraft K, die proportional zur Auslenkung ist:

$$K = -cy(t)\,.$$

Hierbei ist $c > 0$ die sogenannte „Federkonstante“ und das Minuszeichen taucht auf, weil die Federkraft der Auslenkung entgegenwirkt. Nach dem NEWTONschen Grundgesetz der Mechanik „Kraft = Masse × Beschleunigung“ ergibt sich also die Gleichung

$$K = -cy(t) = m\ddot{y}(t)$$

oder

$$\ddot{y}(t) = -\frac{c}{m}y(t) = -Cy(t)$$

mit der positiven Konstanten $C = \frac{c}{m}$. (Bei diesem Ansatz ist eine „Dämpfung“ durch Reibungskräfte noch nicht berücksichtigt.)

Die Erfahrung zeigt, daß die Masse gleichmäßig schwingt, wie die trigonometrischen Funktionen $\sin(t), \cos(t)$. Deshalb ist es naheliegend, folgenden Ansatz zu machen:

$$y(t) = A\cos(\lambda t) + B\sin(\lambda t) \tag{12.1}$$

mit Konstanten A, B, λ. Aus Gleichung (12.1) ergibt sich für die Ableitungen

$$\begin{aligned}
\dot{y}(t) &= -\lambda A\sin(\lambda t) + \lambda B\cos(\lambda t) \\
\ddot{y}(t) &= -\lambda^2\cos(\lambda t) - \lambda^2\sin(\lambda t) \\
&= -\lambda^2 y(t)\,.
\end{aligned}$$

Mit $\lambda = \sqrt{C} = \sqrt{\frac{c}{m}}$ ist Gleichung (12.1) also eine Lösung, wobei A, B ganz beliebig sein können.

Ergebnis: Die Differentialgleichung

$$\ddot{y}(t) = -Cy(t)\,, \quad C > 0$$

hat die Lösungen

$$y(t) = A\cos(\lambda t) + B\sin(\lambda t)\,, \quad \lambda = \sqrt{C}$$

mit beliebigem A, B.

Bemerkungen zu diesem Ergebnis:

1) Die Periode zu $\cos(\lambda t)$ bzw. $\sin(\lambda t)$ ist ja $\frac{2\pi}{\lambda}$, denn $\cos(\lambda(t+\frac{2\pi}{\lambda})) = \cos(\lambda t + 2\pi) = \cos(\lambda t)$. Ist also λ groß, so ist die Periode klein, d.h. die Schwingung verläuft schnell. Ist λ klein, so verläuft die Schwingung langsam. Nun war $\lambda = \sqrt{\frac{c}{m}}$. Für großes c, d.h. eine starke Rückstellkraft, ist also auch λ groß und die Schwingung verläuft schnell. Für großes m, also eine große Masse, wird λ klein und die Schwingung verläuft langsam. Dieses Ergebnis ist auch anschaulich plausibel.

2) Die Konstanten A, B sind durch die Anfangsbedingungen bestimmt: Zur Zeit $t_0 = 0$ ist

$$y(0) = A\,, \quad \dot{y}(0) = \lambda B\,.$$

A ist also die Auslenkung zur Zeit $t = 0$ und $B = \frac{v_0}{\lambda}$, wobei v_0 die Geschwindigkeit zur Zeit $t = 0$ ist.

3) Man kann die Zeit natürlich so festlegen, daß zur Zeit $t = 0$ die Auslenkung $= 0$ ist. Dann vereinfacht sich wegen $A = 0$ Gleichung (12.1) zu

$$y(t) = B\sin(\lambda t) = \frac{v_0}{\lambda}\sin(\lambda t)\,,$$

$\lambda = \sqrt{\frac{c}{m}}$, v_0 =Geschwindigkeit zur Zeit $t = 0$. Wegen $|\sin(\lambda t)| \leq 1$ ist $\frac{v_0}{\lambda}$ die maximale Auslenkung (=Amplitude) aus der Ruhelage.

4) Die Frequenz der Schwingung (=Zahl der Schwingungen pro Zeiteinheit) ist $\frac{\lambda}{2\pi}$. Diese hängt nur von c und m ab, nicht von der Amplitude B. Ob die maximale Auslenkung groß oder klein ist, wirkt sich nicht auf die Frequenz aus.

12.2 Gedämpfte Schwingungen

Die Situation ist wie in 12.1. Zusätzlich wird jedoch die Reibungskraft berücksichtigt. Diese ist proportional zur Geschwindigkeit $\dot{y}(t)$ und wirkt ihr entgegen, also $-a\dot{y}(t)$ mit $a > 0$. Die Differentialgleichung ist also

$$m\ddot{y}(t) = -a\dot{y}(t) - cy(t)$$

oder

$$\ddot{y}(t) = -\alpha\dot{y}(t) - \beta y(t) \tag{12.2}$$

mit $\alpha = \frac{a}{m}, \beta = \frac{c}{m} > 0$. Zur Lösung machen wir den Ansatz

$$y(t) = \mathrm{e}^{-\gamma t}\sin(\lambda t)\,. \tag{12.3}$$

Dieser Ansatz ist aus folgenden Gründen naheliegend: Der Faktor $\sin(\lambda t)$ beschreibt eine gleichmäßige (ungedämpfte) Sinus-Schwingung. Der Faktor $\mathrm{e}^{-\gamma t}$ fällt exponentiell ab, d.h. die Amplituden der Schwingung werden immer kleiner, so wie man es auch in der Realität beobachtet (vgl. Abb. 12.2).

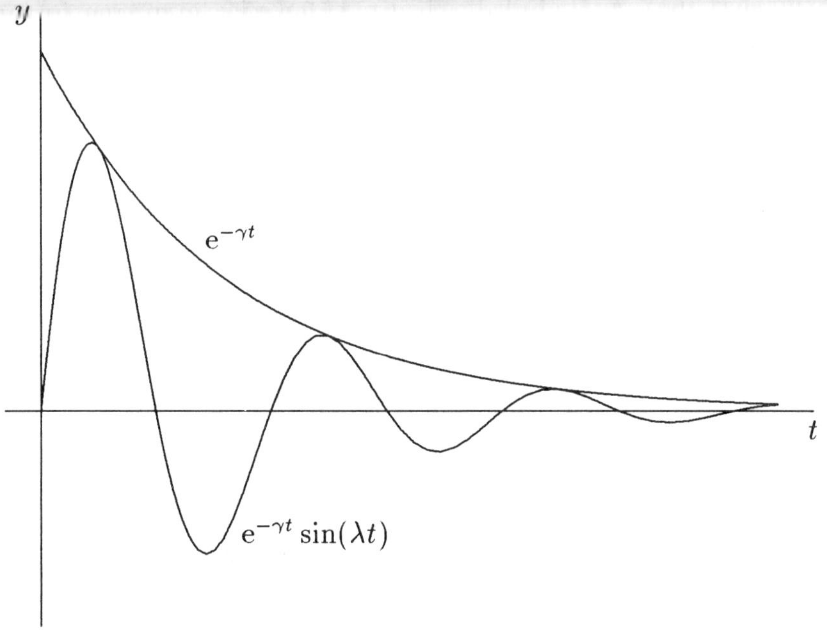

Abbildung 12.2 Überlagerung von ungedämpfter Schwingung $\sin(\lambda t)$ und Dämpfungsfaktor $\mathrm{e}^{-\gamma t}$

Die Rechnung, die gleich durchgeführt wird, führt zu folgendem Ergebnis

$$y(t) = B\mathrm{e}^{-\frac{\alpha}{2}t}\sin\left(\sqrt{\beta - \frac{\alpha^2}{4}}t\right)\,. \tag{12.4}$$

D.h. der Ansatz (12.3) führt zu $\gamma = \frac{\alpha}{2}$ und $\lambda = \sqrt{\beta - \frac{\alpha^2}{4}}$.
Bemerkungen dazu:

1) Ist $y(t)$ Lösung, so natürlich auch $Cy(t)$ mit einer beliebigen Konstanten C.

2) Ist $\alpha = 0$, d.h. liegt keine Dämpfung vor, so erhalten wir die Lösung $y(t) = B\sin(\sqrt{\beta}t)$, so wie in 12.1 schon abgeleitet.

3) Ist die Dämpfungskonstante zu groß, so wird $\beta - \frac{\alpha^2}{4}$ negativ. Dann ist Gleichung (12.4) keine Lösung. Es findet keine Schwingung mehr statt; die Masse geht allmählich in die Ruhelage. (Man stelle sich das Experiment in Honig statt in Luft vor.) Für diesen Fall muß man einen anderen Ansatz machen.

4) Statt sin kann man genausogut cos nehmen. Die allgemeine Lösung von Gleichung (12.2) für $\beta - \frac{\alpha^2}{4} > 0$ ist

$$y(t) = \mathrm{e}^{-\frac{\alpha}{2}t}(A\cos(\gamma t) + B\sin(\gamma t))\,, \quad \gamma = \sqrt{\beta - \frac{\alpha^2}{4}}\,.$$

Jetzt die Rechnung: Differenzieren von Gleichung (12.3) ergibt:

$$\begin{aligned}\dot{y}(t) &= -\gamma \mathrm{e}^{-\gamma t}\sin(\lambda t) + \mathrm{e}^{-\gamma t}\lambda\cos(\lambda t)\\ &= \mathrm{e}^{-\gamma t}(-\gamma\sin(\lambda t) + \lambda\cos(\lambda t))\end{aligned}$$

$$\begin{aligned}\ddot{y}(t) &= -\gamma \mathrm{e}^{-\gamma t}(-\gamma\sin(\lambda t) + \lambda\cos(\lambda t)) + \mathrm{e}^{-\gamma t}(-\gamma\lambda\cos(\lambda t) - \lambda^2\sin(\lambda t))\\ &= \mathrm{e}^{-\gamma t}(\gamma^2\sin(\lambda t) - 2\gamma\lambda\cos(\lambda t) - \lambda^2\sin(\lambda t))\end{aligned}$$

Wegen der Differentialgleichung (12.2) muß dies gleich sein zu

$$\begin{aligned}&= -\alpha\dot{y}(t) - \beta y(t)\\ &= -\alpha \mathrm{e}^{-\gamma t}(-\gamma\sin(\lambda t) + \lambda\cos(\lambda t)) - \beta \mathrm{e}^{-\gamma t}\sin(\lambda t)\,.\end{aligned}$$

Insgesamt also

$$\mathrm{e}^{-\gamma t}((\gamma^2 - \lambda^2)\sin(\lambda t) - 2\gamma\lambda\cos(\lambda t)) = \mathrm{e}^{-\gamma t}((\alpha\gamma - \beta)\sin(\lambda t) - \alpha\lambda\cos(\lambda t))\,.$$

In dieser Gleichung können wir den Faktor $\mathrm{e}^{-\gamma t} \neq 0$ kürzen. Die Koeffizienten bei $\sin(\lambda t)$ bzw. $\cos(\lambda t)$ auf beiden Seiten müssen gleich sein. Also

$$\gamma^2 - \lambda^2 = \alpha\gamma - \beta\,, \quad 2\gamma\lambda = \alpha\lambda\,.$$

Also

$$\gamma = \frac{\alpha}{2}, \quad \frac{\alpha^2}{4} - \lambda^2 = \frac{\alpha^2}{2} - \beta,$$

$$\text{also} \quad \lambda = \sqrt{\beta - \frac{\alpha^2}{4}}.$$

Damit ist die Lösung (12.4) abgeleitet.

Im Fall (3), also $\beta - \frac{\alpha^2}{4} < 0$ ist die Rechnung (noch) einfacher. Man macht den Ansatz

$$\begin{aligned} y(t) &= e^{-\gamma t} \\ \dot{y}(t) &= -\gamma e^{-\gamma t} \\ \ddot{y}(t) &= \gamma^2 e^{-\gamma t} \end{aligned}$$

Also

$$\gamma^2 e^{-\gamma t} = \alpha\gamma e^{-\gamma t} - \beta e^{-\gamma t}$$

was

$$\gamma^2 - \alpha\gamma + \beta = 0$$

mit der Lösung

$$\gamma_{1,2} = \frac{\alpha}{2} \pm \sqrt{\frac{\alpha^2}{4} - \beta}$$

ergibt. Die allgemeine Lösung ist also

$$y(t) = Ae^{-\gamma_1 t} + Be^{-\gamma_2 t}.$$

Diesen Fall nennt man „Kriechfall“ im Gegensatz zu dem früher diskutierten „Schwingfall“.

13 Modelle der Populationsdynamik, Systeme von Differentialgleichungen

13.1 Einführung

Im letzten Abschnitt wurde *eine* zeitlich veränderliche Größe betrachtet, deren Verhalten (=zeitliche Veränderung) durch eine Differentialgleichung beschrieben wird. Dies ist ein mathematisches Modell, das nur auf ganz einfache Situationen (wie Pendelschwingung) angewandt werden kann: Das Pendel ist durch eine einzige Größe gekennzeichnet, nämlich die Auslenkung aus der Ruhelage.

Im allgemeinen hat man mehrere veränderliche Größen, die den Zustand des Systems beschreiben und die sich gegenseitig beeinflussen. Dafür gibt es unzählige Beispiele, wie

- das Planeten-System oder einfacher das System Sonne-Erde-Mond: Massen, die sich im Raum bewegen und sich gegenseitig (nach dem Gravitationsgesetz) in ihrer Bewegung beeinflussen.
- chemische Reaktionen, an denen mehrere Stoffe beteiligt sind und deren Ablauf von Temperatur, Druck, ... abhängig ist.
- ökologische Systeme: Tier- und Pflanzenarten, die sich gegenseitig beeinflussen und auch von anderen Umweltparametern abhängen (z.B. Räuber-Beute-Systeme).

Generell ist es äußerst schwierig, solche Systeme mathematisch exakt zu behandeln. Selbst das Dreikörperproblem (Sonne-Erde-Mond) ist ungelöst. Man ist oft auf numerische Näherungsverfahren angewiesen.

Die Theorie der Differentialgleichungssysteme liefert jedoch Einsichten, was „prinzipiell" geschehen kann oder könnte.

Eine wichtige Erkenntnis ist z.B., daß solche Differentialgleichunssysteme (=dynamische Systeme) – obwohl völlig deterministisch – zu *chaotischem* Verhalten neigen können: Das Langzeitverhalten ist nicht voraussehbar und kleinste Änderung an den Anfangsbedingungen oder Parametern führen zu völlig anderem Verhalten. (Daher ist es auch unmöglich, eine langfristig exakte Wettervorhersage zu berechnen.)

Wir beschreiben jetzt ein dynamisches System mathematisch. Es wird beschrieben durch n zeitlich veränderliche Funktionen

$$x_1(t), \ldots, x_n(t).$$

In der Biologie kann man z.B. an die Größe von verschiedenen Populationen denken, in der Himmelsmechanik an die Koordinaten der Ortsvektoren der Planeten. Die zeitliche Veränderung hängt von dem Zustand des Systems ab, also

$$\begin{aligned} \dot{x}_1(t) &= f_1(x_1(t), \ldots, x_n(t)) \\ \dot{x}_2(t) &= f_2(x_1(t), \ldots, x_n(t)) \\ &\vdots \\ \dot{x}_n(t) &= f_n(x_1(t), \ldots, x_n(t)) \end{aligned} \tag{13.1}$$

Die f_i sind dabei stetig differenzierbare Funktionen von n Variablen $x_1, \ldots, x_n$.

Solche Differentialgleichungssysteme sind eindeutig lösbar. Zu jedem Anfangswert/Anfangszeit

$$\xi = (\xi_1, \ldots, \xi_n) \in \mathbb{R}^n, \quad t_0 \in \mathbb{R}$$

gibt es eine eindeutige Lösung mit vorgegebenem Anfangwert ξ:

$$\begin{aligned} x(t) &= (x_1(t), \ldots, x_n(t)) \\ x(t_0) &= (\xi_1, \ldots, \xi_n). \end{aligned}$$

Den $\mathbb{R}^n$ nennt man auch *Phasenraum* des Differentialgleichunssystems (13.1). Ist $\vec{x}(t) = (x_1(t), \ldots, x_n(t))$ eine Lösung von (13.1), so beschreibt $\vec{x}(t)$ eine *Kurve* im Phasenraum („Lösungskurve“), die auch in den folgenden Beispielen und zugehörigen Abbildungen dargestellt ist.

Im Fall chaotischen Verhaltens sind diese Lösungskurven (die sich nicht kreuzen!) unübersichtlich „verknäult“.

Im einfachsten Fall sind die rechten Seiten in (13.1) lineare Funktionen der x_i

$$\begin{aligned} f_1(x_1, \ldots, x_n) &= a_{11}x_1 + \ldots + a_{1n}x_n + b_1 \\ f_2(x_1, \ldots, x_n) &= a_{21}x_1 + \ldots + a_{2n}x_n + b_2 \\ &\vdots \end{aligned}$$

$$f_n(x_1, \ldots, x_n) \quad = \quad a_{n1}x_1 + \ldots + a_{nn}x_n + b_n$$

Man hat ein *lineares Differentialgleichungssystem mit konstanten Koeffizienten* $a_{ij} \in \mathbb{R}$. Deren Theorie ist nicht sehr schwierig; sie wird in Mathematikvorlesungen des 2. oder 3. Semesters behandelt. Wir betrachten jetzt einige (einfache) Beispiele, bei denen es uns jeweils auf die *Modellierung* (d.h. die Aufstellung der jeweiligen Differentialgleichungen) genauso ankommt wie auf die Lösungen.

13.2 Nahrungskonkurrenz

Grundsätzlich geht man davon aus, daß der Zuwachs $\dot{x}(t)$ einer Population $x(t)$ proportional zur Größe der Population ist

$$\dot{x}(t) = cx(t), \qquad c > 0.$$

Wie wir in 11.1 gesehen haben, führt das zu exponentiellem Wachstum. Durch Konkurrenz zu anderen Arten, Nahrungsmangel etc. wird der Proportionalitätsfaktor c geändert. Er ist dann selber zeitlich veränderlich.

Wir betrachten jetzt zwei Arten $x_1(t), x_2(t)$, die um denselben Lebensraum, dieselbe Nahrung etc. konkurrieren. Je größer die andere Population ist, desto geringer wird das Wachstum c, bzw. c wird sogar negativ. Gleichzeitig wird berücksichtigt, daß auch die Größe der Population selbst ihr Wachstum begrenzen kann (logistisches Wachstum wie in 11.4.(3)). Dies führt zu folgenden (nicht-linearen!) Differentialgleichungen

$$\begin{aligned}
\dot{x}_1(t) &= (c_1 - a_1x_1(t) - b_1x_2(t))x_1(t) \\
\dot{x}_2(t) &= (c_2 - a_2x_1(t) - b_2x_2(t))x_2(t)
\end{aligned}$$

mit Konstanten $c_1, c_2, a_1, a_2, b_1, b_2 > 0$.

Abgesehen von einem praktisch nicht sehr wichtigen Ausnahmefall führt dies zum VOLTERRA*schen Exklusionsprinzip*: Die eine Art (etwa x_2) stirbt aus $x_2(t) \to 0$, die andere nähert sich wie bei logistischem Wachstum einem festen Grenzwert an $x_1(t) \to x_\infty$. Die Lösungskurven im Phasenraum (hier der $\mathbb{R}^2$) sehen also wie in Abb. 13.1 aus: x_2 geht gegen 0, x_1 gegen den Grenzwert x_∞. Man mache sich klar, daß Abb. 13.1 die Situation sehr anschaulich beschreibt. Das gleiche Resultat ergibt sich im allgemeinen auch, wenn mehr als zwei Arten konkurrieren: Eine Art setzt sich gegen alle anderen durch. (Vgl. NÖBAUER-TIMISCHL,

Mathematische Modelle in der Biologie, Vieweg 1979.) Es gibt aber auch interessante Ausnahmefälle, bei denen drei Arten einem „Schere-Papier-Stein“-Zyklus folgen, d.h. eine Art dominiert eine andere und ist zyklisch der dritten unterlegen. (So etwas hat man angeblich bei irgendwelchen Eidechsen-Arten beobachtet.)

13.3 Räuber-Beute-Systeme

Interessanter sind Räuber-Beute-Systeme, die wir jetzt besprechen. Biologische Beispiele sind etwa

Wolf	–	Rentier
Marienkäfer	–	Schildläuse
Raubmilbe	–	pflanzenfressende Milbe
Paramecium	–	Hefe.

Es sei $x(t)$ die Größe der Räuberpopulation und $y(t)$ die Größe der Beutepopulation zur Zeit t. Wir werden unser Modell zweimal verfeinern.

1) Unser einfachster (ziemlich unrealistischer) Ansatz ist

$$\begin{aligned} \dot{x}(t) &= a(y(t) - y_0)\,, \quad a > 0 \\ \dot{y}(t) &= b(x_0 - x(t))\,, \quad b > 0\,. \end{aligned}$$

Die Räuberpopulation nimmt zu, wenn die Beutepopulation einen kritischen Wert y_0 überschreitet; umgekehrt nimmt die Beutepopulation zu, wenn die Räuberpopulation unter einem kritischen Wert x_0 liegt.

Die Lösung ist einfach. Ableiten der ersten Gleichung und Einsetzen der zweiten ergibt

$$\ddot{x}(t) = a\dot{y}(t) = -ab(x(t) - x_0)\,.$$

Mit $z(t) = x(t) - x_0$ folgt

$$\ddot{z}(t) = -abz(t)\,.$$

Dies ist die Gleichung der harmonischen Schwingung. Nach 12.1 ist die Lösung

$$z(t) = K\sin(\lambda t) + L\cos(\lambda t)$$

also

$$x(t) = K\sin(\lambda t) + L\cos(\lambda t) + x_0$$

mit $\lambda = \sqrt{ab}$ und aus den Anfangsbedingungen zu bestimmenden Konstanten K, L. Wir legen die Zeit so fest, daß zur Zeit $t_0 = 0$ $x(0) = x_0$ ist, also $L = 0$

$$x(t) = K\sin(\lambda t) + x_0 .$$

Genauso erhalten wir die Differentialgleichung

$$\ddot{y}(t) = -ab(y(t) - y_0)$$

mit der Lösung

$$y(t) = M\sin(\lambda t) + N\cos(\lambda t) + y_0 .$$

Wegen $\dot{y}(0) = b(x_0 - x(0)) = 0$ folgt $M = 0$, also

$$y(t) = N\cos(\lambda t) + y_0$$

Die Graphen von $x(t)$ und $y(t)$ sind in Abb. 13.2 dargestellt.

Schon bei diesem einfachen Modell ergibt sich, daß *Räuber- und Beutepopulation periodisch und phasenverschoben um einen Mittelwert oszillieren.*

2) Wir berücksichtigen jetzt, daß $\dot{x}(t)$ bzw. $\dot{y}(t)$ natürlich proportional zu $x(t)$ bzw. $y(t)$ ist. Also

$$\begin{aligned} \dot{x}(t) &= a(y(t) - y_0)x(t), \quad a > 0 \\ \dot{y}(t) &= b(x_0 - x(t))y(t), \quad b > 0 . \end{aligned}$$

Dies sind die LOTKA-VOLTERRA*schen* Differentialgleichungen. Sie sind nicht linear; ihre Lösung kann nicht explizit formelmäßig angegeben werden. Allerdings kann die Lösung numerisch nach demselben Verfahren wie in 11.2 mit beliebiger Genauigkeit berechnet werden. Wir kommentieren das Lösungsverhalten.

(a) Es gilt immer $x(t) > 0, y(t) > 0$, d.h. *keine der beiden Arten stirbt aus.*

Begründung: Wäre etwa $x(t) > 0$ für $t < t_0$ aber $x(t_0) = 0$, so ist

$$\frac{\dot{x}(t)}{x(t)} = a(y(t) - y_0) .$$

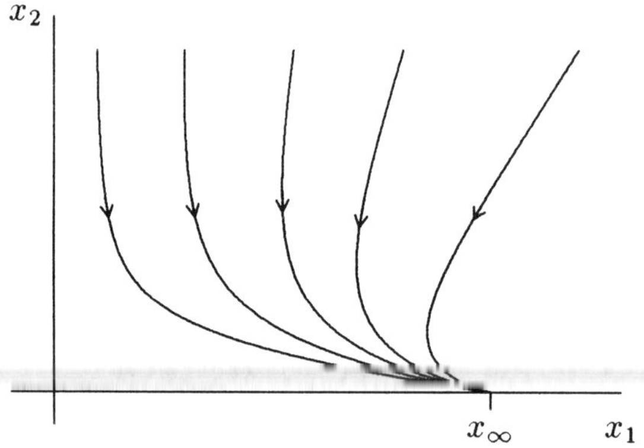

Abbildung 13.1 Aussterben einer Tierart bei Nahrungskonkurrenz

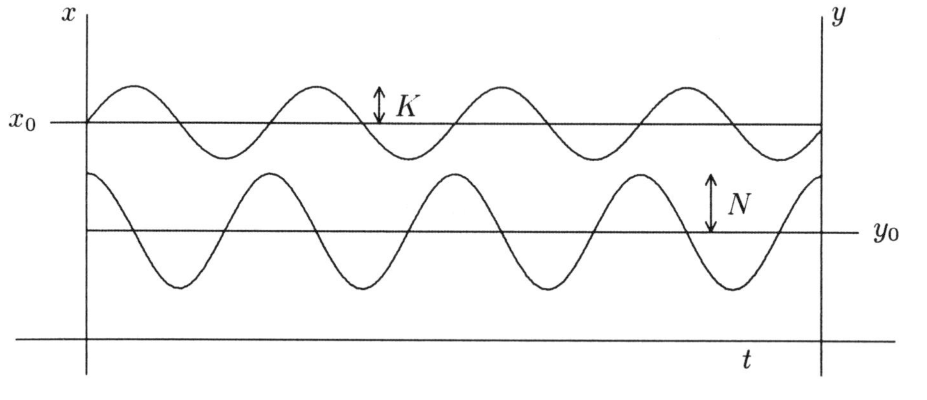

Abbildung 13.2 Räuber- und Beutepopulation im einfachsten Räuber-Beute-Modell

Integration beider Seiten ergibt

$$\begin{aligned}
\ln(x(t)) &= a\int_0^{t_0}(y(t)-y_0)dt + C \\
&\geq a\int_0^{t_0}(-y_0)dt + C \\
&= C - ay_0t_0 .
\end{aligned}$$

Für $t \to t_0$ geht $x(t) \to 0$, also $\ln(x(t)) \to -\infty$. Dies widerspricht der Ungleichung

$$\ln(x(t)) \geq C - ay_0t_0 ,$$

denn rechts steht eine feste, nicht von t abhängige Konstante.

(b) Es gibt einen *Gleichgewichtszustand* des Systems, nämlich $x(t) \equiv x_0 , y(t) \equiv y_0$. Dann sind die Populationsgrößen konstant, wachsen nicht und verringern sich nicht.

(c) Man kann zeigen (ohne die Lösungen explizit zu berechnen), daß die Lösungen um diesen Gleichgewichtszustand oszillieren. Die Lösungen sind periodisch, d.h. $x(t+\tau) = x(t) , y(t+\tau) = y(t)$ für ein bestimmtes Zeitintervall τ. Die Lösungskurven bilden geschlossene Kurven im Phasenraum (vgl. Abb. 13.3). Da die Lösungskurven sich nicht kreuzen, kommt es nicht zu chaotischem Verhalten.

(d) Man kann beweisen, daß die mittlere Populationsgröße gleich dem Gleichgewichtswert ist, also

$$\bar{x}(t) = \lim_{T\to\infty}\frac{1}{T}\int_0^T x(t)dt = x_0$$

und analog für $y(t)$. Dies hat eine gewisse prinzipielle Konsequenz: Will man die (vielleicht als Schädlinge angesehene) Räuberpopulation dezimieren, so genügt es nicht, sie einmal auf einen niedrigen Anfangswert $y(t_0)$ zurückzuführen. Sie erholt sich dann nur um so stärker, und der Mittelwert bleibt gleich.

3) Wir verfeinern unser Modell weiter und nehmen an, daß das Wachstum von $x(t)$ und $y(t)$ zusätzlich logistisch begrenzt ist, also ähnlich wie in 13.2

$$\dot{x}(t) = (-c + ay(t) - bx(t))x(t)$$

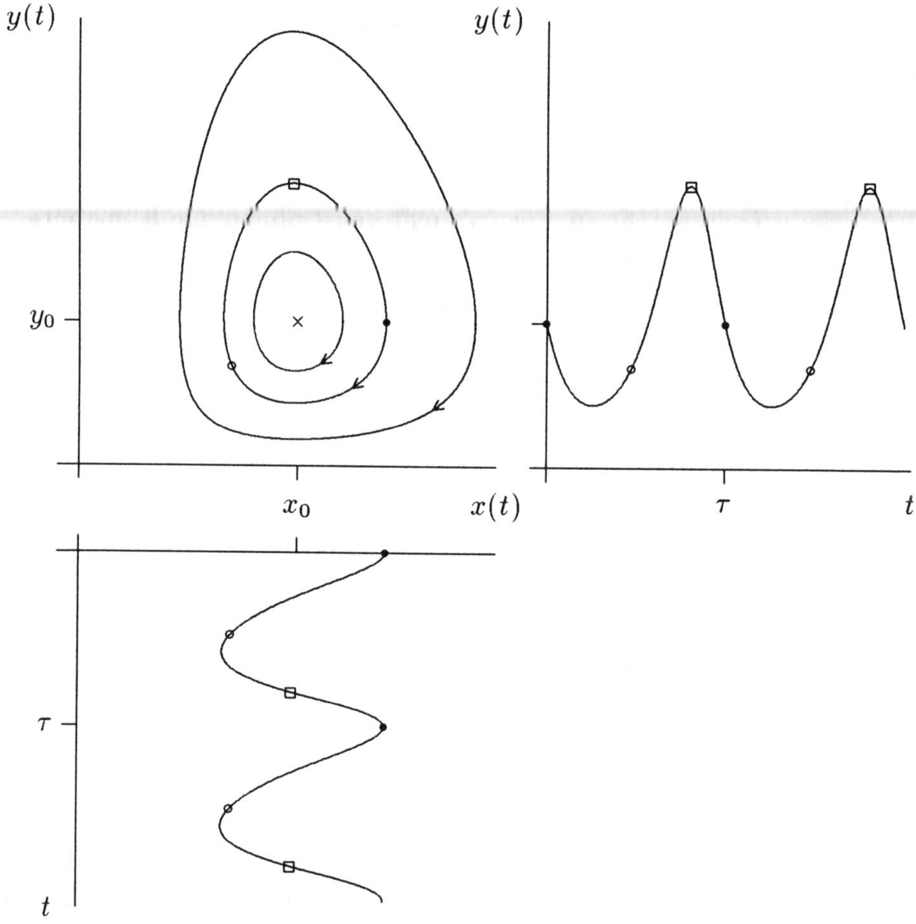

Abbildung 13.3 Lösungskurven des verfeinerten Räuber-Beute-Modells

$$\dot{y}(t) = (d - ey(t) - fx(t))y(t)$$

mit $a, b, c, d, e, f > 0$. Dann verkompliziert sich das Lösungsverhalten weiter, wobei es verschiedene Möglichkeiten gibt.

(a) Es kann zum Aussterben der Räuber (aber niemals der Beute) kommen $x(t_0) = 0$ $(y(t) > 0)$. Die Beutepopulation konvergiert dann gegen die Grenze y_∞, die durch das logistische Wachstum gegeben ist (vgl. Abb. 13.4).

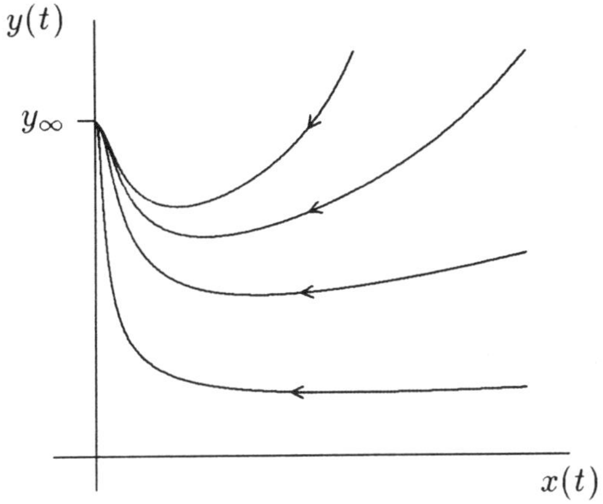

Abbildung 13.4 Aussterben der Räuber im realistischen Räuber-Beute-Modell

(b) Kommt es nicht zum Aussterben der Räuber, so oszillieren die Populationen in Form einer gedämpften Schwingung gegen einen Grenzwert x_∞ bzw. y_∞. Die Lösungskurven sind Spiralen um diesen Grenzwert (vgl. Abb. 13.5).

(Vgl. dazu die angegebene Literatur.)

13.4 Ausblick

Hat man Systeme von zwei Funktionen und zwei Gleichungen, so ist eigentlich chaotisches Verhalten noch nicht möglich: die Lösungskurven schneiden sich nicht und schränken sich dadurch gegenseitig in ihrer Lage ein. Bei drei und mehr Dimensionen ist das anders: Die Lösungskurven können sich „wild“ verknäulen. Das passiert schon bei einem Räuber-Räuber-Beute-System.

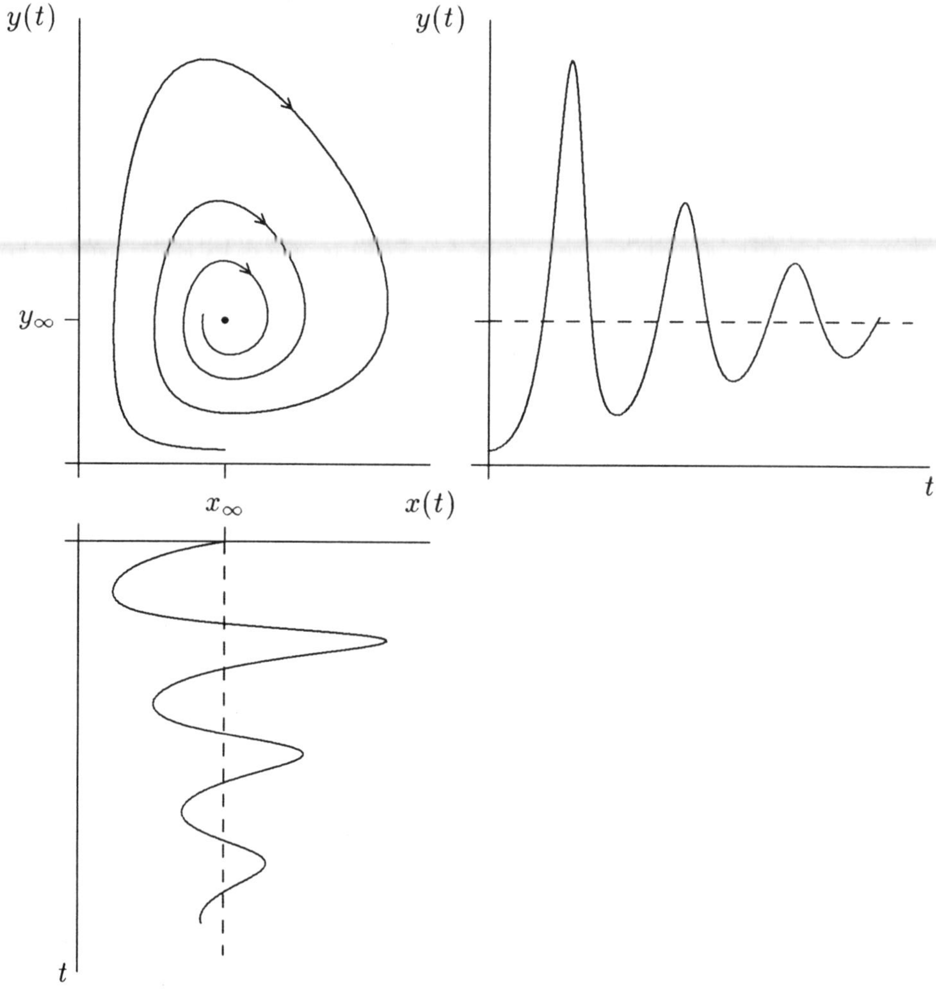

Abbildung 13.5 Lösungskurve des realistischen Räuber-Beute-Modells

Analog zu 13.2.(3) wird ein solches System mit zwei untereinander konkurrierenden Räuberpopulationen $x_1(t)$, $x_2(t)$ und einer Beutepopulation $y(t)$ durch folgendes dynamische System modelliert

$$\begin{aligned}
\dot{x}_1(t) &= (-c_1 - b_{11}x_1(t) - b_{12}x_2(t) + a_1 y(t))x_1(t) \\
\dot{x}_2(t) &= (-c_2 - b_{21}x_1(t) - b_{22}x_2(t) + a_2 y(t))x_2(t) \\
\dot{y}(t) &= (d - f_1 x_1(t) - f_2 x_2(t) + e y(t))y(t)
\end{aligned}$$

Hierbei sind alle Konstanten positiv. Hier stößt man auf chaotisches Verhalten.

Ein anderes Beispiel mit drei Populationen ist ein Beute-Räuber-Superräuber-System. Dies spielt z.B. bei der Ausbreitung des HIV-Virus im Körper eine entscheidende Rolle: Wirtszellen – freie HIV-Viren – Killerzellen, die „Jagd“ auf infizierte Zellen mache. Ein grundlegendes Modell, das zur Zeit intensiv untersucht wird, geht von vier Populationen aus:

$x(t)$	nicht infizierte Wirtszellen
$y(t)$	infizierte Wirtszellen
$w(t)$	freie Viren
$z(t)$	Killerzellen.

Das zugehörige Differentialgleichungssystem ist

$$\begin{aligned}
\dot{x}(t) &= k - dx(t) - \beta x(t)w(t) \\
\dot{y}(t) &= \beta x(t)w(t) - ay(t) - py(t)z(t) \\
\dot{w}(t) &= hy(t) - dw(t) \\
\dot{z}(t) &= cy(t)z(t) - bz(t)\,.
\end{aligned}$$

Jedem dieser Terme liegt ein biologischer Sachverhalt zugrunde. Auf der rechten Seite finden wir jeweils Terme $-dx$, $-ay$, $-dw$ (gleicher Koeffizient!), $-bz$. Dies heißt, daß alle Zellen (bzw. auch die Viren) mit konstanter, aber unterschiedlicher Rate absterben. Der Term k in der ersten Gleichung bedeutet, daß Wirtszellen (=Blutkörperchen) mit konstanter Rate vom Körper produziert werden. Der Term $hy(t)$ besagt, daß die Zunahme der freien Viren von den befallenen Zellen abhängt, denn nur dort können sie sich vermehren, usw. Das Lösungsverhalten dieses Gleichungssystems ist außerordentlich kompliziert und erfordert detaillierte numerische Rechnungen.

Warum beschäftigt man sich in der klinischen Forschung damit? – Fragen wir uns, was ein Medikament gegen das HIV-Virus leisten müßte. Schon einfache Räuber-Beute-Modelle zeigen (wie erwähnt), daß es eventuell nichts nutzt, den Räuber direkt „anzugreifen". Die dezimierte Population erholt sich nur um so stärker. Man muß vielmehr an den Rückkoppelungen ansetzen und hoffen, durch Veränderung der Konstanten des Systems das Verhalten so zu ändern, daß in unserem Beispiel $w(t) \to 0$ für $t \to \infty$. Die Mathematik kann dabei helfen herauszufinden, wo und wie man am besten ansetzt.

Teil B

Einführung in die Stochastik

1 Grundbegriffe der Kombinatorik

Die Grundbegriffe der Kombinatorik hängen eng mit Fragen der elementaren Wahrscheinlichkeitsrechnung zusammen. Mathematisch geht es meistens darum, die Größe (=„Mächtigkeit") gewisser endlicher Mengen zu bestimmen. Etwas überspitzt könnte man sagen, Kombinatorik ist die Kunst des richtigen Abzählens.

Wie meistens, wird die Fragestellung am besten an typischen Beispielen deutlich:

a) Wieviel „Wörter" mit fünf Buchstaben kann man aus den 26 Buchstaben des Alphabets bilden?

   Wieviel Molekülketten der Länge 10 kann man aus fünf verschiedenen Molekülen bilden?

b) An einem Pferderennen nehmen acht Pferde teil. Wieviel verschiedene Möglichkeiten gibt es für die ersten drei Plätze?

c) Auf wieviel verschiedene Weisen kann man einen Lottoschein ausfüllen? Wie groß ist die Wahrscheinlichkeit für sechs (oder fünf oder vier) Richtige?

   Labormäuse werden auf ein bestimmtes Merkmal untersucht. Dazu wird eine Stichprobe von 20 Mäusen aus insgesamt 100 gewählt. Auf wieviele Weisen ist das möglich?

d) Im letzten Beispiel seien von den 100 Mäusen 30 krank. Wie groß ist die Wahrscheinlichkeit bei einer Stichprobe von 20 Mäusen genau 6 kranke zu finden?

Bevor wir diese Aufgaben allgemein formulieren und lösen, müssen wir die wichtigsten Eigenschaften der sogenannten Binomialkoeffizienten abhandeln.

1.1 Binomial-Koeffizienten

Für eine natürliche Zahl n sei $n!$ (sprich „n Fakultät") definiert durch

$$n! = 1 \cdot 2 \cdot 3 \cdots n\,.$$

Es ist also $1! = 1$, $2! = 2$, $3! = 6$, $4! = 24$, $5! = 120$ usw. Die Folge $n!$ wächst sehr rasch.

Für natürliche Zahlen n, k und $1 \leq k \leq n$ definiert man die Binomial-Koeffizienten (sprich „n über k") durch

$$\binom{n}{k} = \frac{n(n-1)\cdots(n-k+1)}{1\cdot 2\cdot 3\cdots k} = \frac{n!}{k!(n-k)!}\,.$$

Es ist nicht auf den ersten Blick klar (aber richtig; siehe unten), daß die Binomial-Koeffizienten immer natürliche Zahlen sind. Z.B. ist

$$\binom{5}{1} = 5\,,\ \binom{5}{2} = 10\,,\ \binom{5}{3} = 10\,,\ \binom{5}{4} = 5\,,\ \binom{5}{5} = 1\,.$$

Man setzt $\binom{n}{0} = 1$ und $\binom{n}{k} = 0$ für $k > n$. Die Binomial-Koeffizienten bilden das sogenannte PASCALsche Dreieck

$$\begin{array}{ccccccc}
 & & & \binom{0}{0} & & & \\
 & & \binom{1}{0} & & \binom{1}{1} & & \\
 & \binom{2}{0} & & \binom{2}{1} & & \binom{2}{2} & \\
\binom{3}{0} & & \binom{3}{1} & & \binom{3}{2} & & \binom{3}{3} \\
\end{array}$$

$$\cdots\cdots\cdots\cdots\cdots\cdots\cdots\cdots\cdots$$

Ausgeschrieben beginnt es mit folgenden Zahlen

$$\begin{array}{ccccccccccc}
 & & & & & 1 & & & & & \\
 & & & & 1 & & 1 & & & & \\
 & & & 1 & & 2 & & 1 & & & \\
 & & 1 & & 3 & & 3 & & 1 & & \\
 & 1 & & 4 & & 6 & & 4 & & 1 & \\
1 & & 5 & & 10 & & 10 & & 5 & & 1 \\
\end{array}$$

$$\cdots\cdots\cdots\cdots\cdots\cdots\cdots\cdots\cdots$$

Jede Zahl im PASCALschen Dreieck ist die Summe der beiden oberen Nachbarn. Auf diese Weise kann es leicht zeilenweise berechnet werden. Außerdem sieht man, daß die Zeilen symmetrisch sind. Diese beiden Eigenschaften drücken sich in folgenden Rechenregeln aus:

1)

$$\binom{n}{k} = \binom{n}{n-k}$$

(Symmetrie: In der k-ten Zeile stehen an k-ter und $(n-k)$-ter Stelle die gleichen Zahlen.)

Beweis:

$$\binom{n}{n-k} = \frac{n!}{(n-k)!(n-(n-k))!} = \frac{n!}{k!(n-k)!} = \binom{n}{k}$$

2)

$$\binom{n}{k-1} + \binom{n}{k} = \binom{n+1}{k}$$

(Jede Zahl im PASCALschen Dreieck ist Summe der beiden oberen Nachbarn.)

Beweis:

$$\begin{aligned}\binom{n}{k-1} + \binom{n}{k} &= \frac{n!}{(k-1)!(n-k+1)!} + \frac{n!}{k!(n-k)!} \\ &= \frac{n! \cdot k}{k!(n+1-k)!} + \frac{n!(n+1-k)}{k!(n+1-k)!} \\ &= \frac{n!(n+1)}{k!(n+1-k)!} \\ &= \frac{(n+1)!}{k!(n+1-k)!} \\ &= \binom{n+1}{k}\end{aligned}$$

Jetzt ist auch klar, daß alle Binomial-Koeffizienten ganze Zahlen sind. Für $n = 0, 1, 2$ ist das offensichtlich (man hat nur die Werte 1 und 2). Jede neue Zeile entsteht aber nur durch Addition vorhergehender Werte. Auf diese Weise entstehen nur natürliche Zahlen.

Es gilt mit beliebigen x, y die *binomische Formel*:

$$\begin{aligned}(x+y)^n &= \binom{n}{0}x^0y^n + \binom{n}{1}x^1y^{n-1} + \binom{n}{2}x^2y^{n-2} + \ldots \\ &\quad + \binom{n}{k}x^ky^{n-k} + \ldots + \binom{n}{n}x^ny^0 \qquad (1.1) \\ &= \sum_{k=0}^{n} \binom{n}{k}x^ky^{n-k}.\end{aligned}$$

Diese Formel wird durch das Verfahren der „vollständigen Induktion“ bewiesen. Zunächst stellt man fest, daß die Formel für $n = 0$ und $n = 1$ richtig ist. Dann steht auf beiden Seiten nämlich 1 bzw. $(x + y)$. Dann überlegt man sich, daß *wenn* die Formel für irgendein n richtig ist, daß sie dann auch für $n + 1$ gilt. Damit ist sie für alle n bewiesen. Sie gilt für $n = 1$, also auch für $n = 1 + 1 = 2$. Weil sie für $n = 2$ gilt, gilt sie auch für $n = 2 + 1 = 3$ usw. Wir müssen also zum Beweis den „Schluß von n auf $n + 1$“ durchführen.

Es ist

$$(x + y)^{n+1} = (x + y)^n (x + y) .$$

Weil wir annehmen, daß die Formel für n gilt, können wir so weiterrechnen:

$$(x+y)^{n+1} = \left(\sum_{k=0}^{n} \binom{n}{k} x^k y^{n-k}\right)(x+y) = \sum_{k=0}^{n} \binom{n}{k} \left(x^{k+1} y^{n-k} + x^k y^{n+1-k}\right)$$

In dieser Summe taucht der Term $x^k y^{n+1-k}$ im k-ten Summanden mit Koeffizienten $\binom{n}{k}$ aber auch im $(k-1)$-ten Summanden mit Koeffizienten $\binom{n}{k-1}$ auf. Also (beachte: $\binom{n}{n+1} = 0$)

$$(x + y)^{n+1} = \sum_{k=0}^{n+1} \left(\binom{n}{k} + \binom{n}{k-1}\right) x^k y^{n+1-k} = \sum_{k=0}^{n+1} \binom{n+1}{k} x^k y^{n+1-k} .$$

Dies ist genau die binomische Formel für $n + 1$.

Aufgabe: Schreibe für $n = 3, n + 1 = 4$ alle Terme explizit hin und verfolge den Beweis in diesem Fall.

Ein wichtiger Spezialfall der binomischen Formel ergibt sich für $x = y = 1$. Sie lautet dann

$$2^n = \binom{n}{0} + \binom{n}{1} + \binom{n}{2} + \ldots + \binom{n}{n} = \sum_{k=0}^{n} \binom{n}{k} .$$

Ein anderer wichtiger Spezialfall ergibt sich für $x = p$, $y = q = 1 - p$, also $x + y = 1$. Sie lautet dann

$$\sum_{k=0}^{n} \binom{n}{k} p^k q^{n-k} = 1 .$$

Diese Formel führt zur sogenannten Binomial-Verteilung (vgl. Abschnitt 4.3).

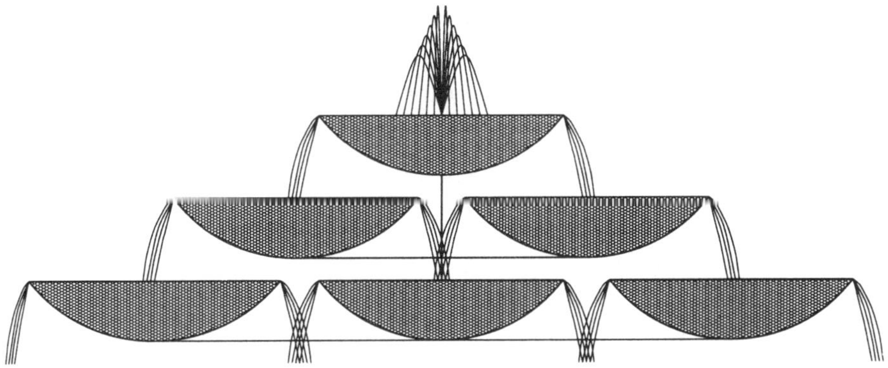

Der römische Brunnen

Aufsteigt der Strahl und fallend gießt
Er voll der Marmorschale Rund,
Die, sich verschleiernd, überfließt
In einer zweiten Schale Grund;
Die zweite gibt, sie wird zu reich,
Der dritten wallend ihre Flut,
Und jede nimmt und gibt zugleich
Und strömt und ruht.

C.F. Meyer

Abbildung 1.1

1.2 Kombinationen und Permutationen

Wir beginnen mit Frage a) in allgemeiner Formulierung. Gegeben sei eine endliche Menge A mit n Elementen (Schreibweise: $|A| = n$). Man kann sich A vorstellen als ein „Alphabet“ mit n „Buchstaben“. Es sei k eine beliebige natürliche Zahl. Dann fragt man: Wieviele k-tupel $(a_1, \dots, a_k)$ existieren mit $a_i \in A$? Es geht also um die Zahl der „Wörter“ der Länge k, wobei „Buchstaben“ mehrfach auftreten können. Man spricht dann von „Kombinationen mit Wiederholung“.

Lösung: Es existieren n^k solche k-tupel. Für die Wahl von a_1 hat man nämlich n Möglichkeiten, für a_2 ebenfalls, für (a_1, a_2) hat man also n^2 Möglichkeiten usw. Also:

n^k = Zahl der Kombinationen *mit* Wiederholung der Länge k aus einer Menge von n Elementen.

Ganz entsprechend ergibt sich

$n(n-1)\cdots(n-k+1)$ = Zahl der Kombinationen *ohne* Wiederholung der Länge k aus einer Menge von n Elementen.

Für a_1 gibt es nämlich n Möglichkeiten, für a_2 gibt es $n-1$, nämlich alle $\neq a_1$, für a_3 gibt es $n-2$ Möglichkeiten usw. und für a_k schließlich noch $(n-k+1)$ Möglichkeiten. Um Kombinationen ohne Wiederholung geht es im obigen Beispiel b).

Ist $k > n$ so ist eine Kombination ohne Wiederholung natürlich nicht möglich. Ein wichtiger Spezialfall ergibt sich für $n = k$. Dann hat man

$n(n-1)\cdots 2 \cdot 1 = n!$ = Zahl der Kombinationen *ohne* Wiederholung der Länge n aus einer Menge von n Elementen.

Solche Kombinationen nennt man *Permutationen.* $n!$ ist die Zahl der verschiedenen Anordnungen einer Menge von n Elementen, z.B. der Menge $\{1, 2, \dots, n\}$.

Die $3! = 6$ verschiedenen Permutationen von $\{1, 2, 3\}$ sind

1 2 3   1 3 2   2 1 3   2 3 1   3 1 2   3 2 1

1.3 Mengen von Teilmengen

Wir kommen jetzt zu Fragestellung c). Die allgemeine Antwort der gestellten Frage ist:

Eine n-elementige Menge A besitzt genau $\binom{n}{k}$ verschiedene k-elementige Teilmengen.

$A = \{1,2,3,4,5,6\}$ besitzt z.B. $\binom{n}{2} = 15$ zweielementige Teilmengen, nämlich

$$\begin{matrix} \{1,2\} & \{1,3\} & \{1,4\} & \{1,5\} & \{1,6\} \\ \{2,3\} & \{2,4\} & \{2,5\} & \{2,6\} & \{3,4\} \\ \{3,5\} & \{3,6\} & \{4,5\} & \{4,6\} & \{5,6\} \end{matrix} .$$

Begründung: Man könnte vielleicht meinen, daß die gesuchte Anzahl gleich der in 1.2 bestimmten Anzahl der Kombinationen ohne Wiederholung ist. Das ist ein Fehlschluß. Z.B. sind bei dem obigen Beispiel $(1,5)$ und $(5,1)$ *verschiedene* Kombinationen ohne Wiederholung, aber $\{1,5\}$ und $\{5,1\}$ sind *dieselben* Teilmengen. Es sei B eine k-elementige Teilmenge von A. Aus den k Elementen von B können $k!$ Kombinationen ohne Wiederholung gebildet werden. Durchläuft B alle k-elementigen Teilmengen von A, so erhält man auf diese Weise alle Kombinationen ohne Wiederholung von k Elementen aus A. Also:

$$\begin{pmatrix}\text{Zahl der Kombinationen}\\ \text{ohne Wiederholung}\end{pmatrix} = k! \times \begin{pmatrix}\text{Zahl der } k\text{-elementigen}\\ \text{Teilmengen}\end{pmatrix} .$$

Also

$$\text{Zahl der } k\text{-elementigen Teilmengen} = \frac{n(n-1)\cdots(n-k+1)}{k!} = \binom{n}{k} .$$

Die Menge $A = \{a_1, \ldots, a_n\}$ besitzt also

$\binom{n}{0} = 1$ nullelementige Teilmengen (nämlich die leere Menge $\emptyset$, die man nicht vergessen darf!)

$\binom{n}{1} = n$ einelementige Teilmengen, nämlich $\{a_1\}, \ldots, \{a_n\}$

$\binom{n}{2}$ zweielementige Teilmengen

...

$\binom{n}{n} = 1$ n-elementige Teilmengen (nämlich A, die man auch nicht vergessen darf.)

Nach 1.1 ist die Summe aller Binomialkoeffizienten gleich 2^n. Wir erhalten also

Eine n-elementige Menge A enthält genau 2^n verschiedene Teilmengen.

Das kann man auch folgendermaßen einsehen:

Jede Teilmenge B von A wird eindeutig durch ein n-tupel $(e_1, \ldots, e_n)$ beschrieben, wobei für e_i nur die Werte $0, 1$ zugelassen sind. B enthält genau die a_i für die $e_i = 1$ ist und enthält nicht die a_i für die $e_i = 0$ ist. Als Formel heißt das $B = \{a_i | e_i = 1\}$. Es ist klar, daß es genauso viele Teilmengen B wie n-tupel $(e_1, \ldots, e_n)$ gibt. Deren Anzahl ist aber 2^n. Es handelt sich um Kombinationen mit Wiederholung der Elemente 0 und 1.

1.4 Die STIRLINGsche Formel

Für große n und k ist es mühsam $n!$ oder $\binom{n}{k}$ auszurechnen. Es gibt jedoch eine gute Näherungformel, die STIRLINGsche Formel (vgl. FORSTER: Analysis 1). Es ist

$$n! \approx \sqrt{2\pi n} \left(\frac{n}{\mathrm{e}}\right)^n$$

mit $\pi = 3,1415\ldots$ und $\mathrm{e} = 2,7182\ldots$

(Es erscheint im höchsten Maße verblüffend, daß in einer Formel für $n! = 1 \cdot 2 \cdot 3 \cdots n$ die Zahlen π und e auftauchen! Über ein solches Phänomen gerät ein richtiger Mathematiker völlig aus dem Häuschen.) Die Formel eignet sich zum logarithmischen Rechnen. Es ist nach den Rechenregeln für den Logarithmus

$$\log(n!) \approx \frac{1}{2}(\log 2 + \log \pi + \log n) + n(\log n - \log \mathrm{e}).$$

(Begründung nachvollziehen!!) Z.B. ergibt sich für log(100!)

$$\begin{aligned} \log(100!) &\approx 0,5(0,3010 + 0,4971 + 2,0000) + 100(2,0000 - 0,4343) \\ &\approx 157,9696\ldots \end{aligned}$$

Also ist

$$100! \approx 10^{157,9696\ldots} = 10^{0,9696\ldots} \cdot 10^{157} \approx 9,3240 \cdot 10^{157}.$$

Es wäre schon etwas mühsam, diesen Wert exakt (wenn auch elementar) zu berechnen und diese 157-stellige Zahl hinzuschreiben.

Natürlich benutzt man die STIRLINGsche Formel auch zur Berechnung der Binomialkoeffizienten $\binom{n}{k}$. Dann kürzt sich einiges weg:

$$\begin{aligned}\binom{n}{k} &= \frac{n!}{k!(n-k)!} \\ &\approx \frac{\sqrt{2\pi}\sqrt{n}\,n^n e^k e^{n-k}}{e^n\sqrt{2\pi}\sqrt{k}\sqrt{2\pi}\sqrt{n-k}\,k^k(n-k)^{n-k}} \\ &= \frac{\sqrt{n}\,n^n}{\sqrt{2\pi}\sqrt{k}\sqrt{n-k}\,k^k(n-k)^{n-k}}\end{aligned}$$

Aufgabe. Man berechne näherungsweise $\binom{2n}{n}$ Was ergibt sich für $n =$ 150?

Wichtiger Hinweis: In der Literatur – vor allem in Büchern über Wahrscheinlichkeitsrechnung, Stochastik und in mathematischen Handbüchern – sind die Begriffe Kombination, Permutation usw. z.T. anders als hier definiert. Auch differieren diese Begriffe von Buch zu Buch. Man muß sich also immer überzeugen, wie die vorkommenden Begriffe erklärt sind.

2 Grundbegriffe der Wahrscheinlichkeitsrechnung

Die Wahrscheinlichkeitsrechnung untersucht Gesetzmäßigkeiten zufälliger Vorgänge.

Wir werden nicht den Versuch machen, den Begriffen „Zufall" und „Wahrscheinlichkeit" auf den Grund zu gehen. In vielen Fällen erscheint der Begriff ausreichend klar, um mit ihm praktisch arbeiten zu können. Man kann von der Wahrscheinlichkeit sprechen, mit einem konkret gegebenen Würfel eine Sechs zu würfeln. Vielleicht sieht man diese Wahrscheinlichkeit am besten als eine materielle Eigenschaft des Würfels an wie Masse, Gewicht, geometrische Gestalt usw. Entsprechend liefert ein Versuchsaufbau mit einer bestimmten Wahrscheinlichkeit ein bestimmtes Ergebnis. Die Wahrscheinlichkeit ist die Chance, beim nächsten „Versuch" (Würfeln, Messung, ...) das betreffende Ergebnis zu bekommen.

Die Wahrscheinlichkeitstheorie hat zahllose naturwissenschaftliche Anwendungen, denn vielen Naturvorgängen haftet ein Element des Zufalls an (Vererbungsgesetze, Mutation, Überlebenswahrscheinlichkeit eines Individuums in einer Population usw.). Die Wahrscheinlichkeitstheorie hat außerdem Anwendungen in der Statistik, insbesondere beim Planen und Auswerten von Versuchen: Wie groß ist die „Irrtumswahrscheinlichkeit" bei einem statistischen „Versuch", z.B. einer Meinungsumfrage? Wie muß man eine Testreihe anlegen, um von der Wirksamkeit eines Medikamentes überzeugt sein zu können? Usw.

Wie schon gesagt, werden wir nicht versuchen zu sagen, was Wahrscheinlichkeit ist. (Man kann auch nicht sagen, was der Raum oder die Zeit „ist".) Es stellt sich jedoch die Frage, wie man a priori unbekannte Wahrscheinlichkeiten bestimmt. Dazu wird man eine genügend große Zahl von Versuchen ausführen. Die Wahrscheinlichkeit $p(E)$, mit der das Ereignis E eintritt, wird dann angenähert gegeben durch die *relative Häufigkeit*, mit der E bei diesen Versuchen eingetreten ist. (p von probability.) Die relative Häufigkeit ist das Verhältnis der Zahl der „günstigen" Versuche (wo E eintritt) zur Zahl aller Versuche.

Natürlich ist die Wahrscheinlichkeit $p(E)$ (wie die relative Häufigkeit) immer eine Zahl zwischen 0 und 1:

$$0 \leq p(E) \leq 1.$$

Oft drückt man jedoch Wahrscheinlichkeiten auch in Prozent aus (indem mit 100 multipliziert wird): $p = 0,2$ entspricht einer Wahrscheinlichkeit von 20%.

Wahrscheinlichkeiten können a priori bekannt sein, z.B. beim (perfekten) Würfel oder Roulette. Sie können sich aber auch aus Erfahrungswerten, Statistiken usw. ergeben. Z.B. ist ein neugeborener Mensch mit einer Wahrscheinlichkeit von etwa 0,53 männlich, mit einer Wahrscheinlichkeit von etwa 0,47 weiblich:

$$p(\male) = 0,53 \qquad p(\female) = 0,47\,.$$

Wir geben jetzt ein abstraktes mathematisches Modell an, um solche Situationen zu beschreiben.

2.1 Der Begriff des Wahrscheinlichkeitsraumes

Ein (endlicher) *Wahrscheinlichkeitsraum* besteht aus zwei Dingen, dem Grundraum und der *Wahrscheinlichkeitsverteilung*. Der Grundraum – auch *Ereignisraum* genannt – ist eine endliche Menge $\Omega = \{x_1, \ldots, x_n\}$. Die Elemente von Ω, also $x_1, \ldots, x_n$ heißen *Elementarereignisse*. Zu jedem $x_i \in \Omega$ ist eine reelle Zahl $p_i = p(x_i)$ mit $0 \leq p_i \leq 1$ gegeben, so daß gilt

$$p_1 + \ldots + p_n = 1\,.$$

p_i ist die Wahrscheinlichkeit, daß das Elementarereignis x_i eintritt. Die Zahlen $(p_1, \ldots, p_n)$ bilden die Wahrscheinlichkeitsverteilung.

Beispiele

1) **Würfel**: $\Omega = \{1, \ldots, 6\}$, denn als (Elementar-)Ereignisse sind die Zahlen $1, \ldots, 6$ möglich; $p_1 = p_2 = \ldots = p_6 = \frac{1}{6}$, denn diese Zahlen werden mit gleicher Wahrscheinlichkeit gewürfelt.

2) **Roulette**: $\Omega = \{0, 1, \ldots, 36\}$, $p(0) = p(1) = \ldots = p(36) = \frac{1}{37}$.

3) **Geschlecht bei Geburt**: $\Omega = \{\male, \female\}$, $p(\male) = 0,53$, $p(\female) = 0,47$.

Ein Wahrscheinlichkeitsraum ist ein mathematisches Modell zur Beschreibung zufälliger Vorgänge, wobei es nur endlich viele Ausgänge des Zufallsexperimentes gibt. Statt von einem (endlichen) Wahrscheinlichkeitsraum spricht man deshalb oft auch von einem endlichen *Zufallsexperiment*. Beides sind synonyme – mathematisch völlig gleichbedeutende – Begriffe.

Jetzt einige Begriffe, die sich unmittelbar an den Begriff des Wahrscheinlichkeitsraumes bzw. des Zufallsexperimentes anschließen:

Ein *Ereignis* E ist eine beliebige Teilmenge von Ω. Die Wahrscheinlichkeit für E ist die Summe der Einzelwahrscheinlichkeiten $p(x)$ für $x \in E$:

$$p(E) = \sum_{x \in E} p(x) .$$

Die leere Menge $\emptyset \subset \Omega$ ist das *unmögliche Ereignis*, $E = \Omega$ ist das *sichere Ereignis*. Offenbar ist

$$p(\emptyset) = 0 , \quad p(\Omega) = 1 .$$

Das unmögliche Ereignis tritt (wie der Name nahelegt) mit Wahrscheinlichkeit 0, das sichere mit Wahrscheinlichkeit 1 ein.

Die Interpretation des Begriffes „Ereignis“ ist folgende: Das Ereignis E tritt ein, falls bei dem Zufallsexperiment ein $x \in E$ eintritt. Ist z.B. beim Würfeln $E = \{1, 2, 3\}$, so tritt E ein, falls eine 1 oder eine 2 oder eine 3, d.h. ein Element aus E gewürfelt wird. Natürlich tritt dann $\emptyset$ niemals und Ω immer ein.

Aufgabe: Man mache sich am Beispiel Roulette mit den Ereignissen gerade, ungerade, rot, schwarz, erste Hälfte, erstes Dutzend, ... den abstrakten Begriff des Ereignisses klar.

Sind $E, F \subset \Omega$ Ereignisse, so liefern die mengentheoretischen Operationen $\cup, \cap, \bar{}$ ebenfalls Ereignisse:

$E \cup F$, mengentheoretische Vereinigung: E *oder* F tritt ein;
$E \cap F$, mengentheoretischer Durchschnitt: E *und* F treten ein;
$\bar{E} = \complement E = \Omega \setminus E = \{x \in \Omega | x \notin E\}$,
mengentheoretisches Komplement: E tritt *nicht* ein.

Die Entsprechungen

$$\cup \leftrightarrow \text{oder} , \quad \cap \leftrightarrow \text{und} , \quad \bar{} \leftrightarrow \text{nicht}$$

sind klar: Das Ereignis $E \cup F$ tritt ein, falls ein Elementarereignis $x \in (E \cup F)$ eintritt, d.h. $x \in E$ *oder* $x \in F$. („*Oder*“ ist in der Mathematik immer das „nichtausschließende oder“: Gilt $x \in E$ oder $x \in F$, so kann auch $x \in E$ und $x \in F$ gelten.) Analog für $E \cap F$ und $\bar{E}$.

Aus der Definition von $p(E)$ ergeben sich unmittelbar folgende Formeln

$$\begin{aligned} p(E)+p(F) &= p(E\cup F)+p(E\cap F)\\ p(E)+p(\bar{E}) &= 1\,, \end{aligned}$$

die den VENN-Diagrammen in Abb. 2.1 entsprechen.

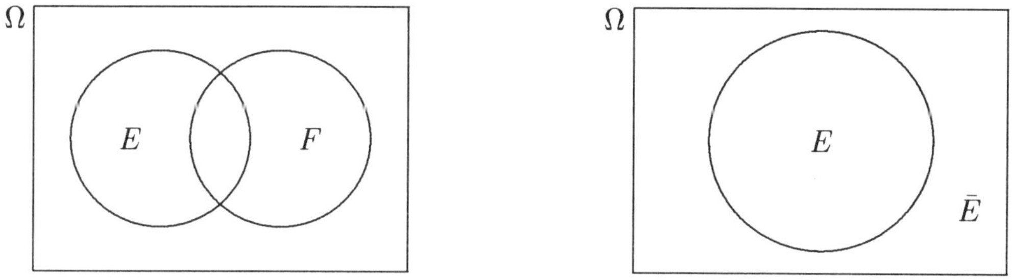

Abbildung 2.1 VENN-Diagramme

Hierzu noch eine kleine Formalisierung: Wie üblich bezeichne $\mathcal{P}(\Omega)$ die *Potenzmenge* von Ω, also die Menge aller Teilmengen von Ω. Dann hat man eine Abbildung

$$p:\mathcal{P}(\Omega)\to\mathbb{R}$$

mit folgenden Eigenschaften

(i) $0\le p(E)\le 1$ für alle E

(ii) $E\subset F \quad\Rightarrow\quad p(E)\le p(F)$

(iii) $p(\emptyset)=0\,,\quad p(\Omega)=1$

(iv) $p(E\cup F)+p(E\cap F)=p(E)+p(F)$

(v) $p(\bar{E})=1-p(E)$

(vi) Für $E=E_1\dot{\cup}E_2\dot{\cup}\ldots\dot{\cup}E_r$ (disjunkte Vereinigung) gilt $p(E)=p(E_1)+\ldots+p(E_r)$.

Oft nennt man auch diese zu einem Zufallsexperiment gehörige Abbildung $p:\mathcal{P}(\Omega)\to\mathbb{R}$ die zugehörige Wahrscheinlichkeitsverteilung.

Abschließend erwähnen wir, daß ein Zufallsexperiment bei dem alle Elementarereignisse gleich wahrscheinlich sind LAPLACE-*Experiment* heißt. Beispiele: Würfel, Roulette. Ein Zufallsexperiment mit nur zwei möglichen Ausgängen, d.h. $|\Omega| = 2$, heißt BERNOULLI-*Experiment.* Beispiel: $\Omega = \{♂, ♀\}$ wie oben, Münzwurf.

Wir kommen jetzt noch einmal kurz auf den Zusammenhang zwischen Kombinatorik und elementarer Wahrscheinlichkeitsrechnung zurück und orientieren uns an den Fragen zu Beginn von Kapitel 1.

Wie groß ist die Wahrscheinlichkeit für sechs Richtige beim Lotto „6 aus 49"? Die „möglichen" Ausgänge des Zufallsexperimentes sind offenbar alle sechselementigen Teilmengen; deren Zahl ist $\binom{49}{6} = 13983816$. „Günstige" Ausgänge gibt es nur einen, den richtigen Tip; die gesuchte Wahrscheinlichkeit ist also $1/13983816 = 0,0000000715\ldots$.

Wie groß ist die Wahrscheinlichkeit für fünf Richtige? Jetzt ist die Antwort etwas komplizierter. Die „günstigen" Fälle sind offenbar alle sechselementigen Teilmengen (=Tips) die mit dem völlig richtigen Tip fünf Zahlen gemeinsam haben. Für diese 5 Zahlen gibt es $\binom{6}{5} = 6$ Möglichkeiten; die sechste Zahl kann eine beliebige Zahl sein, die nicht zu den sechs richtigen gehört. Dafür gibt es jeweils $49 - 6 = 43$ Möglichkeiten. Die Gesamtzahl der günstigen Fälle ist also $6 \cdot 43 = 258$ und die gesuchte Wahrscheinlichkeit ist $258/13983816 = 0,0000184\ldots$

In ähnlicher Weise ergibt sich auch die Antwort auf Frage d) in Kapitel 1. Es gibt $\binom{100}{20}$ Stichproben von 20 aus 100 Labormäusen. Bei wieviel Stichproben erwischt man genau 6 von den 30 kranken Mäusen? Für die 6 kranken gibt es $\binom{30}{6}$ Möglichkeiten, für die 14 gesunden gibt es $\binom{70}{14}$ Möglichkeiten, insgesamt also $\binom{30}{6}\binom{70}{14}$ „günstige" Fälle. Die gesuchte Wahrscheinlichkeit ist $\binom{30}{6}\binom{70}{14}/\binom{100}{20}$. (Vgl. auch Abschnitt 4.8, Stichwort: hypergeometrische Verteilung.)

Aufgabe: Berechne diese Zahl exakt bzw. unter Verwendung der STIRLINGschen Formel.

3 Bedingte Wahrscheinlichkeiten – abhängige und unabhängige Ereignisse

Ein Grundproblem und eine Hauptaufgabe aller Naturwissenschaften ist: *Feststellen, ob zwischen verschiedenen Ereignissen ein gesetzmäßiger oder nur ein zufälliger Zusammenhang besteht.*

Wir erläutern das zunächst an einem ganz einfachen Beispiel: Beim Menschen sind Männer häufiger farbenblind als Frauen.

Wir haben es also mit zwei Merkmalspaaren zu tun, nämlich ♂, ♀ und farbenblind, nicht farbenblind. Behauptet wird, daß diese Merkmale nicht unabhängig von einander auftreten. Eine Stichprobe von 10000 Personen ergibt folgenden Befund (Zahlen fiktiv, aber plausibel):

	♂	♀	
farbenblind	423	65	488
nicht farbenblind	4848	4664	9512
	5271	4729	10000

Wie drückt sich zahlenmäßig aus, daß Männer häufiger farbenblind sind als Frauen? Offensichtlich hat man folgende Verhältnisse zu betrachten

$$\frac{\text{Zahl der farbenblinden ♂}}{\text{Zahl aller ♂}} = \frac{423}{4848} = 0{,}080$$

$$\frac{\text{Zahl der farbenblinden ♀}}{\text{Zahl aller ♀}} = \frac{65}{4729} = 0{,}014$$

und stellt fest, daß das eine Verhältnis fast sechs mal so groß ist wie das andere.

Implizit hat man hier bedingte Wahrscheinlichkeiten berechnet. *Eine bedingte Wahrscheinlichkeit ist die Wahrscheinlichkeit, daß ein Ereignis E eintritt unter der Voraussetzung, daß auch ein anderes Ereignis F eintritt.* (Hier: Wahrscheinlichkeit für farbenblind unter der Voraussetzung ♂, bzw ♀.)

Wir betrachten ein weiteres, ebenfalls sehr einfaches Beispiel. Es geht um die Lebenserwartung. Die Statistik (USA, siebziger Jahre) ergibt

Alter bei Tod	Anteil (in%)
0-20	3,88
20-40	3,05
40-60	14,00
60-80	45,49
über 80	33,58

Ein Neugeborener wird also mit einer Wahrscheinlichkeit von 33,58% über 80 Jahre alt, mit einer Wahrscheinlichkeit von 79,07% (nämlich nach Tabelle $45,49\% + 33,58\%$) über 60 usw. Wie groß ist jetzt Ihre Wahrscheinlichkeit (als Student, gerade 20 geworden) über 80 Jahre zu werden, wie groß meine (als Professor, gerade 60 geworden)? Hier geht es um bedingte Wahrscheinlichkeiten, nämlich den Eintritt eines „Ereignisses" (über 80) unter der Voraussetzung eines anderen Ereignisses (über 20 bzw. 60). Die Antwort ist

$$\frac{\text{Anteil derer, die über 80 werden}}{\text{Anteil derer, die über 20 werden}} = \frac{33,58}{96,12} = 0,3491$$

bzw.

$$\frac{\text{Anteil derer, die über 80 werden}}{\text{Anteil derer, die über 60 werden}} = \frac{33,58}{79,07} = 0,4247\,.$$

Wir werden jetzt diese Überlegungen formalisieren.

3.1 Bedingte Wahrscheinlichkeiten

Wir betrachten einen Wahrscheinlichkeitsraum, wie in 2.1 definiert. Es seien E, F zwei Ereignisse, also $E, F \in \Omega$. Dann ist

$$p(E|F) := \frac{p(E \cap F)}{p(F)}$$

die bedingte Wahrscheinlichkeit, daß E eintritt unter der Voraussetzung, daß auch F eintritt. Kurz: *Bedingte Wahrscheinlichkeit von E unter F.*

Diese Formel erscheint plausibel, wenn wir uns an die Definition

$$\text{Wahrscheinlichkeit} = \frac{\text{günstige Fälle}}{\text{mögliche Fälle}}$$

erinnern. Bei einer großen Zahl N von Versuchen tritt ungefähr

$$\begin{array}{ll} p(F)\cdot N & \text{mal das Ereignis } F \text{ ein} \\ p(E\cap F)\cdot N & \text{mal das Ereignis } E\cap F \text{ ein.} \end{array}$$

Für die bedingte Wahrscheinlichkeit $p(E|F)$ (wo F ja eintreten muß) ist das erste die Zahl der möglichen Fälle, das zweite (wo auch E eintritt) die Zahl der günstigen Fälle.

Für bedingte Wahrscheinlichkeiten gelten folgende Formeln

a)

$$p(F|E) = p(E|F)\frac{p(F)}{p(E)}\,, \tag{3.1}$$

denn

$$p(F|E) = \frac{p(F \cap E)}{p(E)} = \frac{p(F \cap E)}{p(F)}\frac{p(F)}{p(E)} = p(E|F)\frac{p(F)}{p(E)}\,.$$

b)

$$p(E) = p(E|F)p(F) + p(E|\bar{F})p(\bar{F})\,, \tag{3.2}$$

denn die rechte Seite ist nach Definition

$$\frac{p(E \cap F)}{p(F)}p(F) + \frac{p(E \cap \bar{F})}{p(\bar{F})}p(\bar{F}) = p(E \cap F) + p(E \cap \bar{F})\,.$$

Es ist $E = (E \cap F)\dot{\cup}(E \cap \bar{F})$ (disjunkte Vereinigung), also ist dies gleich $p(E)$.

c)

$$p(E|F) = 1 \quad \text{für } F \subset E$$

(klar nach Definition).

Der Begriff der bedingten Wahrscheinlichkeit ist von großer praktischer Bedeutung. Das ganze differenzierte Tarifsystem der Versicherungen (z.B. KFZ-Haftpflicht-Versicherung, Krankenversicherung, Unfallversicherung) beruht auf diesem Begriff. Die bedingte Wahrscheinlichkeit einen Autounfall zu verschulden ist unter der Voraussetzung Beamter zu sein niedriger als für andere Berufsgruppen, die bedingte Wahrscheinlichkeit einen Arbeitsunfall zu erleiden für Männer größer als für Frauen, bei dem Krankheitsrisiko ist es umgekehrt usw.

Deshalb ist es nützlich Formeln für die Berechnung zu haben, wenn man gewisse (bedingte) Wahrscheinlichkeiten schon kennt. Eine dieser Formeln ist folgender

Satz 3.1.1 (Satz von der totalen Wahrscheinlichkeit) *Es seien* B_1, ..., B_n *disjunkte Teilmengen von* Ω, *also* $B_i \cap B_j = \emptyset$ *für alle* i, j. *Es sei* $A \subset (B_1 \cup \ldots \cup B_n)$ *(vgl. Abb. 3.1). Dann gilt*

$$p(A) = \sum_{i=1}^{n} p(A|B_i)p(B_i)\,.$$

p(Bi|A) = 1
p(A|Bi) = p(Bi|A) · p(A)/p(Bi)
1 = p(A|Bi) · p(Bi)/p(A)
⇒ p(A) = p(A|Bi) · p(Bi)

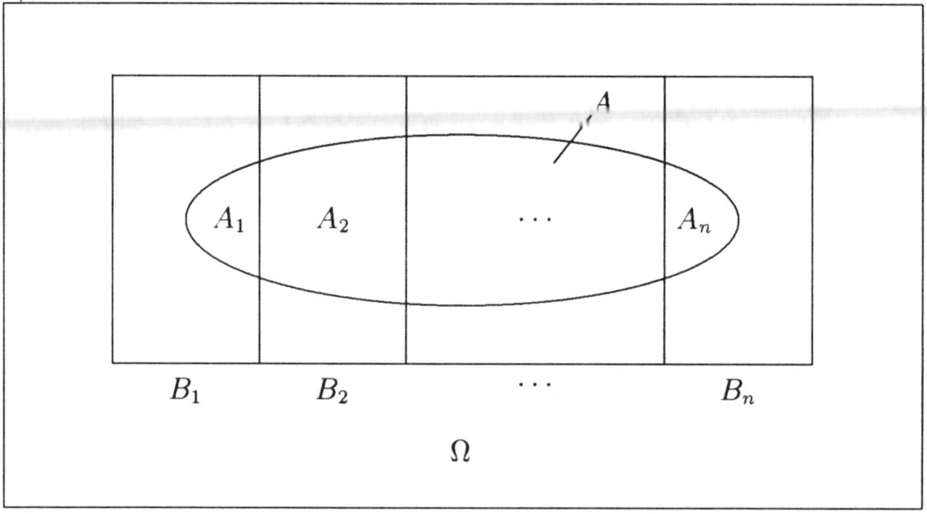

Abbildung 3.1 Veranschaulichung der Situation beim *Satz von der totalen Wahrscheinlichkeit*

Beweis: Es sei $A_i = A \cap B_i$. Dann hat man also eine disjunkte Vereinigung $A = A_i \cup \ldots \cup A_n$. Also gilt

$$p(A) = \sum_{i=1}^{n} p(A_i) = \sum_{i=1}^{n} p(A \cap B_i) = \sum_{i=1}^{n} p(A|B_i)p(B_i)\,.$$

Ein wichtiger Spezialfall ist $\Omega = B_1 \cup \ldots \cup B_n$. Dann gilt immer $A \subset (B_1 \cup \ldots \cup B_n)$, und die Formel

$$p(A) = \sum_{i=1}^{n} p(A|B_i)p(B_i)$$

gilt für alle Ereignisse $A \subset \Omega$.

Eine andere wichtige Formel zur Berechnung bedingter Wahrscheinlichkeiten ist die

Satz 3.1.2 (Formel von BAYES) *Es seien $B_1, \ldots, B_n$ disjunkte Teilmengen von Ω und $A \subset (B_1 \cup \ldots \cup B_n)$. Dann gilt für jedes B_k*

$$p(B_k|A) = \frac{p(B_k)p(A|B_k)}{\sum_{i=1}^n p(B_i)p(A|B_i)}$$

Beweis: Nach Satz (3.1.1) ist

$$p(A) = \sum_{i=1}^n p(A|B_i)p(B_i).$$

Ferner ist nach Definition der bedingten Wahrscheinlichkeit

$$p(B_k \cap A) = P(B_k|A)p(A) = p(A|B_k)p(B_k).$$

Also

$$p(B_k|A) = \frac{p(B_k)p(A|B_k)}{\sum_{i=1}^n p(B_i)p(A|B_i)}.$$

Beispiel: Bei einem medizinischen Diagnose-Verfahren (z.B. HIV-Test) gibt es eine zweifache Irrtumswahrscheinlichkeit. Einerseits könnte eine tatsächlich vorhandene Krankheit / Infektion fälschlicherweise nicht erkannt werden; andererseits könnte ein gesunder Patient fälschlicherweise als krank / infiziert diagnostiziert werden. Beide Fehler können offensichtlich sehr nachteilige Konsequenzen für den Patienten haben. Kritisch ist insbesondere der Fall, daß die Fehlerwahrscheinlichkeit der Diagnose größer ist als die Wahrscheinlichkeit wirklich krank zu sein (wie beim HIV-Test). Dann sagt einem schon der gesunde Menschenverstand, daß ein positiver Test keinesfalls bedeutet, daß man wirklich krank ist. — Wir wollen diese Situation jetzt formalisieren; es geht um die bedingte Wahrscheinlichkeit wirklich krank zu sein unter der Bedingung, daß der Test positiv ausfällt.

Wir gehen von folgenden fiktiven Zahlen aus:

$0,02\%$	der Bevölkerung seien wirklich krank
$0,996$	Wahrscheinlichkeit für negatives Testergebnis bei gesunden Patienten
$0,999$	Wahrscheinlichkeit für positives Testergebnis bei kranken Patienten.

Es bietet sich an, den Ereignisraum

$$\Omega = \{(g,g),(g,k),(k,g),(k,k)\}$$

zugrunde zu legen. Dabei bedeutet

(g,g): Patient gesund, Test negativ
(g,k): Patient gesund, Test positiv
(k,g): Patient krank , Test negativ
(k,k): Patient krank , Test positiv.

Das Ereignis „tatsächlich krank“ ist

$$K = \{(k,g),(k,k)\}$$

mit

$$p(K) = 0,0002\,.$$

Die Ereignisse „Diagnose positiv“, bzw. „Diagnose negativ“ sind

$$D = \{(g,k),(k,k)\}\,, \quad \bar{D} = \{(g,g),(k,g)\}$$

und es ist

$$p(\bar{D}|\bar{K}) = 0,996\,, \quad p(D|K) = 0,999\,.$$

Es interessiert wie schon gesagt $p(K|D)$ und dieser Wert kann mit der Formel von BAYES ausgerechnet werden. Wir haben die disjunkte Zerlegung $\Omega = K \cup \bar{K}$, setzen $A = D$ und erhalten

$$\begin{aligned} p(K|D) &= \frac{p(K)p(D|K)}{p(D|K)p(K) + p(D|\bar{K})p(\bar{K})} \\ &= \frac{0,0002 \cdot 0,999}{0,999 \cdot 0,0002 + 0,001 \cdot 0,9998} \\ &\approx 0,167 \end{aligned}$$

Ergebnis: Nur mit einer Wahrscheinlichkeit von 0,167 ist man bei „Diagnose krank“ wirklich krank.

3.2 Abhängigkeit und Unabhängigkeit

Zwei Ereignisse E, F heißen *unabhängig*, wenn das Eintreten von E „nichts mit dem von F zu tun hat“, mathematisch formuliert

$$p(E) = p(E|F).$$

Wegen $p(E|F) = \frac{p(E \cap F)}{p(F)}$ ist diese Gleichung äquivalent zu

$$p(E \cap F) = p(E)p(F).$$

Dabei ist immer stillschweigend $p(F) \neq 0$ vorausgesetzt.

Die Wahrscheinlichkeit, daß E *und* F eintritt, ist also gleich dem Produkt der Einzelwahrscheinlichkeiten. Sind die Ereignisse nicht unabhängig, so nennt man sie natürlich *abhängig*. Unabhängige Ereignisse sind z.B. wiederholtes Würfeln. Auch wenn es dem Gefühl vieler Menschen widerspricht: Wenn man noch so lange keine Sechs gewürfelt hat, steigt dadurch die Wahrscheinlichkeit im nächsten Wurf eine Sechs zu würfeln nicht an.

Das Merkmal „farbenblind“ war nicht unabhängig vom Geschlecht, wohl aber das Merkmal „Augenfarbe blau/braun“. In einer Population seien die relativen Häufigkeiten dieser Merkmale folgende (Zahlen fiktiv):

	♀	♂	
blau	26%	29%	55%
braun	21%	24%	45%
	47%	53%	

Es ist

$$\begin{aligned} p(\text{blau}) = 0,55 \quad & p(\text{blau}|♀) = \tfrac{26}{47} = 0,553\ldots \\ & p(\text{blau}|♂) = \tfrac{29}{53} = 0,547\ldots \\ p(\text{braun}) = 0,45 \quad & p(\text{braun}|♀) = \tfrac{21}{47} = 0,446\ldots \\ & p(\text{braun}|♂) = \tfrac{24}{53} = 0,453\ldots \end{aligned}$$

Die bedingten Wahrscheinlichkeiten sind also (fast) gleich denen ohne Bedingung; die Merkmalspaare sind unabhängig.

3.3 Das Hardy-Weinberg-Gesetz

Obwohl es nicht ganz in diesen Zusammenhang paßt, erwähnen wir an dieser Stelle ein Gesetz der Genetik, bei dem es auch um Unabhängigkeit geht. Wir betrachten ein Merkmal (eines Lebewesens), das genetisch durch zwei *Allele* A, a determiniert wird. Es gibt also für den Genotyp die Möglichkeiten $AA, Aa = aA, aa$. Die relative Häufigkeit von A sei p, die von a sei q, also $p + q = 1$. Die Kombination dieser Allele bei der sexuellen Reproduktion geschieht zufällig (unabhängige Ereignisse). Die Genotypen haben also folgende relativen Häufigkeiten (=Wahrscheinlichkeiten)

$$\begin{array}{ccc} AA & Aa & aa \\ p^2 & 2pq & q^2 \end{array}$$

Ist A dominant, so haben die Phänotypen A, a also die relativen Häufigkeiten $p^2 + 2pq$, bzw. q^2. Nach der binomischen Formel ist immer

$$0 \leq (p - q)^2 = p^2 - 2pq + q^2, \text{ also } 2pq \leq p^2 + q^2.$$

Dies ist das HARDY-WEINBERG-Gesetz: In einer Population sind die reinerbigen Individuen (*Homozygoten*) immer häufiger als die gemischterbigen (*Heterozygoten*) (unter der Voraussetzung der zufälligen Partnerwahl und wenn keine Inzucht vorkommt).

Bemerkung: Am Beispiel der früher erwähnten medizinischen Diagnose-Verfahren erkennt man die enorme praktische Bedeutung des Begriffs der bedingten Wahrscheinlichkeiten. Umfangreiche Befragungen von Ärzten haben ergeben, daß den meisten Medizinern nicht klar ist, welch entscheidende Bedeutung die jeweiligen (Irrtums-) Wahrscheinlichkeiten spielen. Zum Beispiel ist die Wahrscheinlichkeit, eine Mammographie unrichtig zu interpretieren und infolgedessen die fehlerhafte Diagnose Mamma-Karzinom zu stellen, sehr viel größer, als daß ein Karzinom wirklich vorliegt. Noch viel krasser und folgenreicher ist die Situation bei der pränatalen Diagnostik. Man kann mit Sicherheit annehmen, daß eine große Zahl von Abtreibungen nur deshalb vorgenommen wird, weil Irrtums- und Risikowahrscheinlichkeiten falsch eingeschätzt und interpretiert werden. Die Fehlerwahrscheinlichkeit bei der Diagnose z.B. von *Spina bifida* oder dem DOWN-Syndrom ist vielfach größer als die Wahrscheinlichkeit, daß der jeweilige Befund tatsächlich vorliegt.

Aufgabe: Ein Kriminologe möchte anhand einer Stichprobe herausfinden, wieviel Prozent der Bundesbürger bereits einmal einen Ladendiebstahl begangen haben. Da wohl kaum eine ehrliche Antwort zu erwarten ist, wenn die Befragten nicht sicher sind, daß niemand (auch der Frager nicht) ihre Antwort erfährt, legt der Kriminologe jedem Befragten 10 Kärtchen vor. Auf vier dieser Kärtchen steht
Frage 1: „Ist es richtig, daß Sie bereits einmal einen Ladendiebstahl begangen haben?“ Auf den 6 restlichen Karten steht
Frage 2: „Ist es richtig, daß Sie noch nie einen Ladendiebstahl begangen haben?“
Jeder Befragte wird gebeten, - uneinsehbar für den Frager - die Karten zu mischen, eine Karte zu ziehen, und die Frage mit „Ja“ oder „Nein“ zu beantworten. Da der Interviewer nicht weiß, welche Frage beantwortet wurde, ist die Anonymität des Befragten gesichert. Bei einer (umfangreichen) Stichprobe anworten 59 % der befragten Personen mit „Ja“. Wieviel Prozent der Bundesbürger sind Ladendiebe?
Tip: Überlege, welche Ereignisse hier als unabhängig angenommen werden (Vierfeldertafel).

Beispiel/Aufgabe: Man mache sich die Begriffe abhängig/unabängig an folgendem einfachen Beispiel klar: Sind bei *einmaligem* Würfeln die Ereignisse $\{1,2\}$ und $\{2,3\}$ bzw. $\{1,2\}$ und $\{2,3,4\}$ bzw. $\{1,2\}$ und $\{3,4\}$ abhängig oder unabhängig?

4 Beispiele für Wahrscheinlichkeitsverteilungen

Wir behandeln einige wichtige Beispiele für Wahrscheinlichkeitsverteilungen; die ersten beiden waren schon erwähnt worden.

4.1 LAPLACE-Verteilung

Alle Elementarereignisse sind gleich wahrscheinlich. Also $|\Omega| = n, p_i = \frac{1}{n}$
Beispiele:

„Fairer“ Würfel : $\Omega = \{1, 2, \ldots, 6\}$ $\quad p(i) = \frac{1}{6}$
„Faires“ Roulette: $\Omega = \{0, 1, \ldots, 36\}$ $\quad p(i) = \frac{1}{37}$

4.2 BERNOULLI-Experiment

$|\Omega| = 2$, das heißt das Zufallsexperiment hat nur zwei mögliche Ausgänge, etwa

$\Omega = \{\text{ja}, \text{nein}\}$, $\{0, 1\}$, $\{♂, ♀\}$, $\{\text{positive Reaktion}, \text{negative Reaktion}\}, \ldots$

Die beiden Ausgänge haben Wahrscheinlichkeiten p, q mit $p + q = 1$.

4.3 Binomial-Verteilung

Wir geben erst die mathematische Beschreibung und dann Erläuterungen und Beispiele. Wie beim BERNOULLI-Experiment sind zwei Zahlen p, q mit $0 \leq p, q \leq 1$ und $p + q = 1$ gegeben. Es sei $\Omega = \{0, 1, \ldots, n\}$ und

$$p_k = p(k) = \binom{n}{k} p^k q^{n-k} \quad \text{für } k = 0, 1, \ldots, n\,.$$

Damit ist tatsächlich ein Wahrscheinlichkeitsraum definiert. Denn offensichtlich ist p_k nicht-negative Zahl, und nach der binomischen Formel (1.1) ist

$$p_0 + \ldots + p_n = \sum_{k=0}^{n} \binom{n}{k} p^k q^{n-k} = (p + q)^n = 1\,.$$

Worum geht es?

Zu der Binomial-Verteilung kommt man, wenn man ein BERNOULLI-Experiment n mal unabhängig wiederholt. Sei also $\Omega = \{a, b\}$ und $p(a) = p, p(b) = q = 1-p$. Mögliche Ausgänge des n-fach wiederholten BERNOULLI Experimentes sind also Folgen der Länge n wie

$$a, a, b, a, \ldots, a, b\,.$$

Man interessiert sich dafür: Wir groß ist die Wahrscheinlichkeit $p(k)$, daß bei n-facher Wiederholung genau k-mal a und (demzufolge) genau $(n-k)$-mal b auftritt (wobei es auf die Reihenfolge des Auftretens von a und b nicht ankommt)?

Die Wahrscheinlichkeit ist gerade der angegebene Wert

$$p_k = \binom{n}{k} p^k q^{n-k}\,.$$

Wie kommt man zu diesem Wert? Wir betrachten eine Möglichkeit, wo k-mal a und $(n-k)$-mal b auftritt etwa

$$\underbrace{a, a, \ldots, a}_{k}, \underbrace{b, \ldots, b}_{n-k}\,.$$

Wie groß ist die Wahrscheinlichkeit, genau diese Reihenfolge zu erhalten? Die Wahrscheinlichkeit an erster Stelle a zu erhalten ist p, an zweiter Stelle ebenfalls, die Wahrscheinlichkeit mit a, a anzufangen ist also p^2 usw., die Wahrscheinlichkeit, daß an den ersten k Stellen a erscheint ist also p^k, die Wahrscheinlichkeit an der nächsten (und jeder folgenden) Stelle b zu bekommen ist q, die gesuchte Wahrscheinlichkeit ist also $p^k q^{m-k}$. Nun gibt es $\binom{n}{k}$ Möglichkeiten die k Ausgänge a auf die n Versuche zu verteilen (warum?? Begründung!!). Für jede dieser Möglichkeiten ergibt sich genauso wie oben die Wahrscheinlichkeit $p^k q^{n-k}$. Die gesuchte Wahrscheinlichkeit ist also wie behauptet $\binom{n}{k} p^k q^{n-k}$.

Beispiele:

a) Wie groß ist die Wahrscheinlichkeit bei siebenmaligem Würfeln genau drei mal die sechs zu würfeln?

   $\Omega = \{6, \text{nicht } 6\}$ mit $p = p(6) = \frac{1}{6}, q = \frac{5}{6}$. Es ist also $n = 7, k = 3$.

$$p(4) = \binom{7}{3}\left(\frac{1}{6}\right)^3\left(\frac{5}{6}\right)^4 \approx 0{,}0781$$

b) Wie groß ist die Wahrscheinlichkeit, daß eine Familie mit vier Kindern zwei Mädchen und zwei Jungen hat?
$\Omega = \{♂, ♀\}$ mit $p = 0,53$, $q = 0,47$.

$$p(2) = \binom{4}{2} 0,53^2 \cdot 0,47^2 \approx 0,3723$$

Ein wichtiger und interessanter Spezialfall der Binomial-Verteilung ergibt sich, wenn beide Ereignisse des BERNOULLI-Experimentes gleich wahrscheinlich sind, also $p = q = \frac{1}{2}$ (Beispiel: Münzwurf). Dann ergibt sich

$$p(k) = \binom{n}{k} \left(\frac{1}{2}\right)^k \left(\frac{1}{2}\right)^{n-k} = \frac{\binom{n}{k}}{2^n}.$$

4.4 POISSON-Verteilung

Die POISSON-Verteilung entspricht einer Binomial-Verteilung, bei der p sehr klein ist. Das heißt, daß das entsprechende Ereignis sehr unwahrscheinlich ist.

Beispiel: Das Mortalitätsrisiko bei einer Narkose sei (z.B.) 0,2%, also ist p sehr klein. Wie groß ist die Wahrscheinlichkeit, daß bei 1000 Operationen genau fünf Todesfälle eintreten (alternativ, daß fünf oder mehr Todesfälle eintreten)?

Diskussion: Offenbar geht es um ein 1000-fach wiederholtes BERNOULLI-Experiment mit $p = 0,002$, $q = 0,998$, $p = p(\dagger)$. Die Wahrscheinlichkeit, daß fünf mal Exitus † eintritt ist nach der allgemeinen Formel

$$p(5) = \binom{1000}{5} 0,002^5 0,988^{1000-5}.$$

Rechnung (auf Taschenrechner möglich) ergibt

$$p(5) = 0,03060\ldots$$

Ähnliche Rechnung ergibt

$$\begin{aligned} p(0) &= 0{,}1351\ldots \\ p(1) &= 0{,}2707\ldots \\ p(2) &= 0{,}2709\ldots \\ p(3) &= 0{,}1804\ldots \\ p(4) &= 0{,}0900\ldots \end{aligned}$$

also $p(0) + p(1) + p(2) + p(3) + p(4) = 0,9471\ldots$ Die Restwahrscheinlichkeit, daß fünf oder mehr Todesfälle auftreten ist also $0,0529\ldots$

Die Berechnung dieser $p(k)$ ist vor allem für große n etwas unangenehm. Deshalb formen wir die Terme etwas um. Dazu brauchen wir die Exponentialfunktion aus Teil A, Abschnitt (6.4). Wir hatten die Reihendarstellung

$$e^x = 1 + \frac{x}{1!} + \frac{x^2}{2!} + \frac{x^3}{3!} + \dots,$$

die für kleine x sehr schnell konvergiert. Es gibt noch eine andere wichtige Darstellung der Exponentialfunktion, nämlich

$$e^x = \lim_{n\to\infty} \left(1 + \frac{x}{n}\right)^n .$$

Für sehr große n ist also

$$e^x \approx \left(1 + \frac{x}{n}\right)^n .$$

Bei der Binomial-Verteilung hatten wir

$$p(k) = \binom{n}{k} p^k q^{n-k} .$$

Es sei also p sehr klein und n im Vergleich zu k sehr groß (wie in dem Beispiel). Wir setzen $x = pn, p = \frac{x}{n}$. Dann ergibt sich

$$\begin{aligned} p(k) &= \frac{n(n-1)\cdots(n-k+1)}{k!}\left(\frac{x}{n}\right)^k\left(1-\frac{x}{n}\right)^{n-k} \\ &= \frac{n(n-1)\cdots(n-k+1)}{n\cdot n\cdots n}\frac{x^k}{k!}\frac{\left(1-\frac{x}{n}\right)^n}{\left(1-\frac{x}{n}\right)^k} \\ &\approx 1\cdot\frac{x^k}{k!}\frac{e^{-x}}{1} \\ &= \frac{x^k}{k!}e^{-x} . \end{aligned}$$

Diese Zahlen kann man nun leicht berechnen. Die große Zahl n tritt nämlich gar nicht mehr auf, nur das relativ kleine k. Bei dem oben betrachteten Beispiel ergibt sich mit $n = 1000$, $k = 5$, $p = 0,002$, $x = 2$

$$p(5) \approx \frac{2^5}{5!}e^{-2} = 0,0361\dots$$

(also nur eine kleine Abweichung!).

4.5 Die POISSON-Verteilung als abzählbar-diskrete Wahrscheinlichkeitsverteilung

Bei der eben diskutierten Binomialverteilung war $\Omega = \{0, 1, \ldots, n\}$ und n sehr groß. Mathematisch erfaßt man die Situation besser, wenn man $n = \infty$ setzt, also $\Omega = \{0, 1, 2, \ldots\} = \mathbb{N}_0$ setzt. Dann ist die Menge der Elementarereignisse zwar nicht mehr endlich, aber ansonsten geht alles wie früher: Um die Wahrscheinlichkeitsverteilung p zu definieren wählt man eine feste reelle Zahl $\lambda > 0$. Dann setzt man

$$p_k = p(k) = \frac{\lambda^k}{k!}\mathrm{e}^{-\lambda} \quad \text{für } k = 0, 1, 2, \ldots$$

Dann ist offensichtlich $p_k > 0$ für alle k, und die Summe der Wahrscheinlichkeiten p_k ist gleich 1:

$$p_0 + p_1 + p_2 + \ldots = \left(1 + \frac{\lambda}{1!} + \frac{\lambda^2}{2!} + \ldots\right)\mathrm{e}^{-\lambda} = \mathrm{e}^{\lambda}\mathrm{e}^{-\lambda} = \mathrm{e}^0 = 1\,.$$

(Bei dieser Rechnung wurde natürlich die Exponentialreihe verwandt.) Diese Verteilung ist die POISSON-Verteilung.

Z.B. mit $\lambda = 2$ (wie eben) ergibt sich (vgl. Abb. 4.1)

$$\begin{array}{ll} p_0 = 0{,}1353\ldots & p_4 = 0{,}0902\ldots \\ p_1 = 0{,}2707\ldots & \vdots \\ p_2 = 0{,}2707\ldots & p_{10} = 0{,}000038\ldots \\ p_3 = 0{,}1804\ldots & \end{array}$$

4.6 Anwendungen der POISSON-Verteilung

Man kann die POISSON-Verteilung benutzen um zu überprüfen, ob die räumliche (oder zeitliche) Verteilung von Objekten zufällig ist oder nicht. Wie meistens wird an Beispielen sofort klar, worum es geht.

Beispiel: Sie untersuchen die Rasenfläche vor dem botanischen Institut auf das Vorkommen von Löwenzahn und stellen auf einer Probefläche von 200m^2 insgesamt 612 Pflanzen, also durchschnittlich $3{,}06$ Pflanzen pro m^2, fest. Jetzt wollen Sie wissen, ob diese Pflanzen sich „zufällig" über den Rasen verteilen oder ob sie „gleichmäßig" verteilt sind oder ob sie stellenweise konzentriert auftreten.

(**Anderes Beispiel :** In einer Telefonzentrale gehen Anrufe ein. Geschieht das zufällig oder zu gewissen Zeiten konzentriert usw.?)

Weil Sie *Mathematik in Biologie und Geowissenschaften (Teil B)* noch nicht gehört haben, wissen Sie nicht so recht, wie Sie (bei dem Löwenzahn-Problem) vorgehen sollen, entschließen sich aber die 200 m^2 große Fläche in 200 Quadrate aufzuteilen und dann auszuzählen. Sie finden folgendes Ergebnis.

In 7 Quadraten sind	0	Pflanzen	0
21	1		21
47	2		94
55	3		165
38	4		152
22	5		110
5	6		30
3	7		21
0	8		0
1	9		9
1	10		10
			612

Was jetzt? Ist diese Verteilung nun zufällig oder nicht?

Die Antwort gibt die POISSON-Verteilung! Bei einer Dichte von $\lambda = 3,06$ sind in einem Quadrat bei zufälliger Verteilung k Pflanzen mit der Wahrscheinlichkeit $p(k) = \frac{\lambda^k}{k!}e^{-\lambda}$ zu erwarten (Begründung folgt noch). In dem Beispiel ist also

$$p(k) = \frac{3,06^k}{k!}e^{-3,06} \approx 0,0469\frac{3,06^k}{k!} .$$

Diese Zahlen kann man nun der Reihe nach für $k = 0, 1, 2, \ldots$ ausrechnen (zweite Spalte der folgenden Tabelle). Da es 200 Teilquadrate gibt ist damit zu rechnen, daß in ungefähr $200 \cdot p(k)$ Teilquadraten genau k Pflanzen sind (dritte Spalte). Diese Zahlen vergleicht man mit den empirisch gefundenen Werten (4.Spalte).

k	$p(k)$	$200 \cdot p(k)$	empirischer Wert
0	0,0468	9,5	7
1	0,1454	29	21
2	0,2210	44	47
3	0,2240	45	55
4	0,1691	34	38
5	0,1028	20	22
6	0,0521	10,5	5
7	0,0226	4,5	3

Der Vergleich zeigt, daß die Werte $k = 2, 3, 4, 5$ in der Nähe des Durchschnittswertes 3,06 *häufiger* auftreten als bei zufälliger Verteilung erwartet. Offenbar heißt das, daß die Verteilung *gleichmäßiger* ist als bei zufälliger Verteilung.

Wir müssen jetzt noch die Begründung für die Wahrscheinlichkeit $p(k) = \frac{\lambda^k}{k!}e^{-\lambda}$ liefern. Die Probefläche ist in N Teilflächen (im Beispiel $N = 200$) eingeteilt. Wir betrachten eine feste dieser Teilflächen. Die Wahrscheinlichkeit, daß eine Pflanze ausgerechnet in dieser Teilfläche wächst, ist $p = \frac{1}{N}$, also p klein. Sind die n Pflanzen (Beispiel $n = 612$) zufällig verteilt, so ist mit

$$\lambda = np = \text{durchschnittliche Zahl der Pflanzen pro Teilfläche}$$

nach der POISSON-Verteilung

$$p(k) = \frac{\lambda^k}{k!}e^{-\lambda}$$

gerade die Wahrscheinlichkeit, daß die ausgewählte Teilfläche genau k Pflanzen enthält. Dann sollten ungefähr $N \cdot p(0), N \cdot p(1), \ldots$ Teilflächen gerade $0, 1, \ldots$ Pflanzen enthalten.

4.7 Geometrische Verteilung – Negative Binomial-Verteilung

Auch hier handelt es sich um eine Wahrscheinlichkeitsverteilung mit unendlichem Ω, nämlich $\Omega = \mathbb{N} = \{1, 2, \ldots\}$. Es sei $0 < \lambda < 1$. Dann ist p definiert durch

$$p(n) = \lambda(1-\lambda)^{n-1},$$

also

$$p(1) = \lambda\,,\ p(2) = \lambda(1-\lambda)\,,\ p(3) = \lambda(1-\lambda)^2\,,\ldots$$

Natürlich gilt $0 < p(n) < 1$ und aufgrund der geometrischen Reihe summieren die $p(n)$ sich zu 1 auf:

$$p(1)+p(2)+p(3)+\ldots = \sum_{n=1}^{\infty} \lambda(1-\lambda)^{n-1} = \lambda \sum_{n=0}^{\infty}(1-\lambda)^n = \lambda\frac{1}{1-(1-\lambda)} = 1\,.$$

Diese Wahrscheinlichkeitsverteilung tritt z.B. bei folgendem Zufallsexperiment auf: Man würfelt so lange, bis zum ersten Mal eine sechs erscheint. Wie groß ist die Wahrscheinlichkeit, daß genau beim n-ten Versuch eine sechs erscheint? Dies heißt, daß $(n-1)$-mal hintereinander nicht die sechs gewürfelt wurde. Dafür ist die Einzelwahrscheinlichkeit $\frac{5}{6} = (1-\lambda)$, bei $(n-1)$-maliger Wiederholung also $(\frac{5}{6})^{n-1}$. Die Wahrscheinlichkeit, daß im n-ten Versuch dann eine sechs erscheint ist $\frac{1}{6}$ also insgesamt $(\frac{5}{6})^{n-1}\frac{1}{6} = \lambda(1-\lambda)^{n-1}$.

Diese Verteilung heißt *geometrische Verteilung* oder *negative Binomialverteilung.* Sie ist für „Warteschlangen"-Probleme wichtig, was man sich auf Grund des erwähnten Beispiels leicht vorstellen kann.

4.8 Hypergeometrische Verteilung

Bei dieser Verteilung sind drei natürliche Zahlen N, K, n vorgegeben mit $N \geq K$ und $N \geq n$. Es ist $\Omega = \{0, 1, \ldots, n\}$ und

$$p_k = p(k) = \frac{\binom{K}{k}\binom{N-K}{n-k}}{\binom{N}{n}}\,.$$

Man kann nachrechnen, daß wirklich $p_0 + p_1 + \ldots + p_n = 1$ gilt, so daß wir eine Wahrscheinlichkeitsverteilung, die sogenannte *hypergeometrische Verteilung* haben.

Obwohl die Formel etwas kompliziert aussieht, ist die Interpretation leicht zu verstehen: Es geht um Stichproben aus einer Gesamtmenge von N Objekten, von denen K gekennzeichnet sind.

Beispiel: Von einer Vogelpopulation von $N = 1000$ Exemplaren sind $K = 200$ beringt. Man fängt $n = 50$ heraus. Wie groß ist die Wahrscheinlichkeit, daß von diesen genau $k = 12$ beringt sind? (Da $\frac{1}{5}$ der Gesamtpopulation beringt sind, würde man $50 \cdot \frac{1}{5} = 10$ beringte *erwarten*, aber es können natürlich Abweichungen auftreten.) Offenbar geht es im Prinzip um Frage d) aus Kapitel 1, die also in allgemeiner Form beantwortet wird.

Herleitung der Formel: Die Zahl aller Stichproben ist $\binom{N}{n}$. Aus den K gekennzeichneten Objekten kann man auf $\binom{K}{k}$ verschiedene Weisen k auswählen. Die restlichen $n-k$ Objekte der Stichprobe sind aus den $N-K$ ungekennzeichneten Stichproben ausgewählt. Dafür gibt es $\binom{N-K}{n-k}$ Möglichkeiten. Die Gesamtzahl der Stichproben mit k gekennzeichneten Objekten ist also $\binom{K}{k}\binom{N-K}{n-k}$. Die gesuchte Wahrscheinlichkeit ist also in der Tat

$$p(k) = \frac{\binom{K}{k}\binom{N-K}{n-k}}{\binom{N}{n}}.$$

Zusatzbemerkung: Durchläuft k die Zahlen $0, 1, \ldots, n$ so werden offenbar alle Stichproben erfaßt. Es gilt also notwendig

$$\sum_{k=0}^{n} \binom{K}{k}\binom{N-K}{n-k} = \binom{N}{n}$$

und wir müssen also eine Wahrscheinlichkeitsverteilung haben.

Aufgabe: Eine Vorlesung „Mathematik für Biologen“ hat 70 Teilnehmer, 40 weiblich, 30 männlich. Von den 70 Hörern melden sich 19 für eine Exkursion (nach Carolinensiel) an. Wie groß ist die Wahrscheinlichkeit, daß von dieser „Stichprobe“ nur 4 Teilnehmer männlich und 15 weiblich sind? (Bei einigermaßen geschickter Rechnung - Kürzen! - kommt man mit dem Taschenrechner aus.)(Wie interpretiert man das Ergebnis?)

Aufgabe: Ist folgendes eine Wahrscheinlichkeits-Verteilung
$\Omega = \{1, 2, 3, \ldots\} = \mathbb{N}$ mit $p(k) = \left(\frac{1}{k} - \frac{1}{k+1}\right), k = 1, 2, \ldots$?

Aufgabe: Bei einem (amerikanischen) Großkonzern stand das hundertjährige Firmenjubiläum bevor, zu dem man sich etwas ganz Besonderes einfallen ließ: Jedes Kind eines Mitarbeiters, das an dem fraglichen Tag geboren wurde, sollte ein Geschenk von 10.000 Dollar erhalten. Aus langjähriger Erfahrung wußte man, daß im Durchschnitt 2,85 Geburten pro Tag zu erwarten waren, und der Chefmathematiker des Konzerns - S.D. Poisson - erklärte, daß mit einem Fonds von 100.000 Dollar alle Risiken abgesichert seien. Tatsächlich brach an dem fraglichen Tag eine Flut von Nachwuchs über den Konzern herein. Wer wurde entlassen: Der Chefmathematiker, weil er sich verrechnet hatte, oder der Personalchef, weil er dieses Programm schon ein Jahr vorher angekündigt hatte? (Berechne also die Wahrscheinlichkeit, daß mehr als 10 von n = 2,85 · 365 Geburten auf denselben Tag fallen.)

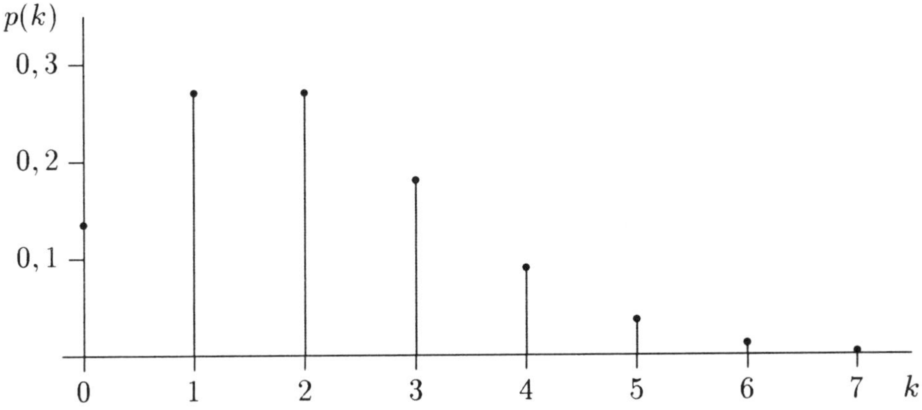

Abbildung 4.1 POISSON-Verteilung

5 Grundbegriffe der beschreibenden Statistik

5.1 Tabellarische und graphische Darstellung

Bei naturwissenschaftlichen (z.B. biologischen) Experimenten oder Untersuchungen werden die Meßdaten (also numerische Daten, nicht Qualitäten wie Farbe, gut/schlecht usw.) zunächst in Form von Listen oder dergleichen protokolliert. Auf diese Weise entsteht das *Meßprotokoll* oder die *Urliste*. Sie ist die Grundlage für alle späteren Auswertungen (z.B. auch Überprüfungen) und sollte niemals weggeworfen werden. Oft werden mehrere Meßgrößen gleichzeitig protokolliert. (Beispiel: Größe und Gewicht von 200 Schülern eines bestimmten Alters.)

Als nächstes geht es um eine übersichtliche Darstellung der Meßergebnisse. Sehr oft wird man in einem ersten Schritt auszählen, wie oft ein Meßwert a auftritt und diese *absoluten Häufigkeiten* in Form eines *Stabdiagramms*, eines *Histogramms* oder eines *Häufigkeitspolygons* darstellen (vgl. dazu Abb. 5.1). Alle diese Diagramme haben denselben Informationsgehalt.

Statt der absoluten Häufigkeiten $H(a)$ werden vielfach auch die relativen Häufigkeiten $h(a) = \frac{H(a)}{n}$, wobei n der Umfang der Stichprobe ist, dargestellt. Diese sind das eigentlich interessante, denn die $H(a)$ sind natürlich von der Größe der Stichprobe abhängig, die $h(a)$ dagegen (bis auf statistische Schwankungen) nicht. Die Einzelhäufigkeiten $H(a)$ summieren sich zu n:

$$\sum_a H(a) = n\,.$$

Deshalb gilt $\sum_a h(a) = 1$, d.h. die $h(a)$ bilden eine Wahrscheinlichkeitsverteilung, eine sogenannte *empirische* Wahrscheinlichkeitsverteilung. („Empirisch" deswegen, weil sie sich nicht theoretisch wie in Kapitel 4, sondern empirisch aus Meßdaten ergibt.)

Eine entscheidende Frage ist dann festzustellen, ob diese empirische Verteilung „aussieht", wie eine theoretisch bekannte (z.B. eine Binomial-Verteilung oder eine Normalverteilung, die später noch besprochen wird). Erkennt man eine solche theoretische Wahrscheinlichkeitsverteilung, so wird es in aller Regel eine Begründung dafür geben, warum gerade diese Verteilung auftritt. Das sagt dann etwas aus über die Gesetzmäßigkeiten,

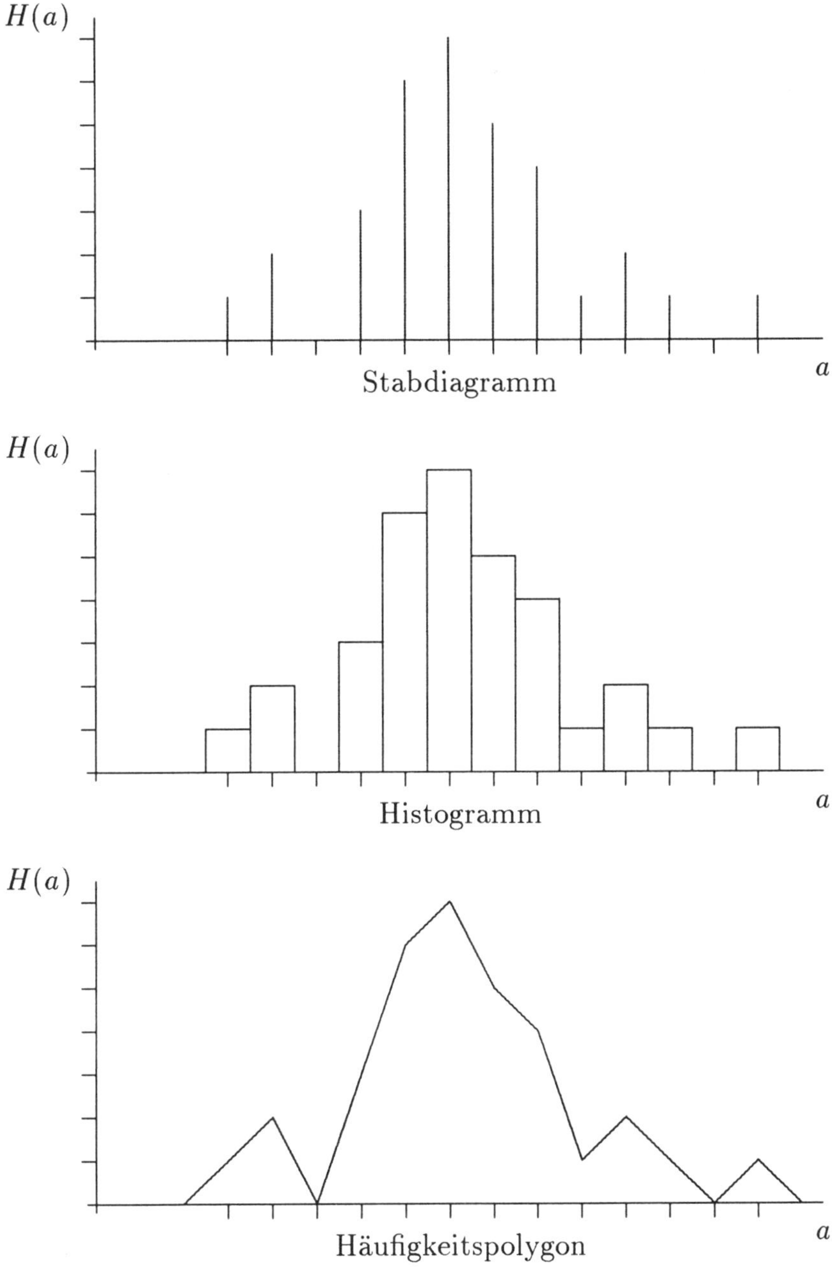

Abbildung 5.1 Verschiedene Darstellungen der absoluten Häufigkeit einer Meßgröße (die relativen Häufigkeiten werden ganz entsprechend dargestellt)

die die Größe a determinieren.

Oft – vor allem bei einer großen Zahl von Messungen – ist das Stabdiagramm noch ziemlich unübersichtlich. Deshalb faßt man die Meßwerte zu *Klassen* zusammen (sogenannte *Gruppierung* oder *Klassenbildung*, vgl. dazu Abb. 5.2). Wurde in dem genannten Beispiel die Körpergröße auf $0,5$cm genau gemessen, so könnte man z.B. jeweils fünf aufeinanderfolgende Werte zusammenfassen, etwa 140cm – 142cm; 142,5cm – 144,5cm; 145cm – 147cm usw. Dadurch geht offensichtlich Information verloren, aber die Darstellung wird übersichtlicher.

Im allgemeinen bildet man 10 – 20 Klassen. Eine Faustregel sagt, die Zahl der Klassen sollte nicht größer als $\sqrt{n}$ sein.

Vielfach ist es zweckmäßig, statt der Häufigkeitsverteilung $H(a)$ (bzw. $h(a)$) die sogenannte *Verteilungsfunktion* $F(a)$ (bzw. $f(a)$) zu betrachten. $F(a)$ ist die Zahl aller Meßwerte $\leq a$, also

$$F(a) = \sum_{x \leq a} H(x)\,, \qquad f(a) = \sum_{x \leq a} h(x)\,.$$

Dann ist klar, daß $F(a)$ von 0 bis n ansteigt, entsprechend $f(a)$ von 0 bis 1 (vgl. Abb. 5.3).

5.2 Mittelwert und Streuung

Es geht um folgende Frage: Wie reduziert man umfangreiches Datenmaterial (eine empirische Häufigkeitsverteilung) auf *wenige*, aber *aussagekräftige* Zahlen? Die beiden wichtigsten Kennzahlen sind *Mittelwert* und *Streuung* oder *Varianz*. Der Mittelwert gibt den Durchschnittswert der Meßwerte an, die Streuung ist ein Maß dafür, wie stark die einzelnen Meßwerte um diesen Mittelwert streuen.

Der Mittelwert $\bar{x}$ der Zahlen $x_1, \ldots x_n \in \mathbb{R}$ (also z.B. der Meßwerte einer Stichprobe der Größe n) ist definiert als

$$\bar{x} = \frac{1}{n}(x_1 + \ldots + x_n) = \frac{1}{n}\sum_{i=1}^{n} x_i\,.$$

Kommen die Meßwerte mehrfach vor – ist also z.B. die Meßreihe schon in Form eines Stabdiadramms aufbereitet – etwa

$$\begin{array}{llll} \text{Meßwert } & x_1 \text{ kommt } & n_1 \text{ mal vor,} & n_1 = H(x_1)\,. \\ & x_2 & n_2 & n_2 = H(x_2) \\ & \vdots & \vdots & \vdots \\ & x_k & n_k & n_k = H(x_k) \end{array}$$

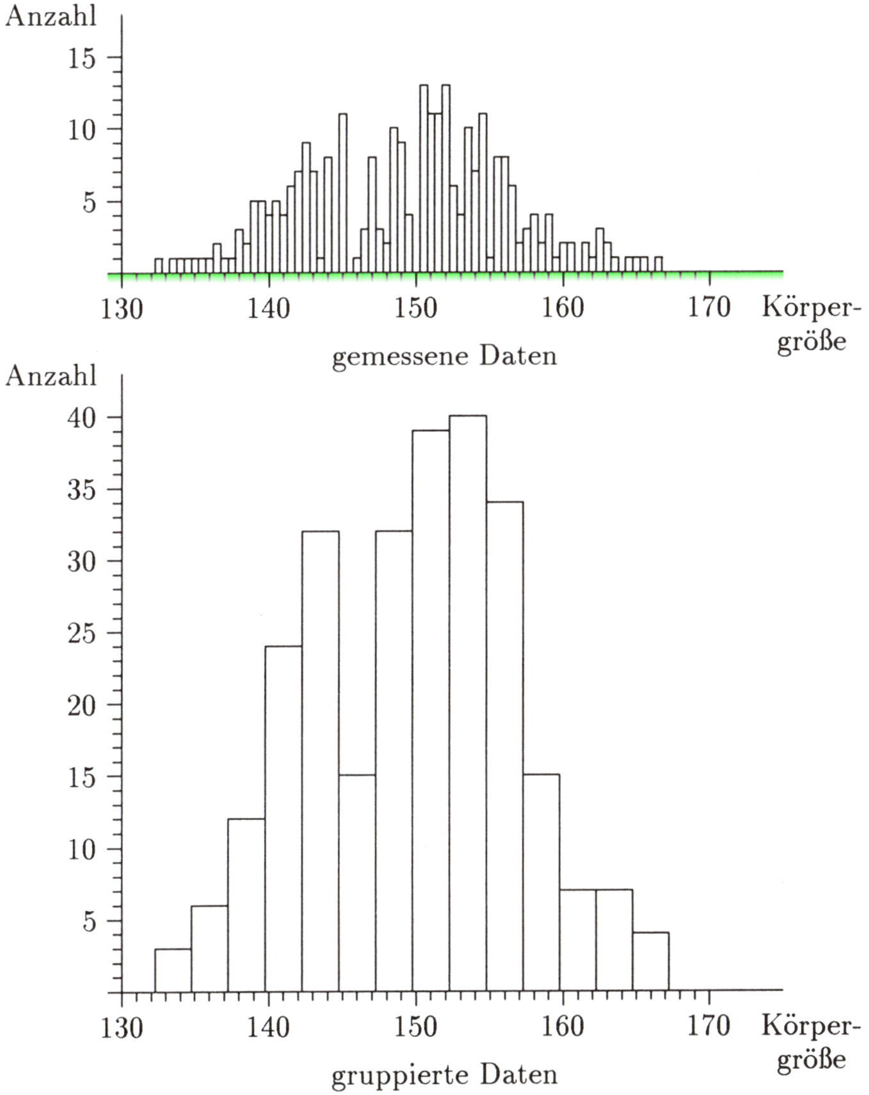

Abbildung 5.2 Klassenbildung

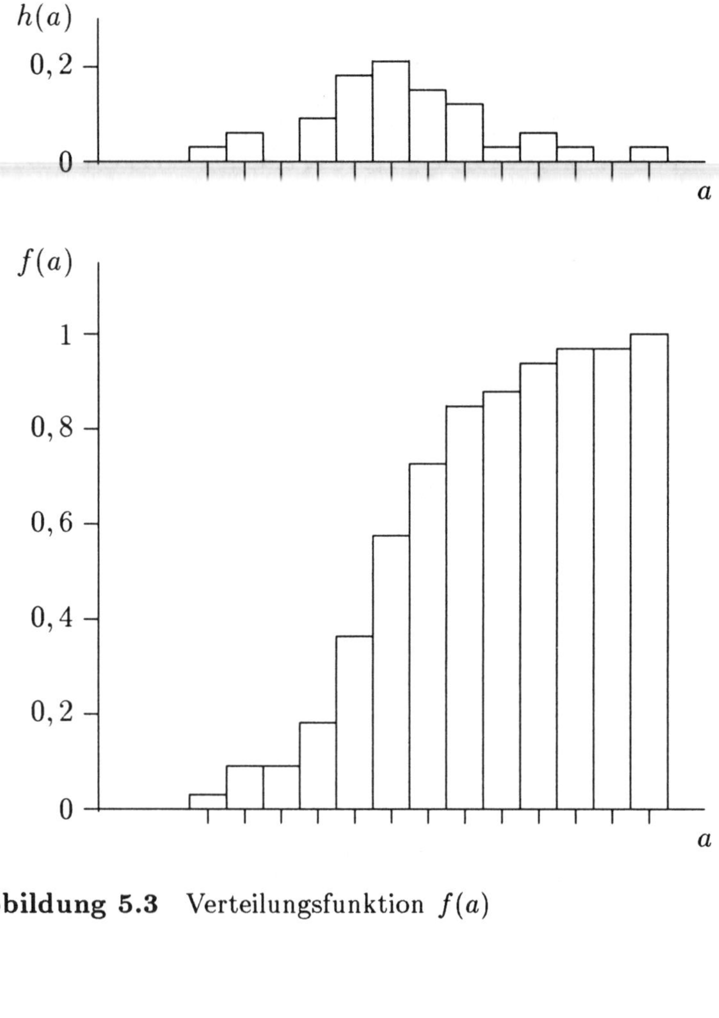

Abbildung 5.3 Verteilungsfunktion $f(a)$

Dann ist $n = n_1 + \ldots + n_k$ und

$$\bar{x} = \frac{1}{n}(n_1 x_1 + \ldots + n_k x_k) = h_1 x_1 + \ldots + h_k x_k \,,$$

wobei $h_i = \frac{n_i}{n}$ die relative Häufigkeit von x_i ist.

Die Streuung oder Varianz s^2 der Stichprobe $x_1, \ldots, x_n$ ist wie folgt definiert

$$s^2 = \frac{1}{n-1} \sum_{i=1}^{n} (x_i - \bar{x})^2 \,.$$

Die Wurzel aus diesem Ausdruck, also

$$s = \sqrt{\frac{1}{n-1} \sum_{i=1}^{n} (x_i - \bar{x})^2}$$

heißt *Standardabweichung.* Die Streuung ist etwas einfacher zu berechnen, weil man nicht die Wurzel ziehen muß. Die Standardabweichung ist das „bessere" Maß für die Abweichung der Meßwerte vom Mittelwert, denn sie hat dieselbe Dimension wie die Meßwerte: Werden die x_i z.B. in cm gemessen, so auch s.

Bemerkungen:

a) Streuen die x_i stark, d.h. liegen sie weit von dem Mittelwert $\bar{x}$ entfernt, so werden die Summanden $(x_i - \bar{x})^2$ groß und damit auch die Standardabweichung. s ist also – wie anfangs gesagt – ein Maß für die „durchschnittliche" Abweichung der x_i von $\bar{x}$. Es gilt offenbar $s = 0$ dann und nur dann, wenn alle $x_i = \bar{x}$ sind, d.h. wenn die x_i überhaupt nicht streuen.

b) Zur Berechnung von s^2 und s ist insbesondere der Ausdruck

$$\sum_{i=1}^{n} (x_i - \bar{x})^2$$

zu berechnen. Dieser ist gleich dem einfacher zu berechnenden Ausdruck

$$\sum_{i=1}^{n} x_i^2 - n\bar{x}$$

Beweis:

$$\begin{aligned}\sum_{i=1}^{n}(x_i-\bar{x})^2 &= \sum_{i=1}^{n}(x_i^2-2x_i\bar{x}+\bar{x}^2)=\sum_{i=1}^{n}x_i^2-2\bar{x}\sum_{i=1}^{n}x_i+n\bar{x}^2\\ &= \sum_{i=1}^{n}x_i^2-2n\bar{x}^2+n\bar{x}^2=\sum_{i=1}^{n}x_i^2-n\bar{x}^2\end{aligned}$$

c) In vielen Taschenrechnern ist die Berechnung von $\bar{x}$ und s fest programmiert (Bezeichnung dort häufig σ_{n-1} oder $x\sigma_{n-1}$ statt s).

d) Mittelwert und Streuung hängen folgendermaßen zusammen: $\bar{x}$ ist die Zahl x, für die bei gegebenen $x_1, \ldots, x_n$ der Ausdruck

$$f(x)=\sum_{i=1}^{n}(x_i-x)^2$$

ein Minimum annimmt.

Beweis: Es ist $f'(x) = -2\sum_{i=1}^{n}(x_i - x)$. Also ist $f'(x) = 0$, wenn $x = \frac{1}{n}(x_1 + \ldots + x_n)$. Weiter ist $f''(x) = 2n > 0$. Also liegt dort ein Minimum.

e) Es verwundert vielleicht, daß in der Definition von Varianz (und Standardabweichung) der Faktor $\frac{1}{n-1}$ und nicht $\frac{1}{n}$ auftaucht. Dies hat mathematische Gründe, die hier nicht erläutert werden können. (Für die Praxis macht es keinen großen Unterschied, ob man $\frac{1}{n}$ oder $\frac{1}{n-1}$ nimmt. In manchen Formelsammlungen findet man auch $\frac{1}{n}$.)

5.3 Regressions-Gerade und das Prinzip der kleinsten Quadrate

Dieser Begriff, der schon in Teil A, Kapitel 4 behandelt wurde, gehört auch zu den Grundbegriffen der beschreibenden Statistik. Vielfach werden bei einem Experiment (Untersuchung) zwei Werte gemessen, etwa Körpergröße und Gewicht, Spannung und Stromstärke usw. Man erhält also als Stichprobe n Zahlenpaare $(x_1, y_1), \ldots, (x_n, y_n)$. Oft besteht zwischen den Größen x und y ein linearer Zusammenhang der Art

$$y = ax + b\,.$$

Wie schon früher gesagt berechnet a sich nach der Formel

$$a = \frac{\sum_{i=1}^{n}(x_i - \bar{x})(y_i - \bar{y})}{\sum_{i=1}^{n}(x_i - \bar{x})^2} = \frac{\sum_{i=1}^{n} x_i y_i - n\bar{x}\bar{y}}{\sum_{i=1}^{n} x_i^2 - n\bar{x}^2}$$

und b wird so bestimmt, daß die Regressions-Gerade $y = ax + b$ durch den Punkt $(\bar{x}, \bar{y})$ (=Schwerpunkt der Punkte (x_i, y_i)) geht, also $b = \bar{y} - a\bar{x}$.

Es ist eine naheliegende Frage, wie man ausgerechnet auf diese Formeln kommt. Die Antwort ist im Prinzip ganz einfach und knüpft an die letzte Bemerkung (4) an. Dort hatten wir gesehen, daß der Mittelwert $\bar{x}$ so unter allen x bestimmt ist, daß die *Summe der quadratischen Abweichungen*

$$\sum_{i=1}^{n}(x_i - \bar{x})^2$$

minimal wird. Ähnlich ist es bei der Regressions-Gerade. Die Parameter a und b werden so gewählt, daß die Summe der quadratischen Abweichungen

$$\sum_{i=1}^{n}(y_i - (ax_i + b))^2 \tag{5.1}$$

minimal wird. Der

Beweis: ist eine leichte Rechnung. Wir fassen den Ausdruck (5.1) auf als Funktion $f(a, b)$ der Variablen a, b. Um das Minimum zu bestimmen, müssen die Ableitungen nach a und nach b Null gesetzt werden. Es ist

$$\frac{\partial f}{\partial a} = -\sum_{i=1}^{n} 2(y_i - (ax_i + b))x_i\,, \quad \frac{\partial f}{\partial b} = -\sum_{i=1}^{n} 2(y_i - (ax_i + b))\,.$$

Das ergibt

$$\sum_{i=1}^{n}(y_i - ax_i - b)x_i = 0\,, \quad \sum_{i=1}^{n}(y_i - ax_i - b) = 0\,,$$

oder etwas umgeformt

$$a\sum_{i=1}^{n} x_i^2 + b\sum_{i=1}^{n} x_i = \sum_{i=1}^{n} x_i y_i\,, \quad a\sum_{i=1}^{n} x_i + nb = \sum_{i=1}^{n} y_i\,,$$

mit $\sum_{i=1}^{n} x_i = n\bar{x}$, $\sum_{i=1}^{n} y_i = n\bar{y}$ (und Kürzen des Faktors n) wird das

$$a\sum_{i=1}^{n} x_i^2 + nb\bar{x} = \sum_{i=1}^{n} x_i y_i\,, \quad a\bar{x} + b = \bar{y}\,.$$

Die zweite Gleichung besagt dann schon, daß $(\bar{x}, \bar{y})$ auf der gesuchten Geraden liegt. Man setzt $b = \bar{y} - a\bar{x}$ in die erste Gleichung ein und löst nach a auf:

$$\begin{aligned} a\sum_{i=1}^{n} x_i^2 + n\bar{x}(\bar{y} - a\bar{x}) &= \sum_{i=1}^{n} x_i y_i \\ a\left(\sum_{i=1}^{n} x_i^2 - n\bar{x}^2\right) &= \sum_{i=1}^{n} x_i y_i - n\bar{x}\bar{y}\,. \end{aligned}$$

Das ist die Behauptung.

Bemerkung: Nach dem hier angewandten „Prinzip der kleinsten Quadrate“ (das auf C.F. GAUSS, 1777–1855, zurückgeht) kann man auch andere Funktionen empirischen Daten möglichst genau anpassen. Vermutet man z.B. zwischen x_i und y_i einen Zusammenhang wie bei einer quadratischen Parabel, also $y = ax^2 + bx + c$ oder einer Hyperbel, also $y = a + b(x - c)^{-1}$ usw., so kann man die Koeffizienten a, b, c so bestimmen, daß die Summe der quadratischen Abweichungen von den Meßwerten möglichst klein wird.

5.4 Median

In vielen Fällen ist der Mittelwert kein gutes Maß für den „gefühlsmäßig richtigen“ Duchschnittswert. Das liegt einmal daran, daß der Mittelwert relativ empfindlich auf „Ausreißer“ reagiert. Oft hat man auch Situationen, wo die Streuung in einer Richtung viel stärker ist als in einer anderen. Ein typisches Beispiel ist die Studiendauer bis zum Abschlußexamen. Im Bereich $9 - 12$ Semester ist die Variation notwendigerweise gering, im Bereich $13 - 30$ Semester viel größer. Mehr als 20 Semester brauchen nur wenige; sie ziehen den Mittelwert aber unverhältnismäßig stark nach oben. In solchen Fällen ist der *Median* $x^\star$ ein besseres Maß. Der Median ist so definiert, daß die Hälfte der Meßwerte $x_i \leq x^\star$ sind, die andere Hälfte $\geq x^\star$.

6 Zufallsgrößen – Erwartungswert – Varianz

In diesem Abschnitt wird die Theorie der abstrakten Wahrscheinlichkeitsräume noch etwas weiterentwickelt und realistischen Situationen angepasst. In vielen Fällen ist man an dem Ausgang eines Zufallsexperimentes (also an den Elemantarereignissen) gar nicht direkt interessiert, sondern an einem damit verbundenem Zahlenwert, einer numerischen Variablen. Dazu zwei Beispiele:

a) Es wird ein Glücksspiel mit zwei (ununterscheidbaren) Würfeln gespielt. Die Elementarereignisse sind also die 21 verschiedenen Kombinationen von $(1,1)$ bis $(6,6)$. Vom Gegenspieler erhält man die Augensumme; beim Wurf (i,j) also den Betrag $i+j$.

b) Das Zufallsexperiment ist die Eigröße in einer Hühnerfarm (eingeteilt in Gewichtsklassen). Von Interesse ist jedoch nicht das Gewicht, sondern der erzielte Preis.

Dies führt zum Begriff der Zufallsgröße:

Definition 6.0.1 *a) Eine* Zufallsgröße *(oft auch* Zufallsvariable *genannt) auf einem Wahrscheinlichkeitsraum* (Ω, p) *ist eine beliebige Abbildung (Funktion)*

$$X : \Omega \to \mathbb{R}\,,$$

also eine Vorschrift, die jedem $\omega \in \Omega$ *eine reelle Zahl* $X(\omega)$ *zuordnet. (Obwohl es sich um eine Funktion handelt, ist in der Stochastik die Bezeichnung* X *üblich.)*

b) Man kann dann von der Wahrscheinlichkeit sprechen, daß die Zufallsgröße X *einen Wert* $x_0 \in \mathbb{R}$ *annimmt:*

$$p(X = x_0) = p(\{\omega \in \Omega | X(\omega) = x_0\})\,.$$

(Vgl. die folgende Erläuterung.) *Oft interessiert man sich auch für die Wahrscheinlichkeit, daß* X *einen Wert zwischen zwei Grenzen* a *und* b *annimmt:*

$$p(a \leq X \leq b) = p(\{\omega \in \Omega | a \leq X(\omega) \leq b\})\,,$$

$$p(a < X < b) = p(\{\omega \in \Omega | a < X(\omega) < b\})\,.$$

Bei diesen Formeln ist der Hauptpunkt, sie richtig zu lesen und zu verstehen. Am Beispiel 1) wird klar, worum es geht. Wie schon gesagt, gibt es 21 Elementarereignisse, die sechs Pasche und 15 verschiedene Kombinationen von $(1,2)$ bis $(5,6)$. Die entsprechenden Wahrscheinlichkeiten sind $\frac{1}{36}$, bzw. $\frac{1}{18}$ (weil (i,j) und (j,i) nicht unterschieden werden). Die betrachtete Zufallsgröße ist $X(i,j) = i + j$. Insbesondere nimmt X alle natürlichen Zahlen von 2 bis 12 an, allerdings – wie jedes Kind weiß – mit unterschiedlicher Wahrscheinlichkeit. Was ist zum Beispiel die Wahrscheinlichkeit, daß X den Wert 6 annimmt? Das geschieht genau für die Würfe $(1,5)$, $(2,4)$, $(3,3)$. Mit den Bezeichnungen der Definition (und auf deren Verständnis kommt es jetzt an!) ist also

$$\{\omega \in \Omega | X(\omega) = 6\} = \{(1,5),(2,4),(3,3)\}\,.$$

Also ist

$$p(X=6) = p(1,5) + p(2,4) + p(3,3) = \frac{1}{18} + \frac{1}{18} + \frac{1}{36} = \frac{5}{36}\,.$$

Aufgabe: Man berechne alle Wahrscheinlichkeiten $p(X = n)$, $n = 2, \ldots, 12$ und außerdem

$$p(X < 10)\,, \quad p(3\tfrac{1}{2} < X < 8)\,, \quad p(4 \le X \le 7{,}3)\,.$$

Bemerkungen:

a) Sind X_1, X_2 Zufallsgrößen (auf demselben Wahrscheinlichkeitsraum), so auch $X_1 \pm X_2$ und $X_1 X_2$.

b) In vielen Fällen sind die Elementarereignisse selbst reelle Zahlen; Ω ist also Teilmenge von $\mathbb{R}$. (Beispiele: Binomial-Verteilung, hypergeometrische Verteilung usw.) Dann kann man Ω selbst als Zufallsvariable ansehen oder genauer die sogenannte „identische Abbildung“ auf Ω mit $X(\omega) = \omega$. Natürlich ist dann $p(X = x_0) = p(x_0)$.

c) Oft betrachtet man eine Zufallsgröße, deren Werte nicht Zahlen, sondern Vektoren sind. Dann hat man also eine Abbildung

$$X : \Omega \to \mathbb{R}^n\,, \quad X = (X_1, \ldots, X_n)\,, \quad X(\omega) = (X_1(\omega), \ldots, X_n(\omega))\,.$$

Man spricht dann von einem *Zufallsvektor*; die „Koordinaten“ $X_1, \ldots, X_n$ sind Zufallsgrößen.

Definition 6.0.1 (Fortsetzung) *c) Wesentliche Eigenschaften der Zufallsgröße X erfaßt man durch die zugehörige Verteilungsfunktion $F = F^X$. Das ist diejenige Funktion $F(x)$, die die Wahrscheinlichkeit angibt, daß $X \leq x$ ausfällt. Also*

$$F(x) = p(X \leq x) = p\{\omega \in \Omega | X(\omega) \leq x\}\,.$$

Natürlich ändert sich F nur an den Stellen $x \in \mathbb{R}$, die als Werte von X angenommen werden. Weil $F(x)$ eine Wahrscheinlichkeit ist, steigen die Werte von 0 treppenförmig bis 1 an.

Wir betrachten wieder das Beispiel 1). Wie schon gesagt, nimmt X als kleinsten Wert die Zahl 2 an und zwar mit der Wahrscheinlichkeit $\frac{1}{36}$. Es ist also

$$F(x) = 0 \text{ für } x < 2\,, \quad F(2) = \frac{1}{36}\,.$$

Bis zum Wert 3 ändert sich $F(x)$ nicht und springt dann auf $F(3) = \frac{1}{36} + \frac{1}{18}$ usw. Bei $x = 12$ wird schließlich der Wert 1 erreicht, denn X nimmt mit Sicherheit einen Wert ≤ 12 an. Vgl. dazu Abb. 6.1.

Wir definieren jetzt für beliebige Zufallsgrößen Mittelwert und Varianz. Statt von dem Mittelwert spricht man allerdings von dem *Erwartungswert* der Zufallsgröße X. Dieser wird in Analogie zu der Formel

$$\bar{x} = h_1 x_1 + \ldots + h_k x_k$$

für den Mittelwert erklärt (h_i = relative Häufigkeit).

Definition 6.0.2 *a) Der* Erwartungswert $E(x)$ *einer Zufallsgröße X ist definiert durch*

$$E(X) = \sum_{\omega \in \Omega} p(\omega) X(\omega)\,,$$

d.h. $E(X)$ ist ein gewichtetes Mittel der $X(\omega)$, wobei $X(\omega)$ mit dem Gewicht $p(\omega)$ eingeht. (Manchmal wird $E(X)$ mit $\bar{X}$ bezeichnet.)

b) Die Varianz $\mathrm{Var}(X)$ *einer Zufallsgröße X ist definiert als der Erwartungswert der Zufallsgröße $(X - E(X))^2$, also als das gewichtete Mittel der quadratischen Abweichungen:*

$$\mathrm{Var}(X) = E(X - E(X))^2 = \sum_{\omega \in \Omega} p(\omega)(X(\omega) - E(X))^2\,.$$

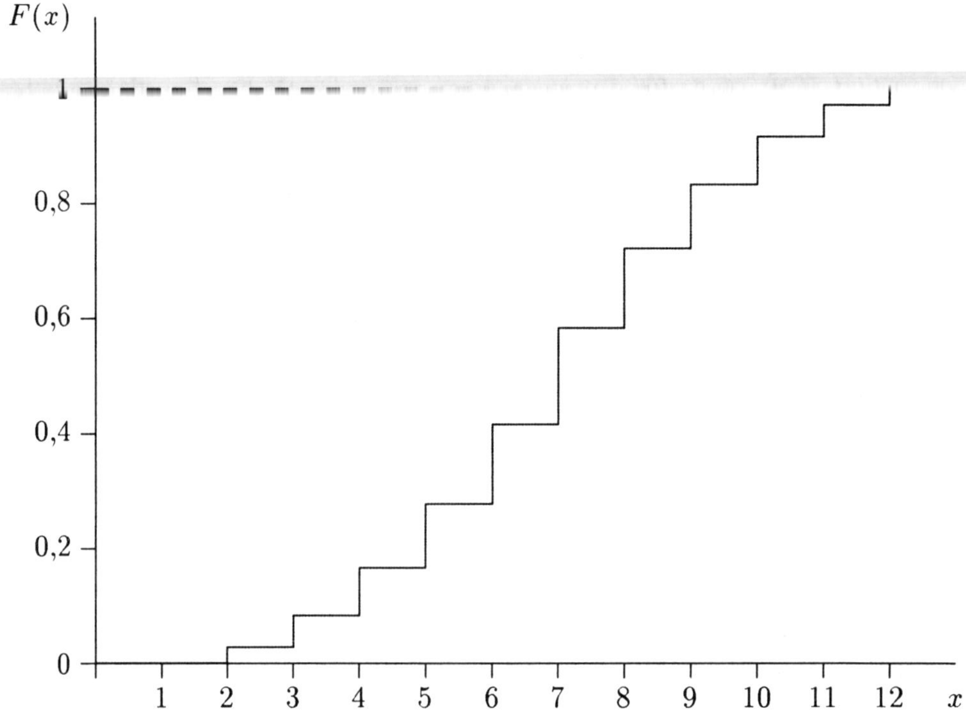

Abbildung 6.1 Verteilungfunktion $F(x)$ für Beispiel 1)

Beispiel: Wir betrachten jetzt das fast triviale Beispiel Würfel. Die Zufallsvariable nimmt die Werte 1 bis 6 an, jeden mit Wahrscheinlichkeit $\frac{1}{6}$, also

$$E(X) = \frac{1}{6}(1 + 2 + \ldots + 6) = 3,5\,.$$

(An diesem Beispiel sieht man, daß der Erwartungwert nicht ein möglicher Wert der Zufallsvariable sein muß. Man kann nicht $3,5$ würfeln. Schon gar nicht ist $E(X)$ der häufigste Wert der Zufallsvariable. Die richtige Interpretation von $E(X)$ ist folgende: Bei einer großen Zahl N von Würfen wird die Gesamtsumme ungefähr $N \cdot E(X)$ sein.)

Die Varianz errechnet sich in dem Beispiel als

$$\mathrm{Var}(X) = \frac{1}{6}(2,5^2 + 1,5^2 + 0,5^2 + 0,5^2 + 1,5^2 + 2,5^2) \approx 2,92\,.$$

Die Varianz entspricht der Varianz (Streuung) einer Stichprobe, allerdings mit dem Faktor $\frac{1}{n}$ statt $\frac{1}{n-1}$. Die Größe $\sqrt{\mathrm{Var}(X)}$ entspricht der Standardabweichung.

Rechenregeln:

a) Sind X_1, X_2 Zufallsgrößen auf Ω, so gilt

$$E(X_1 + X_2) = E(X_1) + E(X_2)\,.$$

Das ergibt sich unmittelbar aus der Definition (6.0.2).

b) Manchmal ist es zweckmäßig, in $\sum p(\omega)X(\omega)$ alle Summanden mit gleichem $X(\omega)$ zusammenzufassen. (So etwas kann es natürlich geben; z.B. in Beispiel 1) vom Anfang des Kapitels.) Dann erhält man

$$E(X) = \sum_x p_X(x)x\,.$$

Hierbei ist

$$p_X(x) = p(\{\omega \in \Omega | X(\omega) = x\}) = p(X = x)\,.$$

Es ist über alle $x \in \mathbb{R}$ zu summieren, die als Werte von X auftreten.

c) Gilt $X_1 \leq X_2$ (d.h. $X_1(\omega) \leq X_2(\omega)$ für alle ω) so ist

$$E(X_1) \leq E(X_2)\,.$$

Ist speziell $X \geq 0$, so gilt auch $E(X) \geq 0$. Das folgt ebenfalls aus der Definition.

d) Für die Varianz gilt folgende Formel

$$\mathrm{Var}(X) = E(X^2) - (E(X))^2 .$$

Beweis: (Vgl. die entsprechende Bemerkung in 5.2; es ist $\bar{X} = E(X)$.)

$$\begin{aligned}
\mathrm{Var}(X) &= \sum_\omega p(\omega)(X(\omega) - \bar{X})^2 \\
&= \sum_\omega p(\omega)(X(\omega)^2 - 2\bar{X}X(\omega) + \bar{X}^2) \\
&= \sum_\omega p(\omega)X(\omega)^2 - 2\bar{X}\sum_\omega p(\omega)X(\omega) + \bar{X}^2 \\
&= E(X^2) - 2\bar{X}\bar{X} + \bar{X}^2 .
\end{aligned}$$

e) Im Allgemeinen ist

$$E(X_1 \cdot X_2) \neq E(X_1) \cdot E(X_2)$$

und

$$\mathrm{Var}(X_1 + X_2) \neq \mathrm{Var}(X_1) + \mathrm{Var}(X_2) \quad !$$

Es ist wichtig Erwartungswert und Varianz für die in Kapitel 4 behandelten Wahrscheinlichkeitverteilungen zu kennen. Wir führen die (im Prinzip nicht schwierige) Rechnung nicht durch, sondern teilen nur das Ergebnis mit.

Beispiele:

a) Laplace-Verteilung auf $\{1, 2, \ldots, n\}$, also $p(i) = \frac{1}{n}$ für alle i:

Erwartungswert: $\dfrac{n+1}{2}$

Varianz: $\dfrac{n^2-1}{12}$

b) Binomial-Verteilung auf $\{0, 1, \ldots, n\}$ mit dem Parameter p, $0 \leq p \leq 1$:

Erwartungswert: np

Varianz: $npq = np(1-p)$

c) POISSON-Verteilung mit dem Parameter λ:

Erwartungswert:	λ
Varianz:	ebenfalls λ

Bei der POISSON-Verteilung ist der Ereignisraum $\Omega = \{0, 1, 2, \ldots\} = \mathbb{N}_0$ unendlich. Die Summen in der Definition von $E(X)$ undVar(X) sind also unendlich. Ansonsten treten aber keine Probleme auf. Es war $p(k) = \frac{\lambda^k}{k!}e^{-\lambda}$, also

$$\begin{aligned} E(X) &= \sum_{k=0}^{\infty} \frac{\lambda^k}{k!} e^{-\lambda} \cdot k \\ &= \sum_{k=0}^{\infty} \frac{\lambda^k}{(k-1)!} e^{-\lambda} \\ &= e^{-\lambda} \cdot \lambda \cdot \sum_{k=0}^{\infty} \frac{\lambda^{k-1}}{(k-1)!} \\ &= e^{-\lambda} \cdot \lambda \cdot e^{\lambda} \\ &= \lambda \end{aligned}$$

d) Geometrische Verteilung mit dem Parameter λ:

Erwartungswert:	$\frac{1}{\lambda}$
Varianz:	$\frac{1-\lambda}{\lambda^2}$

e) Hypergeometrische Verteilung mit den Parametern N, K, n:

Erwartungswert:	$n\frac{K}{N}$
Varianz:	$n\frac{K}{N}\left(1 - \frac{K}{N}\right)\frac{N-n}{N-1}$

Der Erwartungswert ist ganz plausibel. Zur Erinnerung: Man hatte eine Gesamtheit von N Objekten, davon K gekennzeichnet, also der relative Anteil $\frac{K}{N}$. Man entnimmt eine Stichprobe von n Objekten und erwartet natürlich $n\frac{K}{N}$ gekennzeichnete zu finden.

Aufgabe: Was ist der Erwartungswert bei folgendem Würfelspiel: 2 ununterscheidbare Würfel, gezählt wird die Augensumme, bei Paschs das Doppelte und wenn eine 1 dabei ist gar nichts.

Aufgabe: Man analysiere das folgende bekannte Würfelspiel: Gespielt wird mit einem Würfel; jeder Spieler darf so oft würfeln, wie er will, würfelt man eine 1, so muß man aufhören und erhält 0 Punkte; sonst wird die bis zum Aufhören gesammelten Augensumme gutgeschrieben. Ziel ist es natürlich, möglichst viele Punkte zu bekommen.

a) Was ist die optimale Strategie? (Man vergleiche das Risiko beim Wurf 1 alles Angesammelte zu verlieren mit dem zu erwartenden Gewinn.)

und jetzt noch zwei Fragen für Leute, die sich anstrengen wollen:

b) Andrea und Andreas (die über Frage a) nicht nachgedacht, aber auf eine lange Spielpraxis zurückblicken) haben empirisch verschiedene Strategien entwickelt. Andrea (vorsichtig) hört grundsätzlich auf, wenn sie 16 Punkte zusammen hat, Andreas (risikobereit) würfelt grundsätzlich 7 mal (wenn nicht vorher die 1 kommt). Wer hat die bessere Strategie?

c) Was ist der Erwartungswert der optimalen Strategie?

...und wer Lust hat, kann noch ein PC-Programm schreiben, das Andrea bzw. Andreas simuliert, bis zu einer Summe von 1 000 000 spielen und sehen, wer gewinnt ....

7 Kontinuierliche Wahrscheinlichkeitsverteilungen – Die Normalverteilung

Bis jetzt haben wir nur Wahrscheinlichkeitsräume mit endlichem oder „diskretem“ Ereignisraum Ω betrachet. In der Praxis, insbesondere in der Statistik, sind oft kontinuierliche Wahrscheinlichkeitsverteilungen ein besseres Instrument.

7.1 Kontinuierliche Wahrscheinlichkeitsverteilungen

Wir denken uns eine Zufallsgröße X, die zufällig beliebige, reelle Werte zwischen zwei Größen a, b annehmen kann, z.B. die Größe einer dreijährigen Fichte oder das Gewicht eines 20-jährigen Mannes. (Die Grenzen a, b dürfen auch $-\infty$ und $+\infty$ sein.) Man kann dann nicht von der Wahrscheinlichkeit sprechen, daß die Zufallsgröße X eine reelle Zahl x_0 „ganz genau“ annimmt. Diese Wahrscheinlichkeit ist 0. Man kann aber von der Wahrscheinlichkeit sprechen, daß X einen Wert zwischen zwei Grenzen c, d annimmt. Es ist also

$$p(c \leq X \leq d) = p([c, d])$$

definiert. Diese Situation wird durch eine *Wahrscheinlichkeitsdichte* beschrieben.

Definition 7.1.1 *a) Eine* Wahrscheinlichkeitsdichte *für eine Zufallsgröße X ist eine – meistens stetige – Funktion $f : [a, b] \to \mathbb{R}$ mit $f(t) \geq 0$ für alle t und*

$$\int_a^b f(t)dt = 1\,.$$

Das Integral $\int_c^d f(t)dt$ (vgl. Abb. 7.1) ist die Wahrscheinlichkeit, daß X einen Wert zwischen c und d annimmt.

Weil $f(t) \geq 0$ gilt, ist auch $p(c \leq X \leq d) \geq 0$. Nach Definition ist außerdem $p(a \leq X \leq b) = 1$, d.h. die Wahrscheinlichkeit, daß X irgendeinen Wert annimmt ist 1.

An den Begriff Wahrscheinlichkeitsdichte schließen sich jetzt ganz ähnlich wie in den vorhergehenden Kapiteln die Begriffe Wahrscheinlichkeitsverteilung, Erwartungswert und Varianz an. In den früheren Definitionen und Formeln sind immer nur die Summen durch entsprechende Integrale zu ersetzen.

Definition 7.1.1 (Fortsetzung) *b) Die zu f gehörige* Verteilungsfunktion *oder* Wahrscheinlichkeitsverteilung *F ist definiert als die Wahrscheinlichkeit, daß $X \leq x$ gilt, also*

$$F(x) = p(X \leq x) = p((a, x]) = \int_a^x f(t)dt\,.$$

(Nach dem Hauptsatz der Differential- und Integralrechnung ist F Stammfunktion von f !)

Natürlich ist $F(a) = 0$, $F(b) = 1$ und

$$p([c, d]) = F(d) - F(c)\,.$$

(Vgl. Abb. 7.2.)

c) Der Erwartungswert *$E(X)$ der Zufallsgröße X mit Wahrscheinlichkeitsdichte f ist definiert als*

$$E(X) = \int_a^b tf(t)dt\,.$$

Man sollte möglichst verstehen, daß diese Formel das „kontinuierliche“ Analogon zur Formel in 6.0.2 ist. Ein Wert in einem kleinen Intervall $[t, t + dt]$ wird mit der Wahrscheinlichkeit $f(t)dt$ angenommen. Der Summe $\sum p(\omega)X(\omega)$ entspricht dann das Integral

$$\int_a^b tf(t)dt\,.$$

Ähnliches gilt in 4) und 5).

d) Die Varianz *$s^2 =$* Var*(X) der Zufallsgröße X mit Wahrscheinlichkeitsdichte f ist definiert als*

$$s^2 = \mathrm{Var}(X) = \int_a^b (t - \bar{X})^2 f(t)dt\,,$$

wobei $\bar{X} = E(X)$ der nach 3) definierte Erwartungswert ist.

e) *Ist $h(x)$ eine Funktion der Zufallsvariablen, so ist der* Erwartungswert *von h definiert als*

$$E(h) = \int_a^b h(t)f(t)dt\,.$$

In Übereinstimmung mit der früheren Definition ist die Varianz der Erwartungswert der quadratischen Abweichung der Variablen von ihrem Erwartungswert:

$$\mathrm{Var}(X) = E(X - E(X))^2\,.$$

Bemerkung: Mit den Formeln aus der letzten Definition muß man etwas vorsichtig sein. Die Integrale, die dort stehen existieren i.a. nicht, bzw. werden ∞. Wir setzen stillschweigend voraus, daß sie vernüftige, d.h. endliche Werte haben – und überlassen es den Mathematikerinnen und Mathematikern sich darüber genauere Gedanken zu machen.

7.2 Beispiele

Vielleicht die einfachste kontinuierliche Wahrscheinlichkeitsverteilung ist die *Gleichverteilung*, die das Analogon zur (diskreten) LAPLACE-Verteilung ist. Es sei $[a, b]$ ein endliches Intervall und $f(t)$ die konstante Funktion

$$f(t) = \frac{1}{b-a}\,.$$

Sie ist positiv, und der Flächeninhalt unter dem Graph (vgl. Abb. 7.3) ist wirklich $(b-a)\frac{1}{b-a} = 1$. Die zugehörige Verteilungsfunktion (vgl. Abb. 7.4) ist

$$F(x) = \frac{1}{b-a}(x-a)\,.$$

Der Erwartungswert, der ja der „durchschnittlich" angenommene Wert ist, sollte der Mittelwert $\frac{1}{2}(b+a)$ sein, und die Rechnung bestätigt das:

$$E(X) = \int_a^b tf(t)dt = \frac{1}{b-a}\left[\frac{1}{2}t^2\right]_{t=a}^{t=b} = \frac{1}{2(b-a)}(b^2-a^2) = \frac{b+a}{2}\,.$$

Die Varianz kann man vielleicht nicht mehr raten, aber wir können ja rechnen:

$$s^2 = \mathrm{Var}(X) \quad = \quad \frac{1}{b-a}\int_a^b \left(t - \frac{b+a}{2}\right)^2 dt$$

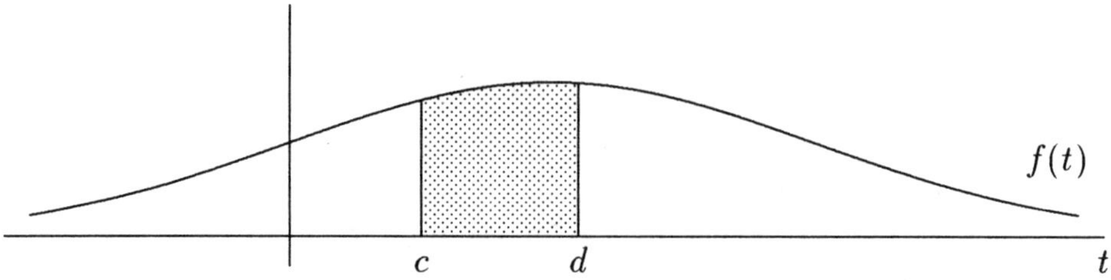

Abbildung 7.1 $\int_c^d f(t)dt$

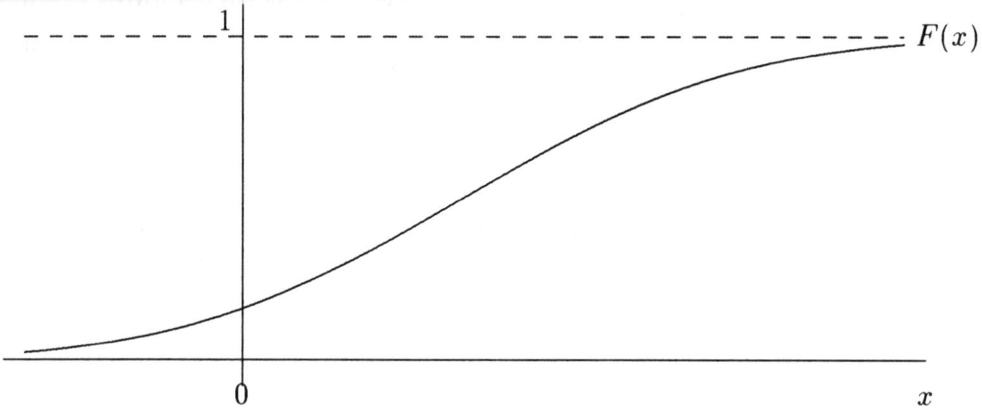

Abbildung 7.2 Verteilungsfunktion $F(x)$

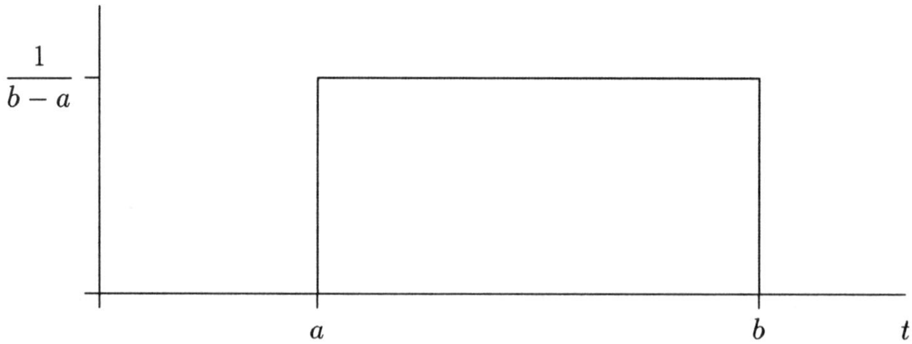

Abbildung 7.3 Gleichverteilung auf $[a, b]$ (vgl. auch Abb. 7.5)

$$\begin{aligned}
&= \frac{1}{b-a}\left[\frac{1}{3}\left(t-\frac{b+a}{2}\right)^3\right]_{t=a}^{t=b} \\
&= \frac{1}{3(b-a)}\left[\left(b-\frac{b+a}{2}\right)^3-\left(a-\frac{b+a}{2}\right)^3\right] \\
&= \frac{1}{3(b-a)}\left[2\left(\frac{b-a}{2}\right)^3\right] \\
&= \frac{1}{12}(b-a)^2 \\
s &= \frac{1}{\sqrt{12}}(b-a) \\
&\approx 0,2887(b-a)
\end{aligned}$$

Die Gleichverteilung modelliert natürlich Größen, die in einem vorgegebenem Bereich $[a, b]$ alle Werte mit *gleicher* Wahrscheinlichkeit annehmen.

Ein anderes Beispiel ist die *Exponentialverteilung* (vgl. Abb. 7.6). Sie modelliert z.B. Lebensdauern von Lebewesen, Geräten etc. Diese nimmt exponentiell ab. (Daß dies für kurze Zeiten nicht realistisch ist, wird nicht berücksichtigt.) Es sei $[a, b] = [0, \infty)$ und $\lambda > 0$ ein fester Parameter und

$$f(t) = \lambda \mathrm{e}^{-\lambda t} \quad \text{für } t \geq 0\,.$$

Es ist $\int_0^\infty f(t)dt = 1$, denn $\lambda \mathrm{e}^{-\lambda t}$ hat die Stammfunktion $-\mathrm{e}^{-\lambda t}$, also

$$\int_0^\infty f(t)dt = \left[-\mathrm{e}^{-\lambda t}\right]_{t=0}^{t=\infty} = 1 - \mathrm{e}^{-\infty} = 1\,.$$

Übungsaufgabe: Man rechne folgende Formeln für Erwartungswert und Varianz nach:

$$\begin{aligned}
E(X) &= \frac{1}{\lambda} \\
\mathrm{Var}(X) &= \frac{1}{\lambda^2}\,.
\end{aligned}$$

Was ist die Verteilungfunktion?

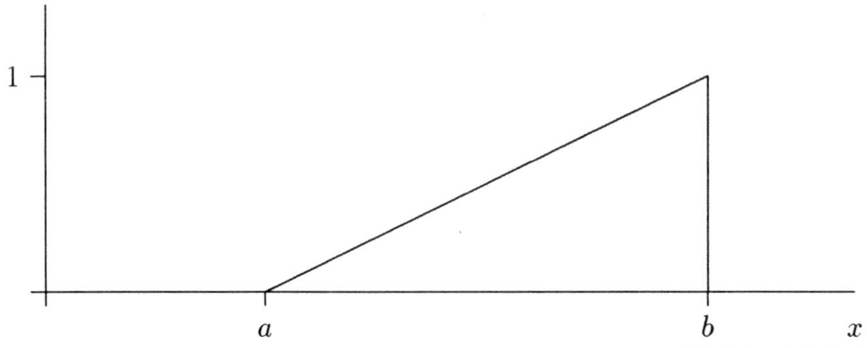

Abbildung 7.4 Verteilungsfunktion der Gleichverteilung

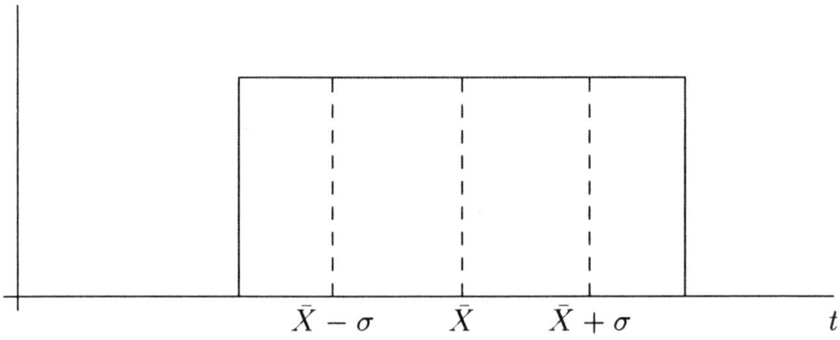

Abbildung 7.5 Erwartungswert und Varianz der Gleichverteilung

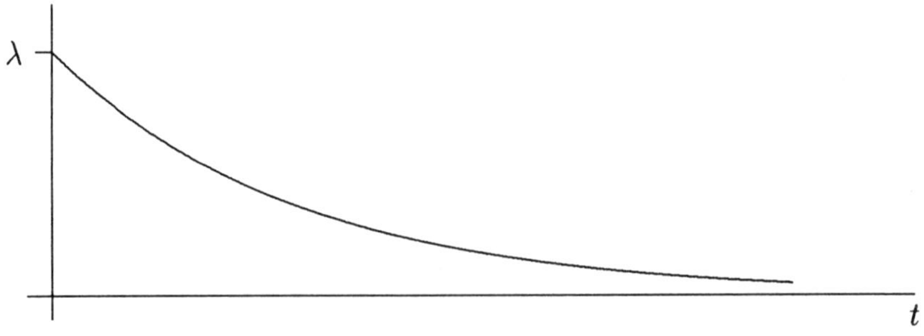

Abbildung 7.6 Die Exponentialverteilung

7.3 Die GAUSS'sche Normalverteilung

Die aller-, allerwichtigste kontinuierliche Wahrscheinlichkeitsverteilung ist die GAUSS*'sche Normalverteilung*, die auf $(-\infty, \infty) = \mathbb{R}$ durch folgende Wahrscheinlichkeitsdichte definiert ist

$$\varphi(t) = \frac{1}{\sqrt{2\pi}} e^{-\frac{1}{2}t^2} .$$

Offensichtlich gilt $\varphi(t) > 0$ für alle t, und die Mathematikerinnen und Mathematiker können (mit etwas Mühe!) nachrechnen, daß

$$\int_{-\infty}^{\infty} \varphi(t)dt = \frac{1}{\sqrt{2\pi}} \int_{-\infty}^{\infty} e^{-\frac{1}{2}t^2} = 1$$

Man sagt eine Zufallsgröße X ist *normalverteilt*, wenn ihre Wahrscheinlichkeitsverteilung die GAUSS'sche Normalverteilung (oder eine um μ verschobene und um σ gestreckte Normalverteilung) ist.

7.3.1 Bemerkungen

Wir sammeln einige Eigenschaften der Normalverteilung $\varphi(t)$.

a) Der Graph sieht aus wie in Abb. 7.7. Insbesondere gilt:

- φ ist symmetrisch zur y-Achse, denn $\varphi(t) = \varphi(-t)$.
- Das Maximum liegt bei $t = 0$, denn $e^{-\frac{1}{2}t^2} = \frac{1}{e^{\frac{1}{2}t^2}} \leq 1$ wegen $\frac{1}{2}t^2 \geq 0$. Es ist $\varphi(0) = \frac{1}{\sqrt{2\pi}} = 0{,}3989\ldots$
- Die Wendepunkte liegen bei $t = \pm 1$ (Berechne $\varphi''(t)$ und setze $\varphi''(t) = 0$!).

b) Der Verlauf der zugehörigen Verteilungsfunktion

$$\Phi(x) = \int_{-\infty}^{x} \varphi(t)dt = \frac{1}{\sqrt{2\pi}} \int_{-\infty}^{x} e^{-\frac{1}{2}t^2} dt$$

ist an Abb. 7.8 dargestellt. Es ist $\Phi(-\infty) = 0$; $\Phi(0) = 0{,}5$; $\Phi(\infty) = 1$. Die Werte von $\Phi(x)$ findet man in vielen Statistikbüchern tabelliert. Wegen der Symmetrie von $\varphi(t)$ gilt $\Phi(0) = 0{,}5$ (die Hälfte der Fläche unter $\varphi(t)$ liegt links von der y-Achse) und $\Phi(-x) = 1 - \Phi(x)$. Man braucht die Tabelle also nur für $x \geq 0$ aufzustellen. Ein paar Werte sind:

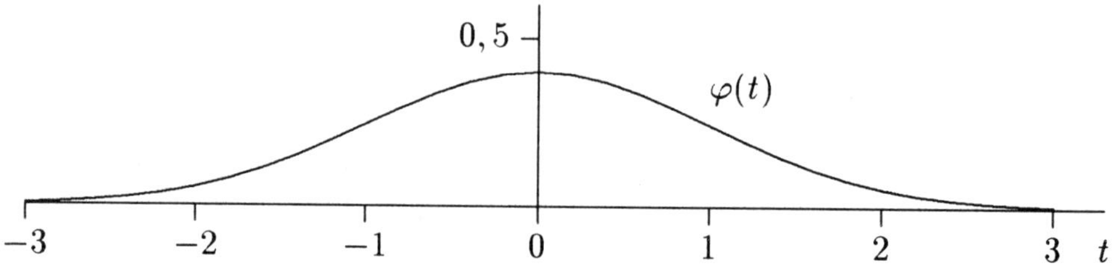

Abbildung 7.7 Die GAUSS'sche Normalverteilung

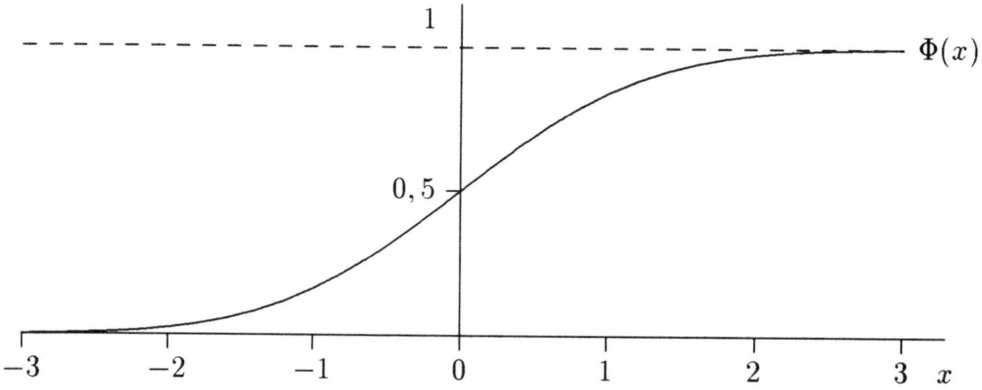

Abbildung 7.8 Verteilungsfunktion der GAUSS'schen Normalverteilung

x	0,00	0,25	0,50	0,75	1,00
$\Phi(x)$	0,500	0,599	0,691	0,773	0,841

x	1,25	1,50	1,75	2,00	3,00
$\Phi(x)$	0,894	0,933	0,960	0,977	0,999

c) Der Erwartungswert ist 0. Das ergibt sich ohne Rechnung: $\varphi(t)$ ist eine gerade Funktion, $t\varphi(t)$ ist also ungerade Funktion. Für jede ungerade Funktion $g(t)$ ist aber $\int_{-\infty}^{\infty} g(t)dt = 0$, denn die Flächeninhalte oberhalb und unterhalb der t-Achse sind gleich (vgl. Abb. 7.9).

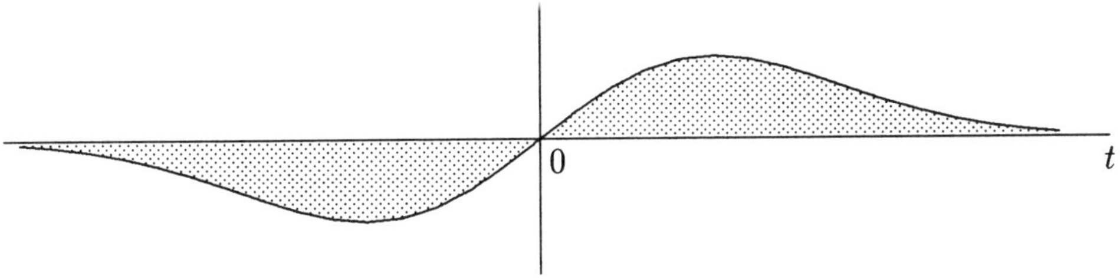

Abbildung 7.9 Das Integral über eine ungerade Funktion ist 0.

Der Erwartungswert ist also geschenkt, aber mit der Varianz hat man es nicht so leicht. Wegen $\bar{X} = 0$ ergibt sich nach Definition 7.1.1

$$\mathrm{Var}(X) = \frac{1}{\sqrt{2\pi}} \int_{-\infty}^{\infty} t^2 \mathrm{e}^{-\frac{1}{2}t^2} dt\,.$$

Die Berechnung ist (wie partielle Integration ergibt) äquivalent zur Berechnung von $\int_{-\infty}^{\infty} \mathrm{e}^{-\frac{1}{2}t^2} dt$ und ergibt $\mathrm{Var}(X) = 1$.

d) Wie schon gesagt, kann man das Maximum von 0 zu einem beliebigem Wert μ verschieben. Ist ganz allgemein $f(t)$ eine beliebige Funktion und μ eine feste Zahl, so ist $g(t) = f(t - \mu)$ die um μ nach rechts verschobene Funktion, denn g nimmt bei t den Wert von f bei $t - \mu$ an (vgl. Abb. 7.10). Ähnlich bewirkt der Übergang von t zu $\frac{t}{\sigma}$, $\sigma > 0$ die Streckung des Graphen um den Faktor σ. Die um μ verschobene und um σ gestreckte Normalverteilung ist

$$\varphi_{\mu,\sigma}(t) = \frac{1}{\sigma\sqrt{2\pi}} \mathrm{e}^{-\frac{1}{2}\left(\frac{t-\mu}{\sigma}\right)^2}$$

(vgl. Abb. 7.11). Den Faktor $\frac{1}{\sigma}$ vorweg braucht man, weil beim Strecken um σ das Integral (das ist ja der Flächeninhalt!) um den Faktor σ größer wird; das Integral muß aber 1 sein.

Man sagt eine Zufallsgröße ist (μ, σ)-*normalverteilt*, falls ihre Wahrscheinlichkeitsdichte gerade $\varphi_{\mu,\sigma}$ ist.

Die zugehörige Verteilungsfunktion ist

$$\Phi_{\mu,\sigma}(x) = \int_{-\infty}^{x} \varphi_{\mu,\sigma}(t)dt .$$

e) Man will natürlich nicht alle diese Funktionen tabellieren, sondern tut das nur für

$$\begin{aligned} \varphi_{0,1}(t) = \varphi(t) &= \frac{1}{\sqrt{2\pi}} e^{\frac{-1}{2}t^2} \\ \Phi_{0,1}(x) = \Phi(x) &= \frac{1}{\sqrt{2\pi}} \int_{-\infty}^{x} e^{\frac{-1}{2}t^2} dt . \end{aligned}$$

Es ist deshalb wichtig zu wissen, wie man auf beliebige Verteilungen umrechnet. Aber das ist ganz leicht (vgl. 7.3.1d):

$$\begin{aligned} \varphi_{\mu,\sigma}(t) &= \frac{1}{\sigma}\varphi\left(\frac{t-\mu}{\sigma}\right) \\ \Phi_{\mu,\sigma}(x) &= \Phi\left(\frac{x-\mu}{\sigma}\right) , \end{aligned}$$

was sich sofort aus der Definition ergibt.

f) Die Normalverteilung ähnelt oberflächlich der symmetrischen Binomial-Verteilung mit $p = q = \frac{1}{2}$. Tatsächlich kann man beweisen, daß bei geeigneter Normierung die Binomial-Verteilung für $n \to \infty$ in die Normalverteilung über geht.

Bemerkung / Definition: Wir müssen noch einen wichtigen Begriff für eine beliebige Wahrscheinlichkeitsdichte einführen. Es sei also $f(t)$ eine Wahrscheinlichkeitsverteilung wie in Abschnitt 7.1.1 erklärt. Insbesondere ist

$$\int_{a}^{b} f(t)dt = 1 .$$

Es sei p eine Zahl zwischen 0 und 1 ($0 \leq p \leq 1$). Dann ist das p-*Quantil* x_p zu f die Zahl mit

$$\int_a^{x_p} f(t)dt = p\,.$$

x_p ist also gerade der Wert, so daß die Zufallsvariable X mit Wahrscheinlichkeit p einen Wert $\leq x_p$ annimmt.

Ist also $F(x)$ die zugehörige Wahrscheinlichkeitsverteilung, so ist einfach

$$F(x_p) = p\,.$$

Das Quantil ist also die Umkehrfunktion zur Wahrscheinlichkeitsverteilung. Die geometrische Bedeutung ist aus Abb. 7.12 ersichtlich.

Das *0,5-Quantil* ist gerade der *Median.*

Die Quantile werden für viele statistische Entscheidungsverfahren gebraucht. Man findet entsprechende Tabellen in Lehrbüchern der Statistik, z.B. für Normal-, χ^2-, F-, t-Verteilungen.

Wenn man z.B. eine Irrtumswahrscheinlichkeit von 1% (oder dergleichen) festlegen will, braucht man die zugehörigen Quantile. Das wird in den folgenden Kapiteln näher ausgeführt.

Aufgabe: (Fortführung der ersten Aufgabe von Teil A, Kapitel 8) Es sei

$$f(x) = \frac{1}{\sqrt{2\pi}} e^{-\frac{1}{2}x^2} \quad \text{und} \quad F(x) = \int_{-\infty}^{x} f(t)dt\,.$$

Diskutiere den Verlauf von $F(x)$ (Symmetrie, $x \to \pm\infty$, Monotonie, Extremwerte, Wendepunkte, Krümmungsverhalten) *ohne* $F(x)$ explizit zu berechnen (das ist nämlich gar nicht möglich). Hinweis: Ohne Beweis kann benutzt werden

$$\int_{-\infty}^{\infty} f(t)dt = 1\,.$$

Aufgabe: Was ist das p-Quantil der Exponentialverteilung
$f : (\infty) \to f(t) = \lambda e^{-\lambda t}$?

Aufgabe: Der Graph der (kontinuierlichen) Wahrscheinlichkeit
$f : [0, a] \to \mathbb{R}$ sehe aus wie in Abbildung 7.13

Wie hängen a und b zusammen? Beschreibe f formelmäßig. Berechne die zugehörige Verteilungsfunktion $F(x)$, den Erwartungswert, die Varianz und das p-Quantil, $0 < p < a/2$.

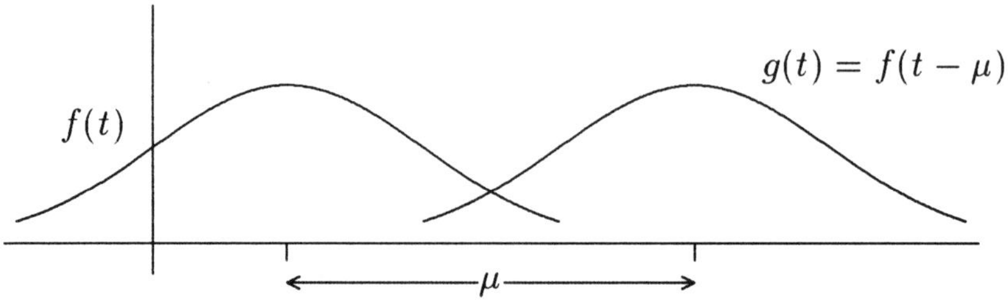

Abbildung 7.10 Verschieben einer Funktion

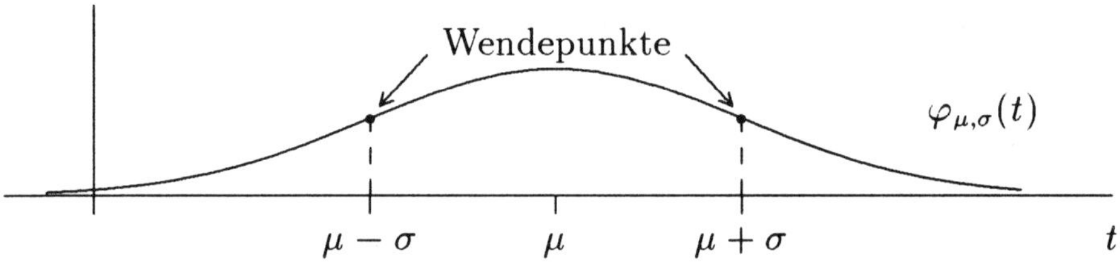

Abbildung 7.11 Normalverteilung mit Erwartungswert μ und Varianz σ^2

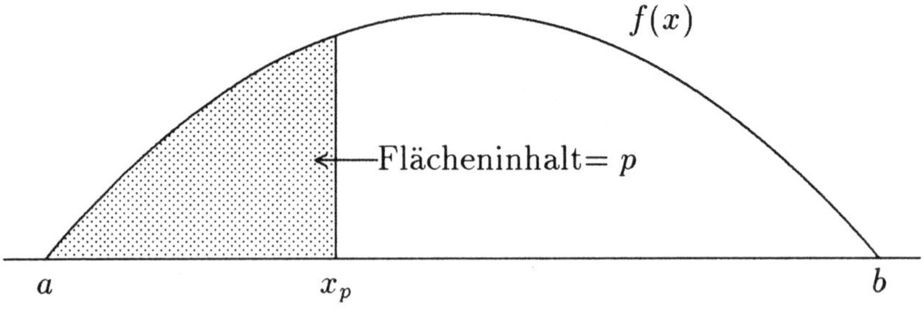

Abbildung 7.12 Geometrische Bedeutung des Quantils

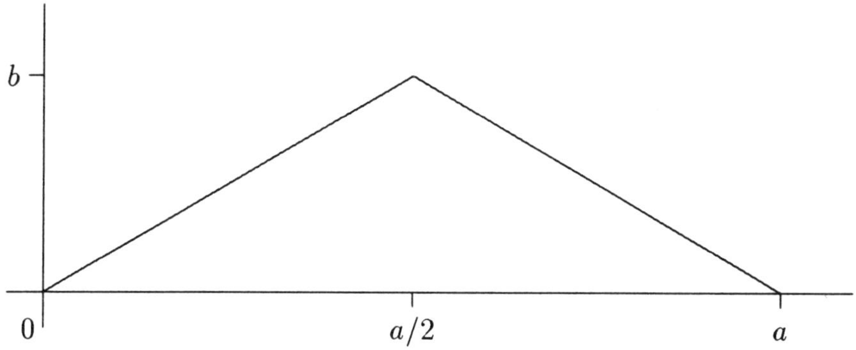

Abbildung 7.13

8 Grundprobleme der schließenden Statistik

8.1 Fragestellungen

Wie so oft wird an Beispielen sofort klar, mit welcher Art von Fragestellung sich die *schließende Statistik* beschäftigt. Die folgenden Beispiele, die sich beliebig vermehren lassen, machen auch deutlich, daß jede Wissenschaft, die sich mit der quantitativen Auswertung und Interpretation von Meß- oder Beobachtungsergebnissen beschäftigt, mit ähnlichen Fragen konfrontiert wird.

Beispiele:

1) Gegeben ist eine große Grundgesamtheit (etwa die Bevölkerung von Münster). Die Individuen dieser Gesamtheit haben z.T. die Eigenschaft A, z.T. die Eigenschaft B (z.B. ♂ bzw. ♀). Man vermutet, daß A und B gleich häufig auftreten.
   (a) Wie groß muß eine Stichprobe gewählt werden, damit man diese Vermutung bestätigen oder widerlegen kann?
   (b) *Konkret*: In einer Stichprobe des Umfangs $n = 100$ findet man $43A$ und $57B$. Ist damit die Hypothese widerlegt?
   (c) *Präziser*: Fragen a) und b) müssen noch präzisiert werden, um überhaupt einen Sinn zu ergeben. Man muß sich nämlich auf eine *Irrtumswahrscheinlichkeit* festlegen, die man bereit ist in Kauf zu nehmen. Also: Wie groß muß in a) die Stichprobe sein um mit einer Irrtumswahrscheinlichkeit von 1% die Hypothese „gleich häufig“ bestätigen bzw. widerlegen zu können?

2) Eine Maschine soll Stahlstifte auf eine Länge von 100 mm zurechtschneiden; die Standardabweichung soll nicht mehr als 2 mm betragen.
   (a) Eine Stichprobe von 20 Stiften ergibt einen Mittelwert von 99,0 mm und eine Standardabweichung von 2,5 mm. Muß man annehmen, daß die Maschine fehlerhaft arbeitet, oder muß man auch bei korrekter Arbeitsweise mit einem solchem Ergebnis bei einer Stichprobe der Größe 20 rechnen?

(b) Zwei Maschinen stellen solche Stifte her. Zwei Stichproben mit je $n = 20$ Stiften ergeben Mittelwerte von 99,0 mm, bzw. 101,0 mm. Muß / kann man vermuten, daß die Maschinen „signifikant“ unterschiedlich arbeiten?

(Auch bei diesen Fragen ist vorweg die Irrtumswahrscheinlichkeit zu präzisieren; entsprechend bei allen folgenden Beispielen.)

3) In einer Grundgesamtheit untersucht man zwei Merkmalspaare auf Abhängigkeit / Unabhängigkeit (z.B. Schüler der Stufe 12; ♂, ♀; großes Interesse an Biologie: ja / nein). Eine Stichprobe von $n = 100$ ergibt folgende Vierfeldertafel:

	ja	nein	
♂	14	31	45
♀	20	35	55
	34	66	

Was kann man schließen?

4) In einem MENDELschen Kreuzungsexperiment erwartet man das Auftreten von vier Merkmalen A, B, C, D im Verhältnis 9 : 3 : 3 : 1. (Was wäre ein Beispiel dafür?) Man stellt folgende Zahlen fest:

	80	35	37	8
statt theoretisch	90	30	30	10

Widersprechen diese Zahlen der Annahme oder muß man mit solchen oder noch größeren Abweichungen rechnen?

5) (a) Wie überprüft man, ob die Häufigkeitsverteilung von empirisch ermittelten Meßdaten eine Normalverteilung ist?

(b) Wie verfährt man bei anderen Häufigkeitsverteilungen? Weichen z.B. die Zahlen in Beispiel 4.6 („Löwenzahn“) signifikant von einer POISSON-Verteilung ab?

Es ist ein zentrales Problem eine empirisch bestimmte Häufigkeitsverteilung mit einer theoretisch bekannten zu identifizieren. Das ist überhaupt eine der Grundaufgaben der Statistik, denn in einer theoretischen Wahrscheinlichkeitsverteilung stecken immer Aussagen über einen Kausalzusammenhang: Es gibt Gründe dafür, daß gerade diese Verteilung auftritt.

Sieht man etwas genauer hin, so erkennt man, daß man es bei diesen Beispielen mit zwei Arten von Problemen zu tun hat: dem *Schätzen von Parametern* und dem *Prüfen von Hypothesen*.

Bei dem Schätzen von Parametern (Beispiel 2) geht es vor allem darum, aus einer Stichprobe Mittelwert und Varianz einer (oft normalverteilten) Grundgesamtheit zu schätzen. Natürlich sind die besten Schätzwerte Mittelwert und Varianz der Stichprobe, aber mit welcher Irrtumswahrscheinlichkeit muß man rechnen?

Bei den anderen Beispielen geht es um das Prüfen von Hypothesen, etwa die Hypothese „gleich häufig“, „unabhängige Merkmale“, „in einem bestimmten Verhältnis verteilt“ usw.

8.2 Ein Beispiel: Vorzeichentest

Wir behandeln jetzt ein einführendes Beispiel, an Hand dessen eine typische Fragestellung und der Lösungsansatz dargestellt werden sollen. Verglichen wird z.B. die Qualität von zwei Whisky-Marken A und B, die zum Vergleich n Testern vorgelegt werden. Jeder Tester gibt ein Urteil ab: "A besser" oder "A schlechter", im folgenden symbolisiert durch $+$ bzw. $-$. (Weil es nur auf besser/schlechter bzw. positiv/negativ ankommt, spricht man von einem *Vorzeichen-Test.)* Wann kann man nun gesichert sagen: A ist besser (bzw. schlechter); ist das z.B. möglich, wenn von 20 Testern 14 zu dem Ergebnis $+$ kommen, also 6 zu dem Ergebnis $-$.

Zweckmäßigerweise nimmt man als *Nullhypothese* an: A, B sind von gleicher Qualität, die Entscheidung für $+$ bzw. $-$ ist rein zufällig mit $p(+) = p(-) = \frac{1}{2}$. Ist bei einem Testergebnis von 14 : 6 diese Nullhypothese widerlegt? Wie gerade in 8.1 schon gesagt, muß man vorweg eine Irrtumswahrscheinlichkeit festlegen, die man bereit ist in Kauf zu nehmen. Da ein gesichertes Urteil über die Qualität von Whisky nicht so wichtig ist, entscheiden wir uns, die relativ hohe Irrtumswahrscheinlichkeit von 10 % zuzulassen.

Die Antwort auf das Problem ergibt sich durch Anwendung der Binomial-Verteilung mit $p = q = \frac{1}{2}$ (vgl. B 4.3.). Bei rein zufälliger und unabhängiger (die Tester dürfen sich nicht gegenseitig beeinflussen!) Entscheidung für $+/-$ ist die Wahrscheinlichkeit, daß k-mal $-$ gewählt wird gerade $p(k) = \binom{n}{k}\left(\frac{1}{2}\right)^n$. Die Wahrscheinlichkeit in unserem Beispiel, daß *höchstens* 6 Tester ein $-$ vergeben ist also

$$p(0) + p(1) + \ldots + p(6) = \frac{1}{2^{20}}\left(\binom{20}{0} + \binom{20}{1} + \ldots + \binom{20}{6}\right) = 0,0724$$

also ca. 7 %. Dieser Wert liegt unter der akzeptierten Irrtumswahrscheinlichkeit. Man könnte meinen, daß damit die Hypothese "gleiche Qualität" widerlegt ist. Dies ist jedoch nicht der Fall. Man muß berücksichtigen, daß zufälligerweise auch 14 oder mehr Tester ein – vergeben könnten. Für diese Fälle 6 : 14, 5 : 15, usw. ergibt sich dieselbe Wahrscheinlichkeit. Die Gesamtwahrscheinlichkeit einer Abweichung von der Gleichverteilung, die größer als 14 : 16 bzw. 6 : 14 ist, ist also 0,1448 und somit mehr als 10 %. Die Nullhypothese ist nicht widerlegt. Sie wäre bei einem Ergebnis von 5 : 15 widerlegt: Bei einer Irrtumswahrscheinlichkeit von 10 % ist die Hypothese "gleiche Qualität" bei einem Testergebnis von 15 : 5 (oder mehr!) zu Gunsten einer Marke *widerlegt.*

Es ist offensichtlich, wie diese Vorgehensweise auf andere n, andere Irrtumswahrscheinlichkeiten (und im Prinzip auch andere Hypothesen über $p(+), p(-) = 1 - p(+)$) zu übertragen ist. Für die praktische Durchführung ist wichtig, daß für große n die Binomial-Verteilung die Normalverteilung approximiert, so daß man die Quantile der Normalverteilung verwenden kann. Es ist ebenfalls plausibel, daß in dieser Weise Beispiel 1 (b) des vorhergehenden Abschnitts behandelt werden kann.

Prinzipiell arbeiten alle statistischen Testverfahren ähnlich, indem nämlich Beobachtungsbefunde mit theoretischen Werten verglichen werden und die Wahrscheinlichkeiten für signifikante Abweichungen berechnet werden.

8.3 χ^2-Prüfverfahren

Wir geben jetzt ein Verfahren zur Behandlung von Fragen wie in den Beispielen 1b), 3), 4) des Abschnitts 8.1. Es geht darum, ob eine beobachtete Häufigkeitsverteilung von einer theoretisch erwarteten „signifikant" abweicht oder nicht.

Es geht um das Auftreten von k verschiedenen alternativen Merkmalen in einer großen Grundgesamtheit. Man zieht eine Stichprobe der Größe N und erhält für die Einzelhäufigkeiten die Zahlen

$$h_1, h_2, \ldots, h_k \quad \text{mit} \quad h_1 + \ldots + h_k = N\,.$$

(Also h_1-mal das erste, h_2-mal das zweite Merkmal usw.) Theoretisch erwartet seien

$$\varphi_1, \varphi_2, \ldots, \varphi_k \quad \text{mit} \quad \varphi_1 + \ldots + \varphi_k = N\,.$$

Im Beispiel 4) ist etwa $N = 160$, und man hat für die h_i die Zahlen $80, 35, 37, 8$, bzw. für die φ_i die Zahlen $90, 30, 30, 10$. Nun berechnet man folgenden Ausdruck

$$\chi^2 = \sum_{i=1}^{k} \frac{(h_i - \varphi_i)^2}{\varphi_i},$$

in den also wesentlich die *quadratischen Abweichungen* $(h_i - \varphi_i)^2$ eingehen.

Nun muß man sich über den „Freiheitsgrad" der Problemstellung klar werden. In unserer Situation ist dieser $k-1$. Bei festgelegtem N können nämlich $k-1$ der Zahlen $h_1, \ldots, h_k$ im Prinzip frei variieren, die k-te ist dann durch die Gesamtgröße N festgelegt.

Dann muß man (vgl. Bemerkungen in Abschnitt 8.1) noch eine „Sicherheitsschranke" p, einen „Vertrauensbereich" festlegen. Übliche Werte sind 1% oder 5%, entsprechend $p = 0,01$, bzw. $p = 0,05$. Schließlich vergleicht man χ^2 mit theoretischen Werten χ_p^2, die man in entsprechenden Tabellen findet.

Freiheitsgrad	$p = 0,05$	$p = 0,01$	$p = 0,001$
1	3,841	6,635	10,827
2	5,991	9,210	13,815
3	7,815	11,345	16,268
4	9,488	13,277	18,465
...		...	

(Achtung: In vielen Tabellen werden dieselben Zahlen für die komplementären Wahrscheinlichkeiten angegeben, also $p = 0,95$, $p = 0,99$, $p = 0,999$.)

Die Zahlen χ_p^2 haben folgende Bedeutung: *In $p \cdot 100\%$ aller Stichproben ist $\chi^2 \geq \chi_p^2$. In $q \cdot 100\%$ $(q = 1-p)$ aller Stichproben ist $\chi^2 < \chi_p^2$.*

An dieser Stelle sehen wie die prinzipielle Ähnlichkeit zur Vorgehensweise im letzten Abschnitt. Dort wurde berechnet mit welcher Wahrscheinlichkeit ein Verhältnis 14 : 6 (oder größer) bzw. allgemein $(n-k) : k$ oder größer zu erwarten ist. Hier stellt man fest, daß nur in $p100\%$ aller Stichproben ein Wert $\chi^2 < \chi_p^2$ zu erwarten ist. Die Zahl k (im Beispiel $k = 6$) entspricht also dem Quantil χ_p.

Für die konkreten Zahlen von Beispiel 4) ergibt sich

$$\chi^2 = \frac{10^2}{90} + \frac{5^2}{30} + \frac{7^2}{30} + \frac{2^2}{10} = 3,9778.$$

Der Freiheitsgrad ist 3. Nach obiger Tabelle ist $\chi^2 < \chi^2_{0,05} = 7,815$.

Die bedeutet folgendes: Der beobachtete Befund *widerspricht nicht* der Vermutung einer Häufigkeitsverteilung 9 : 3 : 3 : 1, denn in mehr als 5% aller Stichproben des Umfanges 160 müßte man mit einer noch größeren Abweichung rechnen.

Es ist aber ganz wichtig, sich klar zu machen, daß die Vermutung 9 : 3 : 3 : 1 auch *nicht* explizit *bestätigt* wird. Das Ergebnis liegt in dem Bereich, in dem bei Verteilung 9 : 3 : 3 : 1 95% aller Stichproben liegen würden.

Entsprechend behandelt man Frage 1b): Freiheitsgrad 1, $\chi^2 = 1,96$, $\chi^2_{0,05} = 3,841$, $\chi^2 < \chi^2_{0,05}$, Ergebnis: Die Vermutung „gleich häufig" ist nicht widerlegt.

Dazu noch ein Kommentar: In dieser Situation ist es naheliegend, die Stichprobe zu vergrößern, um zu einer Entscheidung zu kommen. Angenommen eine zweite Stichprobe mit $n = 400$ ergibt die Zahlen $174A$, $226B$, also fast dasselbe (aber ein etwas ausgeglicheneres) Verhältnis. Jetzt ergibt sich $\chi^2 = 6,76$, also $\chi^2 > \chi^2_{0,01} = 6,635$. Jetzt kann man mit einer Irrtumswahrscheinlichkeit von 1% schließen, daß A, B nicht gleich häufig sind: In weniger als 1% aller Stichproben mit $n = 400$ ist eine so große Diskrepanz zu erwarten, wenn A und B gleich häufig sind.

8.4 χ^2-Unabhängigkeitstest

Es geht um Fragen wie in 3) in Abschnitt 8.1. Wir behandeln ein etwas allgemeineres Beispiel, an dem man alles Wesentliche ersehen kann (vgl. LEHN - WEGMANN): Besteht ein Zusammenhang zwischen dem Alter eines Autofahrers und der Häufigkeit der Unfälle, in die er im Laufe eines Jahres verwickelt wird? Eine statistische Untersuchung liefert folgendes Ergebnis:

	Unfälle pro Jahr				
Alter	0	1	2	≥ 3	
$18 - 29$	748	74	31	9	862
$30 - 39$	821	60	25	10	916
$40 - 49$	786	51	22	6	865
$50 - 59$	720	66	16	5	807
≥ 60	672	50	15	7	744
	3747	301	109	37	4194

Aus der Diskussion in Abschnitt 3.2 wissen wir, wie diese Tafel bei „völliger“ Unabhängigkeit aussehen müßte. Wir ergänzen unsere dort sehr knappe Darstellung.

Wie in dem Beispiel hat man sich ausschließende Merkmale $A_1, A_2, \ldots, A_k$, bzw. $B_1, \ldots, B_l$ (Alter 18 – 29, 30 – 39 usw. bzw. Unfallzahl 0,1 usw.). Die Merkmale A_i kommen mit den absoluten Häufigkeiten $s_1, \ldots, s_k$ (also 862, 916, ...) vor, die Merkmale B_j mit den absoluten Häufigkeiten $t_1, \ldots, t_l$ (also 3747, 301, ...).

Es ist

$$s_1 + \ldots + s_k = t_1 + \ldots + t_l = N \quad (= 4194)$$

die Gesamtgröße der Stichprobe. Die relativen Häufigkeiten der A_i, bzw. B_j sind also

$$\frac{s_1}{N}, \ldots, \frac{s_k}{N} \quad \text{, bzw.} \quad \frac{t_1}{N}, \ldots, \frac{t_l}{N}.$$

Bei Unabhängigkeit der Merkmale A_i von den B_j würde A_i *und* B_j mit der relativen Häufigkeit auftreten, die das Produkt der relativen Häufigkeiten für A_i, bzw. B_j ist, also mit der relativen Häufigkeit

$$\frac{s_i}{N}\frac{t_j}{N} = \frac{s_i t_j}{N^2}.$$

In einer Stichprobe der Größe N müßte man also $\varphi_{ij} = \frac{s_i t_j}{N^2} N = \frac{s_i t_j}{N}$ Objekte mit den Eigenschaften A_i und B_j erwarten.

Im Beispiel der obigen Tabelle (eine sogenannte „Kontingenztafel“) werden folgende Zahlen φ_{ij} berechnet:

	770,1	61,9	...	
	818,4	65,7	...	
	⋮	⋮	⋱	

Ähnlich wie in Abschnitt 8.2 wird jetzt die *quadratische Abweichung* der tatsächlichen Werte a_{ij} (Häufigkeit von A_i *und* B_j) von den theoretisch errechneten φ_{ij} berechnet:

$$\chi^2 = \sum \frac{(a_{ij} - \varphi_{ij})^2}{\varphi_{ij}}.$$

Im Beispiel ergibt sich $\chi^2 = 14,40$.

Der *Freiheitsgrad* ist allgemein $(k-1)(l-1)$, im Beispiel also 12. (Von den k Zahlen s_i können $k-1$ variieren, die k-te ist durch N festgelegt, analog mit den t_j; von den $s_i t_j$ können also $(k-1)(l-1)$ variieren.) Laut Tabelle ist für $p = 0,1$ und Freiheitsgrad 12 der Vergleichswert $\chi^2_{0,1} = 18,55$. Selbst bei 10% Irrtumswahrscheinlichkeit wird also die Annahme Unabhängigkeit *nicht* widerlegt.

Im Fall $k = l = 2$, also von zwei Merkmalspaaren, hat man die Situation der Vierfeldertafel:

a_{11}	a_{12}	s_1
a_{21}	a_{22}	s_2
t_1	t_2	N

Es gilt

$$a_{11} + a_{12} = s_1\,, \quad a_{21} + a_{22} = s_2$$
$$a_{11} + a_{21} = t_1\,, \quad a_{12} + a_{22} = t_2$$
$$t_1 + t_2 = s_1 + s_2 = N\,.$$

Unter Verwendung dieser Gleichungen vereinfacht sich der Ausdruck für χ^2 erheblich, nämlich zu

$$\chi^2 = \frac{(a_{11}a_{22} - a_{12}a_{21})^2 N}{s_1 s_2 t_1 t_2}\,.$$

(Dies verifiziert man durch ganz elemantares, aber etwas langweiliges Nachrechnen. Die φ_{ij} treten in der Formel gar nicht mehr auf.)

Der Freiheitsgrad $(k-1)(l-1)$ ist jetzt 1. Der Wert χ^2 ist also mit dem p-Quantil der χ^2_1-Verteilung zu vergleichen.

9 Statistik der Normalverteilung – Die χ^2-Verteilung

Im Sinne der im letzten Kapitel formulierten Fragen und Probleme behandeln wir jetzt die Normalverteilung. Untersucht wird also eine empirische Wahrscheinlichkeitsverteilung (Größe 15-jähriger männlicher Schüler, Gewicht von Äpfeln einer Obstplantage usw.). Es geht insbesondere um folgende Fragen:

a) Wie stellt man fest, ob es sich überhaupt um eine Normalverteilung handelt?

b) Mit welchem Fehler (mit welcher Irrtumswahrscheinlichkeit) muß man bei der Berechnung des Erwartungswertes rechnen?

c) Analoge Frage (wie b) für die Varianz.

Wir beginnen mit Frage b). Im übrigen wird sich zeigen, daß die Beantwortung dieser eher praktischen Fragen einigen mathematischen Aufwand erfordert.

9.1 Statistische Sicherheit des Erwartungswertes

Wir nehmen an, daß a priori bekannt ist oder wenigstens vermutet werden kann, daß die Zufallsgröße X normalverteilt ist. Erwartungswert μ und Varianz σ^2 sind jedoch nicht bekannt.

Wie geht man vor? Natürlich zieht man eine Stichprobe $x_1, \ldots, x_n$ von n Elementen und berechnet Mittelwert und Streuung

$$\bar{x} = \frac{1}{n}\sum_{i=1}^{n} x_i\,, \quad s^2 = \frac{1}{n-1}\sum_{i=1}^{n}(x_i - \bar{x})^2\,.$$

Dann ist unmittelbar *plausibel*, daß $\bar{x}$ der bestmögliche Schätzwert für μ ist („erwartungstreuer Schätzer") und das läßt sich auch leicht *beweisen*. Natürlich muß man aber damit rechnen, daß $\bar{x}$ von dem „richtigen" Wert abweicht. Die Frage ist also: Wie groß ist die Wahrscheinlichkeit, daß $\bar{x}$ von μ um mehr als ein vorgegebenes α abweicht oder umgekehrt sich in einem vorgegebenem *Vertrauensbereich* oder *Konfidenzintervall* $[\bar{x} - \alpha, \bar{x} + \alpha]$ befindet. Also: $p(|\bar{x} - \mu| \leq \alpha) =?$.

Es erscheint weiterhin unmittelbar plausibel, daß der Mittelwert $\bar{x}$ um so „sicherer“ ist, je größer die Stichprobe, d.h. je größer n ist. Dies wird durch den folgenden Satz 9.1.1 bestätigt. Im übrigen deutet diese Diskussion schon folgenden Sachverhalt an: Der Mittelwert $\bar{x}$ einer Stichprobe der Größe n ist selbst eine Zufallsgröße. Es geht dann letzten Endes um die Wahrscheinlichkeitsdichte (bzw. Verteilung) dieser Zufallsgröße.

Satz 9.1.1 *In der geschilderten Situation ist*

$$p(|\bar{x} - \mu| \leq \alpha) = 2\Phi\left(\frac{\alpha\sqrt{n}}{\sigma}\right) - 1 .$$

Dabei ist $\Phi(x)$ die (Verteilungsfunktion der) Standard-Normalverteilung mit $\mu = 0$, $\sigma = 1$.

Bemerkungen:

1) Die Verteilungfunktion $\Phi(x)$ ist (wie jede Verteilungsfunktion!) monoton wachsend. Mit größerer Stichprobe (d.h. größerem n) wird also – wie schon gesagt – die Wahrscheinlichkeit, daß $\bar{x}$ in das Intervall $[\mu - \alpha, \mu + \alpha]$ fällt, größer.

2) Die Streuung σ^2, die man in Satz 9.1.1 braucht, ist an sich nicht bekannt. Man kann σ^2 jedoch durch die empirische Streuung s^2 schätzen, d.h. man ersetzt in 9.1.1 den Wert σ durch s. (Die genauere Untersuchung dieses Falles – σ unbekannt, durch s geschätzt – führt auf die sogenannte t-Verteilung.)

3) Bei „richtiger“ Betrachtungsweise stellt sich jedoch das in (2) erwähnte Problem gar nicht: Bei großem σ muß man nämlich erwarten, daß $\bar{x}$ stärker von μ abweicht als bei kleinem σ. Die x_i streuen stärker, also auch die Mittelwerte einer Stichprobe. Man sollte die Größe des Vertrauensintervalles also als Vielfaches von σ angeben, also die absolute Größe α durch $\alpha\sigma$ ersetzen. Dann liefert Satz 9.1.1 die Formel

$$p(|\bar{x} - \mu| \leq \alpha\sigma) = 2\Phi(\alpha\sqrt{n}) - 1 .$$

Zum Beispiel bedeutet $\alpha = 0,5$, daß $\bar{x}$ höchstens um die halbe Standardabweichung σ von μ abweichen soll.

4) Aus der Tabelle für Φ kann man jetzt unmittelbar für verschiedene Werte von α Tabellen für p berechnen:

Stichprobengröße	$p(\lvert\bar{x}-\mu\rvert \leq \alpha\sigma)$		
n	$\alpha = 0,5$	$\alpha = 0,25$	$\cdots$
1	0,3829	0,1974	
4	0,6827	0,3829	
9	0,8664	0,5468	
16	0,9545	0,6827	
25	0,9876	0,7889	
36	0,9974	0,8664	
$\vdots$	$\vdots$	$\vdots$	

Natürlich liefert Satz 9.1.1 eine Aussage dazu, wie groß eine Stichprobe sein muß, um den Erwartungswert mit vorgegebener Irrtumswahrscheinlichkeit zu schätzen.

9.2 Mathematische Bemerkungen

Es soll das Ergebnis 9.1.1 begründet werden. Dabei kann eine viel allgemeinere Situation betrachtet werden; wir beginnen jedoch ganz einfach. Es sei X eine Zufallsgröße mit Wahrscheinlichkeitsdichte φ und -verteilung Φ und Y eine von X *unabhängige* Zufallsgröße mit Dichte Ψ und Verteilung Ψ. Wir interessieren uns für die Zufallsgröße $Z = X + Y$. Es ist

$$p(a \leq X \leq b) = \Phi(b) - \Phi(a)$$

$$p(c \leq Y \leq d) = \Psi(d) - \Psi(c).$$

Weil X und Y unabhängig ist, gilt

$$(*) \qquad p(a \leq X \leq b \text{ und } c \leq Y \leq d) = (\Phi(b) - \Phi(a))(\Psi(d) - \Psi(x))$$

Dieses Produkt ist das folgende Doppelintegral.

$$\int_a^b \int_c^d \varphi(t)\psi(u)dtdu$$

Dies ist ein Wert, der an sich nicht interessiert. Was von Interesse ist, ist die Verteilungsfunktion von Z also die Funktion $\Omega(z) = p(Z \leq z)$ bzw. die zugehörige Dichte

$$\varphi(z) = \Omega'(z).$$

Bei Kenntnis von Φ und Ψ und der Formel (*) ist es eine mathematische Routineaufgabe $\Omega(z)$ zu berechnen. Die Lösung erfordert allerdings mehrdimensionale Integration. Wir verweisen auf Lehrbücher der Statistik, z.B. Lehn-Wegmann.

Statt nur zwei unabhängigen Zufallsgrößen kann man nun n betrachten und eine beliebige „Linearkombination" davon, also

$$X = a_1X_1 + \ldots + a_nX_n$$

mit reellen Zahlen $a_1, \ldots, a_n$. Sind die Dichten φ_i der X_i bekannt, so kann die Verteilungsfunktion Φ von X berechnet werden. Es ist

$$\Phi(x) = \int_{a_1t_1+\ldots+a_nt_n\leq x} \cdots \int \varphi_1(t_1)\ldots\varphi_n(t_n)dt_1\ldots dt_n.$$

Es ergeben sich folgende Sätze:

Satz 9.2.1 *Es seien $X_1, \ldots, X_n$ unabhängige Zufallsgrößen. Es seien $a_1, \ldots, a_n$ reelle Zahlen. Dann hat die Zufallsgröße*

$$X = a_1X_1 + \ldots + a_nX_n$$

den Erwartungswert

$$E(X) = a_1E(X_1) + \ldots + a_nE(X_n)$$

und die Varianz

$$\mathrm{Var}(X) = a_1^2\mathrm{Var}(X_1) + \ldots + a_n^2\mathrm{Var}(X_n)\,.$$

Satz 9.2.2 *In der Situation von Satz 9.2.1 sei X_i eine (μ_i, σ_i)-normalverteilte Zufallsgröße. Dann ist X (μ, σ)-normalverteilt mit*

$$\begin{aligned}\mu &= a_1\mu_1 + \ldots + a_n\mu_n\\ \sigma^2 &= a_1^2\sigma_1^2 + \ldots + a_n^2\sigma_n^2\,.\end{aligned}$$

(Die wesentliche Aussage hier ist, daß X normalverteilt ist. Die angegebenen Werte für μ, σ ergeben sich dann aus 9.2.1.)

Was haben diese beiden theoretischen Sätze nun mit unseren Stichproben zu tun?

Um diese Frage zu verstehen und zu beantworten, machen wir uns zunächst klar, daß die Messung des ersten Stichprobenwertes x_1 nichts anderes ist als die Ausführung des Zufallsexperimentes X. Dieser Vorgang wird *unabhängig* von dem jeweiligen Ausgang n-mal wiederholt. Etwas mathematischer: Man betrachtet den Zufallsvektor $(X_1, \ldots, X_n)$ wobei alle $X_i = X$ sind. (Einen solchen Zufallsvektor nennt man eine *mathematische* Stichprobe.) Der Mittelwert

$$\bar{X} = \frac{1}{n}(X_1 + \ldots + X_n)$$

ist selbst eine Zufallsgröße. Es liegt also ein besonders einfacher Spezialfall von Satz 9.2.1 vor: Alle X_i sind gleich, nämlich gleich X, und alle a_i sind $\frac{1}{n}$. Nach Satz 9.2.1 erhalten wir also

$$\begin{aligned} E(\bar{X}) &= \frac{1}{n}(E(X) + \ldots + E(X)) = E(X) \\ \operatorname{Var}(\bar{X}) &= \frac{1}{n^2}(\operatorname{Var}(X) + \ldots + \operatorname{Var}(X)) = \frac{1}{n}\operatorname{Var}(X) . \end{aligned}$$

In Abschnitt 9.1 hatten wir angenommen, daß X eine (μ, σ)-normalverteilte Zufallsgröße ist (mit unbekanntem μ und σ). Satz 9.2.1 besagt jetzt, daß $\bar{X}$ eine $(\mu, \frac{\sigma}{\sqrt{n}})$-normalverteilte Zufallsgröße ist. Dieses Ergebnis erscheint plausibel: Variiert die Zufallsgröße um den Erwartungswert μ mit Varianz σ^2, so variiert der Mittelwert einer zufälligen Stichprobe ebenfalls um μ, aber mit einer Varianz, die um so kleiner ist, je größer die Stichprobe ist.

Nun gilt ja für jede Wahrscheinlichkeitsdichte f mit Verteilungsfunktion F, daß

$$p(c \leq X \leq d) = \int_c^d f(t)dt = F(d) - F(c) .$$

Speziell für das Intervall $c = \mu - \alpha$, $d = \mu + \alpha$ und $f = \varphi_{\mu, \frac{\sigma}{\sqrt{n}}}$ erhalten wir also

$$p(\mu - \alpha \leq \bar{X} \leq \mu - \alpha) = \Phi_{\mu, \frac{\sigma}{\sqrt{n}}}(\mu + \alpha) - \Phi_{\mu, \frac{\sigma}{\sqrt{n}}}(\mu - \alpha) .$$

Jetzt benutzen wir die Formeln vom Ende von Kapitel 7 zur Umrechnung auf die Standard-Normalverteilung (d.h. die $(0, 1)$-Normalverteilung). Außerdem benutzen wir die Formel $\Phi(-x) = 1 - \Phi(x)$. Dann ergibt sich

$$p(|\bar{X} - \mu| \leq \alpha) = \Phi\left(\frac{\alpha}{\sigma/\sqrt{n}}\right) - \Phi\left(\frac{-\alpha}{\sigma/\sqrt{n}}\right) = 2\Phi\left(\frac{\alpha\sqrt{n}}{\sigma}\right) - 1\,.$$

Damit ist die Formel aus Satz 9.1.1 für die statistische Sicherheit des Mittelwertes abgeleitet.

Bemerkung: (Vgl. Bemerkungen in vorherigem Abschnitt)

Wie schon früher gesagt, ist hier die ziemlich unrealistische Annahme gemacht, daß die Varianz σ^2 der Normalverteilung bekannt ist. Andernfalls müßte man σ durch das s der Stichprobe schätzen. Für große Stichproben ($n \geq 100$) ist das problemlos. Sonst muß man natürlich damit rechnen, daß sich die Irrtumswahrscheinlichkeit vergröbert. Legt man die Irrtumswahrscheinlichkeit fest, so muß man entsprechend das Intervall $[\mu-\alpha, \mu+\alpha]$ vergrößern. Die mathematisch exakte Behandlung des Falles unbekannter Varianz führt auf die *t-Verteilung* (die ganz ähnlich aussieht wie die Normalverteilung, aber etwas „breiter" ist).

9.3 Statistische Sicherheit der Varianz

Wir geben in diesem Abschnitt eine Formel an, mit der die Sicherheit der Varianz abgeschätzt werden kann.

Es sei weiterhin X eine (μ, σ)-normalverteilte Zufallsgröße. Man nimmt eine Stichprobe der Größe $n+1$ (also vom Freiheitsgrad n). Deren Varianz s^2 berechnet man nach der bekannten Formel (vgl. Abschnitt 5.2)

$$s^2 = \frac{1}{n}\sum_{i=1}^{n+1}(x_i - \bar{x})^2\,.$$

Dann legt man eine Irrtumswahrscheinlichkeit 2α fest ($0 < \alpha < 0,5$), also α nach unten und α nach oben. Mit der Irrtumswahrscheinlichkeit 2α gilt dann für die „wahre" Varianz σ^2 der Zufallsgröße folgende Abschätzung

$$\frac{ns^2}{\chi^2_{n,1-\alpha}} \leq \sigma^2 \leq \frac{ns^2}{\chi^2_{n,\alpha}}\,, \tag{9.1}$$

bzw. für die Standardabweichung σ

$$\frac{\sqrt{n}s}{\sqrt{\chi^2_{n,1-\alpha}}} \leq \sigma \leq \frac{\sqrt{n}s}{\sqrt{\chi^2_{n,\alpha}}}\,.$$

Hierbei ist χ_n^2 die sogenannte χ^2-Verteilung zum Freiheitsgrad n, die gleich noch ausführlich besprochen wird. $\chi_{n,p}^2$ ist das p-Quantil, also der Wert x mit

$$\int_0^x f_{\chi_n^2}(t)dt = p\,.$$

Die Quantile der χ^2-Verteilung findet man in entsprechenden Tabellen. Dann kann man auch die Werte

$$\frac{n}{\chi_{n,1-\alpha}^2}\,,\quad \frac{n}{\chi_{n,\alpha}^2}\,,$$

auf die es hier offenbar ankommt, berechnen. Für $\alpha = 0,05$ (also Irrtumswahrscheinlichkeit 10%) liegt σ (nicht σ^2!) in folgendem Intervall

n	untere Grenze	obere Grenze
10	$0,74s$	$1,59s$
20	$0,80s$	$1,36s$
50	$0,86s$	$1,20s$
100	$0,90s$	$1,13s$

An diesen Zahlen sieht man deutlich, wie sich mit Vergrößerung der Stichprobe die Sicherheit der Schätzung verbessert.

9.4 Die χ^2-Verteilung

Die χ^2-Verteilung ist eine der wichtigsten Verteilungen der Wahrscheinlichkeitstheorie und mathematischen Statistik. Es hat sich in 9.3 schon angedeutet, wie man auf sie kommt, und wir führen das jetzt etwas aus:

Wie der Mittelwert $\bar{x}$ schwankt auch die Varianz s^2 einer Stichprobe zufällig. s^2 ist selbst eine Zufallsgröße. Es stellt sich nun sofort die Frage, welche Wahrscheinlichkeitsdichte (bzw. -verteilung) dieser Zufallsgröße s^2 zugrunde liegt. Geht man wie in den letzten Abschnitten von einer Normalverteilung aus, so ist die χ^2-Verteilung gerade die Wahrscheinlichkeitsverteilung von s^2.

Wir formulieren das etwas genauer: Es seien $X_1, \ldots, X_n$ *unabhängige* standard-normalverteilte Zufallsgrößen. Dann ist

$$X^2 = X_1^2 + \ldots + X_n^2$$

eine Zufallsgröße. Die Wahrscheinlichkeitsverteilung dieser Zufallsgröße ist per Definition die χ_n^2-*Verteilung* oder χ^2-*Verteilung mit n Freiheitsgraden.*

Diesen Zusammenhang sollte man sich merken, denn die folgenden Formeln werden ein bißchen kompliziert. (Im übrigen ist klar, daß man (μ, σ)-normalverteilte Zufallsgrößen auf standard-normalverteilte umrechnen kann.)

Bevor wir zu diesen Formeln kommen, überlegen wir uns, wie die χ^2-Verteilung ungefähr aussehen sollte. s^2 ist jedenfalls immer eine positive Zahl. Weiter ist es sehr unwahrscheinlich, daß s^2 ganz klein wird, denn dies würde bedeuten, daß die Werte der Stichprobe fast gar nicht streuen. Ebenso ist es unwahrscheinlich, daß s^2 sehr groß wird. Die Wahrscheinlichkeitsdichte könnte also aussehen wie in Abb. 9.1.

Der einfachste Fall ist offenbar $n = 1$. (Dann tritt das Problem der Unabhängigkeit noch nicht auf.) Sei also X standard-normalverteilt. Wir betrachten die Zufallsgröße X^2. Offensichtlich gilt

$$\begin{aligned} p(X^2 \leq x) &= p(-\sqrt{x} \leq X \leq \sqrt{x}) \\ &= \Phi(\sqrt{x}) - \Phi(-\sqrt{x}) \\ &= 2\Phi(\sqrt{x}) - 1 \\ &= \frac{2}{\sqrt{2\pi}} \int_0^{\sqrt{x}} e^{-\frac{1}{2}t^2}\, dt \end{aligned}$$

(vgl. Abb. 9.2). Nun substituieren wir $t^2 = \tau$, $\frac{d\tau}{dt} = 2t = 2\sqrt{\tau}$, also $dt = \frac{d\tau}{2\sqrt{\tau}}$. Läuft t von 0 bis $\sqrt{x}$, so läuft $\tau = t^2$ von 0 bis x. Nach der Substitutionsregel (Teil A, Abschnitt 10.2) wird also

$$p(X^2 \leq x) = \frac{2}{\sqrt{2\pi}} \frac{1}{2} \int_0^x \tau^{-\frac{1}{2}} e^{-\frac{1}{2}\tau}\, d\tau\,.$$

Statt τ schreiben wir wieder t und haben damit die Wahrscheinlichkeitsverteilung $F_{\chi^2}(x)$ und die Wahrscheinlichkeitsdichte $f_{\chi^2}(t)$ bestimmt

$$\begin{aligned} F_{\chi^2}(x) &= \frac{1}{\sqrt{2\pi}} \int_0^x t^{-\frac{1}{2}} e^{-\frac{1}{2}t}\, dt \\ f_{\chi^2}(t) &= \frac{1}{\sqrt{2\pi}} t^{-\frac{1}{2}} e^{-\frac{1}{2}t}\,. \end{aligned}$$

Für $X^2 = X_1^2 + \ldots + X_n^2$ erhält man ähnliche, aber etwas kompliziertere Formeln. (Um diese zu verifizieren, muß man schon ein bißchen rechnen!)

Ist $n = 2m$ eine gerade Zahl, so ist

$$f_{\chi_n^2}(t) = \frac{1}{2^m (m-1)!} t^{m-1} e^{-\frac{1}{2}t}\,.$$

Speziell für Freiheitsgrad 2 hat man also einfach die Exponentialverteilung $f(t) = \frac{1}{2} e^{-\frac{1}{2}t}$.

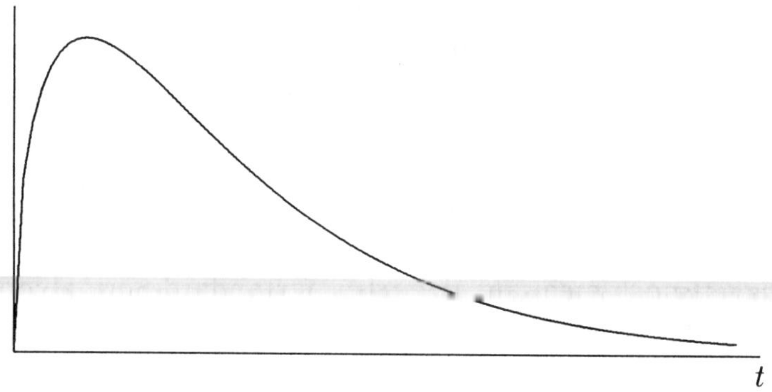

Abbildung 9.1 Wahrscheinlichkeitsdichte der χ^2-Verteilung

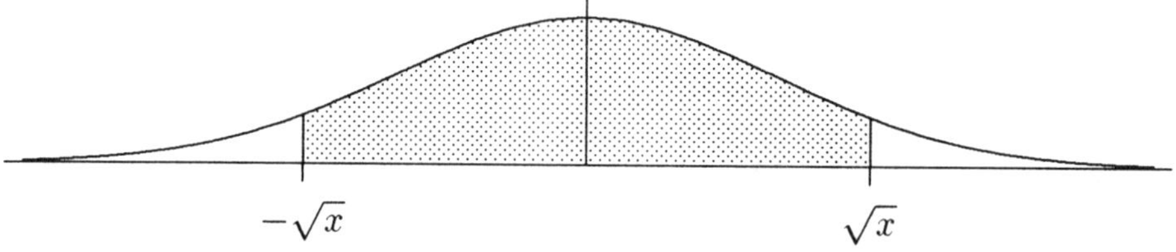

Abbildung 9.2 Berechnung von $p(X^2 \leq x)$

Ist $n = 2m + 1$ eine ungerade Zahl, so ist

$$f_{\chi_n^2}(t) = \frac{1}{2^m\sqrt{2\pi}(m-1)!} t^{m-\frac{1}{2}} e^{-\frac{1}{2}t} \, .$$

Z.B. für $n = 3$ ist $f_{\chi_3^2}(t)$ in Abb. 9.1 dargestellt.

$F_{\chi_n^2}(x)$ ist wie immer das entsprechende Integral.

Abschließend soll noch kurz erwähnt werden, daß sich Abschätzung 9.1 für die Varianz nahezu tautologisch aus der Definition der χ^2-Verteilung ergibt: Ist nämlich X wie in Abschnitt 9.3 (μ, σ)-normalverteilt, so ist die Normierung

$$\frac{ns^2}{\sigma^2} = \sum_{i=1}^{n} (x_i - \bar{x})^2$$

χ_n^2-verteilt, also nach Definition der Quantile

$$\begin{aligned} p\left(\frac{ns^2}{\sigma^2} \le \chi_{n,\alpha}^2\right) &= \alpha \\ p\left(\frac{ns^2}{\sigma^2} \ge \chi_{n,1-\alpha}^2\right) &= \alpha \, . \end{aligned}$$

Mit Wahrscheinlichkeit $1 - 2\alpha$ liegt also $\frac{ns^2}{\sigma^2}$ im Intervall von $\chi_{n,\alpha}^2$ bis $\chi_{n,1-\alpha}^2$. Mit derselben Wahrscheinlichkeit liegt also σ^2 im Intervall

$$\left[\frac{ns^2}{\chi_{n,1-\alpha}^2}, \frac{ns^2}{\chi_{n,\alpha}^2}\right] \, .$$

Bemerkung/Aufgabe: Für $n = 4$ ergibt sich eine interessante Wahrscheinlichkeitsdichte, die sich elementar behandeln läßt

$$f(t) = \frac{1}{4} e^{-\frac{1}{2}t},$$

oder allgemeiner

$$f(t) = \lambda^2 t e^{-\lambda t}, \quad \lambda > 0$$

mit Definitionsbereich $[0, \infty)$. Man rechne nach, daß es sich um eine Wahrscheinlichkeitsdichte handelt. Man führe eine Kurvendiskussion durch. Man mache sich klar, daß diese Wahrscheinlichkeitsdichte besser als die Exponentialverteilung die Lebensdauer von Geräten oder Lebewesen modelliert (vgl. 7.2). Man berechne Erwartungswert und Varianz.

9.5 Der zentrale Grenzwertsatz

Es ist schon erwähnt worden, daß unabhängig wirkende Einflüsse sich zu einer angenäherten Normalverteilung aufaddieren. Mathematisch exakt wird dieser Sachverhalt in einem sogenannten Grenzwertsatz formuliert.

Satz 9.5.1 *Es seien $X_1, \ldots, X_n$ unabhängige Zufallsvariablen mit derselben Verteilungsfunktion, also gleichem Erwartungswert μ und gleicher Varianz σ^2. Es sei $F_n(x)$ die Verteilungsfunktion der Zufallsvariablen*

$$Y_n = \frac{1}{\sqrt{n}\sigma} \sum_{i=1}^{n} (X_i - \mu) .$$

Dann gilt

$$\lim_{n \to \infty} F_n(x) = \Phi(x) ,$$

wobei $\Phi(x)$ die Verteilungsfunktion der Standard-Normalverteilung ist.

(Beachte, daß Y_n eine normierte Mittelung der X_i ist.) Der entscheidende Punkt ist natürlich, daß die X_i ganz beliebig (aber gleich!) verteilt sein können; für großes n entsteht bei Mittelung eine Normalverteilung.

9.6 Test auf Normalverteilung

Es stellt sich noch die Frage, wie man überprüft, ob eine empirisch gefundene Wahrscheinlichkeitsverteilung eine Normalverteilung ist. Das geht im Prinzip so, wie in Abschnitt 8.3 schon erläutert, nämlich mit einem χ^2-Prüfverfahren. Wir skizzieren deshalb das Verfahren nur noch einmal und vernachlässigen technische Einzelheiten, die z.T. mathematisch kompliziert sind.

Aus der Stichprobe $x_1, \ldots, x_n$ berechnet man Mittelwert $\bar{x}$ und Standardabweichung s und hat damit Schätzwerte für μ und σ. Man vergleicht die empirische Wahrscheinlichkeitsverteilung mit der Normalverteilung $\Phi_{\mu,\sigma}$. Dazu werden die Meßwerte $x_1, \ldots, x_n$ in k Klassen eingeteilt, d.h. das Gesamtintervall $(-\infty, \infty)$ in k Teilintervalle, die nicht gleich groß zu sein brauchen, etwa

$$-\infty = \xi_0 < \xi_1 < \xi_2 < \ldots < \xi_{k-1} < \xi_k = \infty .$$

In dem Intervall $(\xi_{j-1}, \xi_j]$ mögen h_j der x_i liegen. Die Häufigkeiten h_j sind also gerade die Höhen des zugehörigen Stabdiagramms. Bei einer Normalverteilung und einer Stichprobe der Größe n wären in dem Intervall $(\xi_{j-1}, \xi_j]$ gerade

$$n\,(\Phi_{\mu,\sigma}(\xi_j) - \Phi_{\mu,\sigma}(\xi_{j-1})) = \varphi_j$$

Meßwerte zu erwarten. (Hinweis: Vielfach wird empfohlen, die Klasseneinteilung, d.h. die ξ_j, so zu wählen, daß alle $\varphi_j \geq 5$ sind.)

Natürlich ist

$$h_1 + \ldots + h_k = \varphi_1 + \ldots + \varphi_k = n\,.$$

Nun berechnet man wie in 8.3 die quadratische Abweichung

$$\chi^2 = \sum_{j=1}^{k} \frac{(h_j - \varphi_j)^2}{\varphi_j}$$

und vergleicht diese mit dem Quantil $\chi^2_{k-1,\alpha}$ der χ^2-Verteilung mit $k-1$ Freiheitsgraden. Ist p die zugelassene Irrtumswahrscheinlichkeit und

$$\chi^2 \geq \chi^2_{k-1,1-p}\,,$$

so ist die Annahme „normalverteilt" widerlegt. Bei

$$\chi^2 < \chi^2_{k-1,1-p}$$

ist eine definitive Entscheidung nicht möglich. Man wird jedoch vielfach, insbesondere bei kleinen χ^2 davon ausgehen können, daß es sich um Normalverteilung handelt.

Bemerkung/Übungsaufgabe: Im Prinzip genauso können auch andere Wahrscheinlichkeitsverteilungen überprüft werden. Man diskutiere das in Abschnitt 4.6 behandelte numerische Beispiel für die POISSON-Verteilung.

Aufgabe: In einem MENDELschen Kreuzungsexperiment erwartet man in der F_2-Generation das Auftreten von drei Merkmalen A, B, C im Verhältnis 9:4:3. (Wie kommt dieses Verhältnis zustande und was ist ein Beispiel dafür?) Festgestellte Zahlen sind 82:46:32 bzw. 78:49:33. Widersprechen diese Zahlen der Hypothese 9:4:3?

10 Nichtparametrische Tests

In vielen Fällen kann (oder sollte) man die Verfahren der letzten beiden Kapitel nicht anwenden, insbesondere dann nicht, wenn die untersuchten Zufallsgrößen nicht normalverteilt sind. Es könnte sein, daß sie überhaupt keiner erkennbaren Gesetzmäßigkeit folgen, oder daß es sich um qualitative Merkmale handelt (Bewertung des Skripts: sehr gut, gut, ..., sehr schlecht), die man in Rangzahlen umformuliert. In solchen Situationen ist man auf *verteilungsfreie* oder *nichtparametrische* Tests angewiesen. Problemstellung und Vorgehensweise werden an naheliegenden Beispielen sofort deutlich. Zu den nichtparametischen Tests gehört auch der in 8.2 behandelte Vorzeichen-Test. Die folgenden Verfahren sind im Kern Verfeinerungen dieses Tests.

Beispiele:

a) Untersucht wird die Frage, ob Studierende des ersten Studienjahres im Fach Mathematik in den Klausuren besser abschneiden, wenn sie auf der Schule einen Leistungskurs in Mathematik gewählt haben.

   Dabei werde die Leistung in der Klausur durch eine Punktzahl zwischen 0 und 100 gemessen. Erfahrungsgemäß ist diese Punktzahl ziemlich erratisch und jedenfalls nicht normalverteilt. Deswegen ist es (vielleicht nicht völlig sinnlos aber jedenfalls) zweifelhaft, die Mittelwerte zu vergleichen.

b) Es geht um die Wirksamkeit von Medikamenten, Düngemitteln oder irgendwelcher „Behandlungen". Der Wissensdrang des Menschen kennt keine Grenzen, und wir stellen uns folgende Frage, auch wenn sie abwegig erscheinen mag: Wie wirkt sich die Teilnahme an der Matheklausur auf die Körpertemperatur (alternativ Adrenalinspiegel, ...) der Studierenden aus? Steigt sie, fällt sie, oder ist kein Effekt der „Behandlung" nachweisbar?

10.1 Der U-Test nach MANN-WHITNEY

Wir betrachten die prinzipielle Situation von Beispiel a). Man hat also zwei Grundgesamtheiten M, N (Leistungskurs *ja/nein*). Aus jeder wählt man zufällig eine Stichprobe der Größe m bzw. n ($m \neq n$ zugelassen!). Die Meßwerte $x_1, \ldots, x_m$ bzw. $y_1, \ldots, y_n$ (Punktzahlen in der Klausur) werden gemeinsam der Größe nach geordnet. Jedem Meßwert x_i bzw. y_i wird dann sein *Rang* $r(x_i)$ bzw. $r(y_i)$ zugeordnet: Der kleinste erhält Rang 1, der zweitkleinste Rang 2 usw., der größte schließlich Rang $n+m$. (Bei gleichen Meßwerten wird der Durchschnittsrang gebildet.) *Von jetzt ab kommt es nicht mehr auf die x_i, y_i sondern nur noch auf ihre Rangzahlen an!* Dann bildet man für beide Grundgesamtheiten die Rangsummen

$$\begin{aligned} R_M &= r(x_1) + \ldots + r(x_m) \\ R_N &= r(y_1) + \ldots + r(y_n) \end{aligned}$$

Natürlich ist

$$R_N + R_M = 1 + 2 + \ldots + (n+m) = \frac{(n+m)(n+m+1)}{2}$$

(wegen der bekannten Formel $1 + 2 + \ldots + N = \frac{N(N+1)}{2} = \binom{N+1}{2}$).

Sind die Meßwerte für M größer als für N, so drückt sich das darin aus, daß R_M vergleichsweise „zu groß" ist. Dabei ist aber $n \neq m$ zu berücksichtigen, so daß entsprechend normiert werden muß.

Wären die Rangzahlen auf M und N gleichmäßig verteilt, so hätte man ungefähr

$$\begin{aligned} R_M &\approx R_M^* := \frac{m}{n+m} \cdot \frac{(n+m)(n+m+1)}{2} = \frac{nm}{2} \cdot \frac{m(m+1)}{2} \\ R_N &\approx R_N^* := \frac{n}{n+m} \cdot \frac{(n+m)(n+m+1)}{2} = \frac{nm}{2} \cdot \frac{n(n+1)}{2} \end{aligned}$$

Nun bildet man folgende Zahlen

$$\begin{aligned} U_M &= mn + \frac{m(m+1)}{2} - R_M &= \frac{mn}{2} + (R_M^* - R_M) \\ U_N &= mn + \frac{n(n+1)}{2} - R_N &= \frac{mn}{2} + (R_N^* - R_N) \end{aligned}$$

(also $U_M + U_N = mn$)

$$U = \text{Minimum}(U_M, U_N)$$

Ist R_M oder R_N ungebührlich groß, so wird U_M oder U_N und damit U klein, kleiner als in den Grenzen einer festgelegten Irrtumswahrscheinlichkeit zu erwarten ist.

Es ist nun eine mathematische Routineaufgabe die Vergleichswerte für U zu berechnen und zu tabellieren (vgl. Tabelle 10.1). (Beim Vorzeichen-Test in 8.2 wurden diese Vergleichswerte aus der Binomial-Verteilung ermittelt; hier geht das im Prinzip ähnlich.) Dann geht man so vor: Die zu testende *Nullhypothese* H_0 ist: Beide Stichproben unterscheiden sich im Mittel nicht (das Klausurergebnis ist unabhängig von einer Teilnahme am Leistungskurs). Bei der *Alternativ-Hypothese* H hat man je nach Situation zu unterscheiden zwischen *einseitiger* und *zweiseitiger* Alternative.

Einseitig: Es ist a priori klar, daß die eine Stichprobe (z.B. M) im Mittel nur $\geq$ der anderen sein kann. Dann ist die Alternative: Die Stichprobe M hat im Mittel größere Merkmalswerte.

Zweiseitig: Es könnte auch sein, daß man a priori über positive oder negative Differenz der Merkmalswerte nichts sagen kann. (Der Leistungskurs könnte zu zusätzlicher mathematischer Verblödung führen.) Dann ist die Alternative: Die Verteilung der Stichproben ist unterschiedlich.

Man fixiert jetzt die Irrtumswahrscheinlichkeit α und vergleicht U mit dem Tabellenwert $U_{m,n;\alpha}$ bzw. $U_{m,n;\frac{\alpha}{2}}$. Falls

$$U \leq U_{m,n;\alpha}$$

ist die Nullhypothese des einseitigen Tests abzulehnen. Falls

$$U \leq U_{m,n;\frac{\alpha}{2}}$$

ist die Nullhypothese des zweiseitigen Tests abzulehnen.

10.2 Verbundene Stichproben – Der WILCOXON-Test

Fragen wie in Beispiel b) behandelt man mit dem *Vorzeichen-Rang-Test* nach WILCOXON. Das ist ein verteilungsfreier Test, bei dem man folgendermaßen vorgeht:

Man wählt eine Testgruppe der Größe n und mißt die relevanten Parameter (Körpertemperatur) vor und nach der Behandlung: x_i und y_i. Man spricht von einer „verbundenen Stichprobe“ weil man für jeden Probanden zwei Meßwerte x_i, y_i hat.

m	n=1	2	3	4	5	6	7	8	9	10	11	12	13	14	15	16	17	18	19	20	m
1	-																				1
2	-	-																			2
3	-	-	-																		3
4	-	-	-	0																	4
5	-	-	0	1	2																5
6	-	-	1	2	3	5															6
7	-	-	1	3	5	6	8														7
8	-	0	2	4	6	8	10	13													8
9	-	0	2	4	7	10	12	15	17												9
10	-	0	3	5	8	11	14	17	20	23											10
11	-	0	3	6	9	13	16	19	23	26	30										11
12	-	1	4	7	11	14	18	22	26	29	33	37									12
13	-	1	4	8	12	16	20	24	28	33	37	41	45								13
14	-	1	5	9	13	17	22	25	31	36	40	45	50	55							14
15	-	1	5	10	14	19	24	29	34	39	44	49	54	59	64						15
16	-	1	6	11	15	21	26	31	37	42	47	53	59	64	70	75					16
17	-	2	6	11	17	22	28	34	39	45	51	57	63	69	75	81	87				17
18	-	2	7	12	18	24	30	36	42	48	55	61	67	74	80	86	93	99			18
19	-	2	7	13	19	25	32	38	45	52	58	65	72	78	85	92	99	106	113		19
20	[illegible]	[illegible]	[illegible]	[illegible]	[illegible]	[illegible]	[illegible]	[illegible]	[illegible]	[illegible]	[illegible]	[illegible]	[illegible]	[illegible]	[illegible]	[illegible]	[illegible]	[illegible]	[illegible]	[illegible]	20
21	-	3	8	15	22	29	36	43	50	58	65	73	80	88	96	103	111	119	126	134	21
22	-	3	9	16	23	30	38	45	53	61	69	77	85	93	101	109	117	125	133	141	22
23	-	3	9	17	24	32	40	48	56	64	73	81	89	98	106	115	123	132	140	149	23
24	-	3	10	17	25	33	42	50	59	67	76	85	94	102	111	120	129	138	147	156	24
25	-	3	10	18	27	35	44	53	62	71	80	89	98	107	117	126	135	145	154	163	25
26	-	4	11	19	28	37	46	55	64	74	83	93	102	112	122	132	141	151	161	171	26
27	-	4	11	20	29	38	48	57	67	77	87	97	107	117	127	137	147	158	168	178	27
28	-	4	12	21	30	40	50	60	70	80	90	101	111	122	132	143	154	164	175	186	28
29	-	4	13	22	32	42	52	62	73	83	94	105	116	127	138	149	160	171	182	193	29
30	-	5	13	23	33	43	54	65	76	87	98	109	120	131	143	154	166	177	189	200	30
m	1	2	3	4	5	6	7	8	9	10	11	12	13	14	15	16	17	18	19	20	m

$\alpha = 0,025$ (einseitiger Test), bzw. $\alpha = 0,05$ (zweiseitiger Test)

m	n=1	2	3	4	5	6	7	8	9	10	11	12	13	14	15	16	17	18	19	20	m
1	-																				1
2	-	-																			2
3	-	-	-																		3
4	-	-	-	-																	4
5	-	-	-	-	0																5
6	-	-	-	0	1	2															6
7	-	-	-	0	1	3	4														7
8	-	-	-	1	2	4	6	7													8
9	-	-	0	1	3	5	7	9	11												9
10	-	-	0	2	4	6	9	11	13	16											10
11	-	-	0	2	5	7	10	13	16	18	21										11
12	-	-	1	3	6	9	12	15	18	21	24	27									12
13	-	-	1	3	7	10	13	17	20	24	27	31	34								13
14	-	-	1	4	7	11	15	18	22	26	30	34	38	42							14
15	-	-	2	5	8	12	16	20	24	29	33	37	42	46	51						15
16	-	-	2	5	9	13	18	22	27	31	36	41	45	50	55	60					16
17	-	-	2	6	10	15	19	24	29	34	39	44	49	54	60	65	70				17
18	-	-	2	6	11	16	21	26	31	37	42	47	53	58	64	70	75	81			18
19	-	0	3	7	12	17	22	28	33	39	45	51	57	63	69	74	81	87	93		19
20	-	0	3	8	13	18	24	30	36	42	48	54	60	67	53	79	86	92	99	105	20
21	-	0	3	8	14	19	25	32	38	44	51	58	64	71	78	84	91	98	105	112	21
22	-	0	4	9	14	21	27	34	40	47	54	61	68	75	82	89	96	104	111	118	22
23	-	0	4	9	15	22	29	35	43	50	57	64	72	79	87	94	102	109	117	125	23
24	-	0	4	10	16	23	30	37	45	52	60	68	75	83	91	99	107	115	123	131	24
25	-	0	5	10	17	24	32	39	47	55	63	71	79	87	96	104	112	121	129	138	25
26	-	0	5	11	18	25	33	41	49	58	66	74	83	92	100	109	118	127	135	144	26
27	-	1	5	12	19	27	35	43	52	60	69	78	87	96	105	114	123	132	142	151	27
28	-	1	5	12	20	28	36	45	54	63	72	81	91	100	109	119	128	138	148	157	28
29	-	1	6	13	21	29	38	47	56	66	75	85	94	104	114	124	134	144	154	164	29
30	-	1	6	13	22	30	40	49	58	68	78	88	98	108	119	129	139	150	160	170	30
m	1	2	3	4	5	6	7	8	9	10	11	12	13	14	15	16	17	18	19	20	m

$\alpha = 0,005$ (einseitiger Test), bzw. $\alpha = 0,01$ (zweiseitiger Test)

Tabelle 10.1 Vergleichswerte für den MANN-WHITNEY U-Test

Man könnte nun so vorgehen (und tut das manchmal auch): In k Fällen stellt man eine positive Abweichung fest, in l Fällen eine negative (die Fälle $x_i = y_i$ werden aus der Stichprobe ausgeschieden, also $k + l = n$). Dann testet man, wie in Abschnitt 8.2 oder 8.3 erklärt, mittels des Vorzeichen-Tests oder des χ^2-Tests die Nullhypothese: Positive und negative Abweichungen sind gleich häufig.

Dieses Verfahren wird in dem WILCOXON-Test erheblich verbessert, indem man zusätzlich die Größe der Differenzen $x_i - y_i$ berücksichtigt. Das Verfahren ist dann dem im vorhergehendem Abschnitt ähnlich. Man bildet die Differenzen $d_i = x_i - y_i$, ordnet deren Absolutbeträge der Größe nach und gibt ihnen Rangplätze von 1 bis n. Dann bildet man die Summe W^+ der Rangzahlen für die positiven Differenzen und die Summe W^- der Rangzahlen der negativen Differenzen. Natürlich ist

$$W^+ + W^- = 1 + \ldots + n = \frac{n(n+1)}{2} = \binom{n+1}{2}.$$

Bei Gleichverteilung sollte ungefähr gelten

$$W^+ \approx W^- \approx \frac{1}{2}\binom{n+1}{2}.$$

Nun wählt man eine Irrtumswahrscheinlichkeit α und kann verschiedene Hypothesen testen.

1) H_0: Im Mittel ist kein Unterschied zwischen den Meßwerten.

   Diese Hypothese ist *abgelehnt*, wenn W^+ zu klein oder zu groß ist, also einen Vergleichswert $W_{n,\frac{\alpha}{2}}$ bzw. $W_{n,1-\frac{\alpha}{2}}$ unter- bzw. überschreitet, also

$$W^+ < W_{n,\frac{\alpha}{2}} \quad \text{oder} \quad W^+ > W_{n,1-\frac{\alpha}{2}}.$$

2) H: Im Mittel ist $x_i \geq y_i$, also $d_i \geq 0$.

   Diese Hypothese ist *abgelehnt*, wenn

$$W^+ < W_{n,\alpha}$$

   (bzw. entsprechend für $x_i \leq y_i$).

Die α-Quantile $W_{n,\alpha}$ zu W^+ finden sich in Tabelle 10.2.

n	α								n
n	0,01	0,025	0,05	0,10	0,90	0,95	0,975	0,99	n
4	0	0	0	1	8	9	10	10	4
5	0	0	1	3	11	13	14	14	5
6	0	1	3	4	16	17	19	20	6
7	1	3	4	6	21	23	24	26	7
8	2	4	6	9	26	29	31	33	8
9	4	6	9	11	33	35	38	40	9
10	6	9	11	15	39	43	45	47	10
11	8	11	14	18	47	51	54	57	11
12	10	14	18	22	55	59	62	66	12
13	13	18	22	27	63	68	72	77	13
14	16	22	26	32	72	78	82	88	14
15	20	26	31	37	82	88	93	99	15
16	24	30	36	43	92	99	105	111	16
17	28	35	42	49	103	110	117	124	17
18	33	41	48	56	114	122	129	137	18
19	38	47	54	63	126	135	142	151	19
20	44	53	61	70	139	148	156	165	20
n	0,01	0,025	0,05	0,10	0,90	0,95	0,975	0,99	n
	α								

Tabelle 10.2 α-Quantile $W_{n,\alpha}$ für den WILCOXON-Test

Literaturhinweise

Für die erforderlichen Vorkenntnisse wird auf die Schulbücher der Klassen 11 - 13 verwiesen. Eine knappe Zusammenfassung, die auch die Terminologie dieser Vorlesung benutzt, findet sich in

W. Scharlau: Schulwissen Mathematik: Ein Überblick. Vieweg, Braunschweig Wiesbaden 1994

Eine konzentrierte, mathematisch exakte Einführung in die Differential- und Integralrechnung und die Theorie der gewöhnlichen Differentialgleichungen findet sich in

O. Forster: Analysis 1, Analysis 2. Vieweg, Braunschweig/Wiesbaden 1983, 1984

Es gibt zahlreiche Einführungen in die Mathematik für Biologen und Naturwissenschaftler, die auch eine Einführung in die Differential- und Integralrechnung enthalten, im Stoffumfang aber meistens weit über diese Vorlesung hinausgehen. Wir erwähnen nur einige:

E. Batschelet: Introduction to Mathematics for Life Scientists. Springer, Berlin-Heidelberg-New York 1971 (auch in deutscher Übersetzung erschienen)

K.P. Hadeler: Mathematik für Biologen. Springer, Berlin-Heidelberg-New York 1974

W. Nöbauer, W. Timischl: Mathematische Modelle in der Biologie. Vieweg, Braunschweig/Wiesbaden 1979

J. Peil: Grundlagen der Biomathematik. Harri Deutsch, Thun-Frankfurt a.M. 1985

Es gibt viele einführende Bücher in die Stochastik, sowohl mehr theoretisch orientierte, als auch für Anwendungen in den Naturwissenschaften. Es folgt eine kleine Auswahl:

Elementare Einführungen:

A. Engel: Wahrscheinlichkeitsrechnung und Statistik. 2 Bänder; Klett, Stuttgart 1973/1976

N. Henze: Stochastik für Einsteiger. Vieweg, Braunschweig/Wiesbaden 1997

Einführung in die Theorie:

K. Behnen, G. Neuhaus: Grundkurs Stochastik. Teubner-Verlag, Stuttgart; 3. Aufl. 1995

K.L. Chung: Elementare Wahrscheinlichkeitstheorie und stochastische Prozesse. Springer, Berlin-Heidelberg-New York 1978

U. Krengel: Einführung in die Wahrscheinlichkeitstheorie und Statistik. Vieweg, Braunschweig/Wiesbaden 1978

J. Lehn, H. Wegmann: Einführung in die Statistik. Teubner-Verlag, Stuttgart; 2. Aufl. 1992

N. Schmitz: Stochastik für Lehramtsstudenten. LIT-Verlag, Münster 1997

Anwendungen:

H. Büning, G. Trenkler: Nichtparametrische statistische Methoden. de Gruyter, Berlin 1978

J. Hartung: Statistik. Lehr- und Handbuch der angewandten Statistik. Oldenbourg, Mnchen, 6. Aufl. 1987

A. Linder: Statistische Methoden für Naturwissenschaftler, Mediziner und Ingenieure. Birkhäuser, Basel 1964

L. Sachs: Statistische Auswertungsmethoden. Springer, Berlin-Heidelberg-New York 1969

L. Sachs: Angewandte Statistik. Anwendungen statistischer Methoden. Springer, Berlin-Heidelberg-New York, 8. Aufl. 1997

Index

Münsteraner Einführungen: Mathematik / Informatik

Norbert Schmitz
Stochastik für Lehramtsstudenten
Die *Stochastik*, unter der man die *Wahrscheinlichkeitstheorie* und die *Statistik* zusammenfaßt, stellt einen wichtigen Teil des (Schul-)Faches *Mathematik* dar. Jedes SI/II-Lehramtsstudent der Mathematik sollte daher für seinen späteren Unterricht solide Grundkenntnisse in dieser Fachrichtung erwerben. Da die Stochastik insbesondere wegen ihrer praktischen Bedeutung in die Lehrpläne aufgenommen wurde, dürfen sich diese Kenntnisse nicht auf den wahrscheinlichkeitstheoretischen Teil beschränken, sondern müssen auch Inhalte aus der schließenden Statistik umfassen. Bereits für die Grundlegung der allgemeinen Wahrscheinlichkeitstheorie benötigt man überdies etliche nicht zur Standard-Ausbildung gehörende Vorkenntnisse aus der Maß- und Integrationstheorie. Weil aber in den Studienplänen i.a. nur *eine* Stochastik-Vorlesung vorgesehen ist, sind gravierende Einschränkungen bei der Stoffauswahl unerläßlich.
Der vorliegende, für eine einsemestrige Vorlesung konzipierte Studientext begegnet diesen Schwierigkeiten dadurch, daß zum einen die Darstellung maßtheoriefrei gehalten ist – dies bedeutet die Beschränkung auf die diskrete Wahrscheinlichkeitstheorie – und daß zum anderen Grundzüge der Schätz- und Testtheorie für diskrete Verteilungen behandelt werden. Zu jedem Kapitel sind etliche, z.T. an Schulbuch-Aufgaben angelehnte Übungsaufgaben angegeben.
Inhalt: Laplace-Verteilungen, Grundbegriffe der Kombinatorik; Diskrete Wahrscheinlichkeitsverteilungen; Zufallsgrößen; Bedingte Wahrscheinlichkeiten und stochastische Unabhängigkeit; Schätztheorie für diskrete Verteilungen; Statistische Tests.
Bd. 1, 1997, 216 S., 34,80 DM, br., ISBN 3-8258-3504-9

Münsteraner Einführungen: Politikwissenschaft

Jürgen Bellers; Rüdiger Robert (Hrsg.)
Politikwissenschaft I: Grundkurs
Bd. 1.I, 3. Aufl. 1992, 320 S., 15,90 DM, gb., ISBN 3-88660-234-6

Olaf Tauras; Reinhard Meyers; Jürgen Bellers (Hrsg.)
Politikwissenschaft III: Internationale Politik
Bd. 1.III, 1994, 200 S., 15,90 DM, br., ISBN 3-88660-462-4

Norbert Konegen (Hrsg.)
Politikwissenschaft IV: Politische Philosophie und Erkenntnistheorie
Bd. 1.IV, 1994, 300 S., 15,90 DM, br., ISBN 3-89473-017-x

Norbert Konegen (Hrsg.)
Politikwissenschaft V: Wirtschaftspolitik für Politikwissenschaftler
Ausgewählte Entscheidungsfelder
Bd. 1.V, 1994, 351 S., 15,90 DM, br., ISBN 3-89473-791-3

Münsteraner Einführungen: Soziologie – Zugänge zur Gesellschaft

Georg Kneer; Klaus Kraemer; Armin Nassehi (Hrsg.)
Geschichte, Theorien und Methoden
Bd. 1, 1994, 300 S., 17,90 DM, br., ISBN 3-89473-420-5

Georg Kneer; Klaus Kraemer; Armin Nassehi (Hrsg.)
Spezielle Soziologien
Bd. 2, 2. Aufl. 1996, 368 S., 17,90 DM, br., ISBN 3-8258-2212-8

Georg Kneer; Klaus Kraemer; Armin Nassehi (Hrsg.)
Methoden der Sozialforschung, Soziologie der Sozialpädagogik und Regionalsoziologie
Bd. 3, Herbst 2001, 270 S., 34,80 DM, br., ISBN 3-89473-425-6

Münsteraner Einführungen: Theologie

Andreas Leinhäupl-Wilke; Magnus Striet (Hrsg.)
Katholische Theologie studieren: Themenfelder und Disziplinen
Rätseln, "warum Gott die Menschen niemals in Ruhe läßt, umgekehrt auch nicht" – dies gehört, so Hans Magnus Enzenberger, zur "Tagesordnung" des Menschen. Tagesordnung der Theologie ist es, dies in geordneten Bahnen zu tun. Doch gibt es heutzutage noch eine Ordnung in der Theologie? Ist diese in der Vielfalt der historischen, exegetischen, systematischen und praktischen Fächer und ihrer jeweiligen Methoden noch zu identifizieren? Gerade im Studium und in der Bildungsarbeit fällt es immer schwerer, noch die Theologie in der Theologie zu finden, das Spezifische des jeweiligen Faches, seine Notwendigkeit und Einordnung in das Gesamt der Theologie zu verstehen. Der von Münsteraner Theologinnen und Theologen verfaßte Band versucht, diesem Suchen nach Orientierung nachzukommmen, ohne die Theologie

LIT Verlag Münster – Hamburg – Berlin – London
Grevener Str. 179 48159 Münster
Tel.: 0251 – 23 50 91 – Fax: 0251 – 23 19 72
e-Mail: lit@lit-verlag.de – http://www.lit-verlag.de
Preise: unv. PE

als Gebrauchsware zu degradieren. Er eröffnet Perspektiven für das eigene Fragen und Denken und für das gemeinsame Suchen nach tragfähigen Antworten.

Bd. 1, 2000, 432 S., 25,90 DM, br., ISBN 3-8258-4381-5

Franz Furger; Andreas Lienkamp;
Karl Wilhelm Dahm (Hrsg.)

Einführung in die Sozialethik

Diese Einführung entstand aus einem praktischen Bedürfnis: Die schreienden Ungerechtigkeiten in der politischen und wirtschaftlichen Weltordnung fordern engagierte Christen zunehmend in Theorie und Praxis heraus. Gleichzeitig aber scheint die "klassische" Soziallehre der katholischen Kirche, die sich vor gut 100 Jahren zur Bewältigung der sog. "Sozialen Frage" herausgebildet hatte, angesichts der neuen Herausforderungen keine hinreichende Hilfe zu bieten.

Mit dem II. Vatikanischen Konzil (1962–65) zeichnet sich jedoch in der diese "Lehre" tragenden Kirche selber, und zwar gerade auch hinsichtlich der gesellschaftlichen Probleme, ein neuer Aufbruch ab, dem auf evangelischer Seite ebenfalls verschiedene Neuansätze gegenüberstehen. Dieses Studierenden nahezubringen, ist das erste Ziel dieser Einführung.

Wer hingegen von der Sozialethik zeitübergreifende Patentrezepte erwartet, wird enttäuscht werden. Er riskiert sogar, neu entstehende Fragestellungen erst gar nicht richtig wahrzunehmen. Denn das Ziel jeder Ethik ist, Menschlichkeit aufbauen und Unmenschlichkeit tunlichst verhindern zu helfen, anstatt möglicherweise sogar latentes Unrecht zu stabilisieren.

Ethik als konstruktive Entscheidungshilfe erfordert ein zur Veränderung offenes Selbstverständnis und eine ordnende, für neue Problematik offene Systematik. Eine solche Grundlage wird zwar in den sozialethischen Curricula der meisten Hochschulen stets auch, so oder anders, vermittelt.

Wo sich aber Studierende mit unterschiedlichen Vorstudien und oft – glücklicherweise – auch aus verschiedenen Fachrichtungen gemeinsam mit sozialethischen Fragen (etwa aus den Fachgebieten der Wirtschaft, der Medizin, der Technologieforschung) auseinandersetzen wollen, ist eine Klärung unerlässlich. Sie geschichtlich wie systematisch aufzuzeigen, ist damit das zweite Ziel dieser Einführung. Eine brauchbare Orientierung für Studium und Beruf, für Schule und Gemeinde, für Wirtschaft und Politik.

Bd. 3, 1996, 160 S., 12,90 DM, br., ISBN 3-8258-2267-2

Klaus Müller unter Mitarbeit von
Saskia Wendel

Philosophische Grundfragen der Theologie

Eine propädeutische Enzyklopädie mit Quellentexten

Theologie als Rechenschaft über die Glaubenshoffnung auf dem Forum der Vernunft kann sich nicht auf die Rezeption des einen oder anderen philosophischen Werkes beschränken, das dem binnentheologischen Interesse entgegenkommt. Vielmehr sind dem Theologietreiben die Grundfragen systematischen Philosophierens als Subtext eingeschrieben. Insofern muß, wer verantwortlich Theologie treibt, um diese Fragen, ihren inneren Zusammenhang und ihre philosophische Behandlung wissen.

In diesem Sinn skizziert Klaus Müller (Prof. am Seminar "Philosophische Grundfragen der Theologie an der Kath.-Theol. Fakultät der WWU Münster) unter Mitarbeit von Saskia Wendel (Assistentin am Seminar) ein Curriculum systematischen Philosophierens in Gestalt von kommentierten Thesen, zusammenfassenden Leitfäden und einschlägigen Quellentexten. Thematisch entsteht so nach einer grundsätzlichen Klärung des Verhältnisses von Philosophie und Theologie ein Durchgang durch Fragen der Erkenntnistheorie, der Sprachphilosophie und philosophischen Datenkritik (Cyber-Philosophie), der Hermeneutik, Ethik, Ästhetik, Anthropologie, Religionsphilosophie, Ontologie und philosophischen Gotteslehre, der sich in einer Auseinandersetzung mit dem Problem, der Möglichkeit und Notwendigkeit philosophischer Letztbegründung, rundet.

Das Buch ist in besonderer Weise für Studierende der Katholischen Theologie zur Vorbereitung auf die Diplom-Vorprüfung geeignet, genauso aber als Nachschlagewerk für Fortgeschrittene bei Wiederbegegnung mit philosophischen Problemen.

Bd. 4, 2000, 432 S., 22,90 DM, br., ISBN 3-8258-3635-5

Münsteraner Einführungen: Theologische Arbeitsbücher

Frank Matheus

Einführung in das Biblische Hebräisch: Studiengrammatik

Die Studiengrammatik bemüht sich, die Hebräische Bibel mit den Augen der Anfängerinnen und Anfänger zu sehen, die durch die erste Begegnung mit dieser neuen und fremden Welt in Verwirrung und Verwunderung gestürzt werden. Diese Gefühle in Staunen und Bewunderung und Fremdheit in Nähe zu wandeln, ist das Ziel dieser Grammatik; sie will die Eindrücke und Fragen strukturieren und ordnen helfen und so ein Mittel an die Hand

geben, das die Schönheit, Tiefe und Prägnanz der hebräischen Sprache erschließen hilft. Sie verzichtet deshalb bewußt auf eine sprach- und lautgeschichtliche Detaildarstellung, die die Studierenden in der Anfangsphase eher überfordert denn zur Klärung führt.
Grammatik ist nichts anderes als ein Beschreibungssystem, das ordnend und strukturierend Beobachtungen der Sprachwirklichkeit wiedergibt. Grammatik ist nicht kreativ, sie stellt keine Regeln auf, nach denen die Sprache sich zu richten hätte. Ihre Aufgabe ist allein passiv, nachvollziehend. Die hebräische Studiengrammatik bemüht sich deshalb, Beobachtungen der Studierenden aufzugreifen und zu systematisieren. Zusammenhänge zu erschließen und den Fragenden neue Perspektiven zu eröffnen. Sie möchte die Begegnung der und des einzelnen mit der Hebräischen Bibel moderieren und dabei selber im Hintergrund bleiben – also kein klassisches Lehrbuch sein, der "Lernstoff" bietet und abfragbares Wissen produziert, welches aber nicht unbedingt von Einsicht und Verstehen zeugt. Auch die beigefügten Paradigmen wollen nicht verstanden werden als auswendig zu lernende Tabellen, sondern als Anregung, eigene Parallelen zu ziehen und Analogien zu erkennen. Die hebräische Studiengrammatik bietet sich besonders für das gemeinsame Lernen in kleinen Gruppen an, in denen gefragt und diskutiert werden kann, ist aber auch für das Selbststudium geeignet.

Bd. 1, 1997, 108 S., 15,90 DM, br., ISBN 3-8258-3171-x

Frank Matheus

Einführung in das Biblische Hebräisch: Studienbuch für das Gruppen- und Selbststudium

Mit dem Studienbuch wird nun der zweite Teil der Einführung in das Biblische Hebräisch vorgelegt. Es möchte den Studierenden ergänzend zu ihren Kursen und Veranstaltungen an Schule oder Universität ein Mittel an die Hand geben, allein und in kleineren Gruppen den Umgang mit biblischen Texten einzuüben.
Das Studienbuch ist so konzipiert, daß nach dem (vorausgesetzten) Erlernen von Schrift- und Lautzeichen die Begegnung mit der Hebräischen Bibel im Mittelpunkt steht. Für Anfängerinnen und Anfänger ist der erste Teil gedacht; anhand eines kürzeren Psalmtextes wird Stück für Stück der Blick geöffnet für die sprachlichen Phänomene, die hier begegnen.
Im zweiten Teil finden sich neun biblische Texte, die sprachlich erschlossen werden sollen; sie sind in etwa so lang, wie es die meisten Prüfungsordnungen vorsehen. Diese Texte eignen sich hervorragend zum Selbststudium, da das gesamte Vokabular am Ende aufgeführt ist; alle schwierigen Formen sowie theologische Aspekte werden in Anmerkungen besprochen, und Wortanalysen, die zum tieferen Verstehen beitragen können, werden in reichem Umfang geboten. Formen, die die Lernenden nicht erkennen, werden durch ein Verweissystem entschlüsselt. Diese neun Texte bilden einen Arbeitsstoff, den man in einer Gruppe oder allein in einem Semester bewältigen kann, wobei einem vertiefenden Weiterlesen der Texte in der Bibel mit Hilfe des Lexikons nichts im Wege steht.

Bd. 2, 1997, 128 S., 17,90 DM, br., ISBN 3-8258-3172-8

Thomas Meurer

Einführung in die Methoden alttestamentlicher Exegese

Das Studium der zur Auslegung alttestamentlicher Texte notwendigen Methoden gehört in den meisten Fällen zu den Teilen des Theologiestudiums, denen ein nicht gerade begeisternder Ruf vorauseilt. Als voraussetzungsreich und schwierig gelten die exegetischen Methoden, als langweilig und wenig praxisbezogen. Für Studierende, die angetreten sind, engagiert über Theologie zu diskutieren, erscheint das tägliche Brot der Bibelwissenschaftler allzuoft als Erbsenzählerei im Elfenbeinturm.
Diese Hinführung zu den Methoden alttestamentlicher Exegese gründet auf einer über mehrere Semester hin erprobten Handreichung für Studierende, die sich am Anfang ihres Theologiestudiums im Wald der Methodik der Bibelwissenschaft zurechtfinden müssen. Bewußt als Arbeits- und Studienbuch angelegt, will sie nicht in Konkurrenz zu den zahlreichen Methodenbüchern treten, sondern leistet es sich, auszuwählen, Schwerpunkte zu setzen, ein Grundgerüst zu bieten, einen ersten Überblick zu verschaffen. Im Verfolgen dieser Ziele richtet sie sich nicht nur an Theologiestudierende, sondern an alle, die alttestamentliche Texte neu und anders lesen lernen wollen.

Bd. 3, 1999, 128 S., 12,90 DM, br., ISBN 3-8258-4408-0

Dieter Baltzer (Red.)

Lehren und Lernen mit dem Alten Testament

Unterrichtsentwürfe für Primarstufe und Sekundarstufe I. Eine Auswahl

Diese Fachdidaktik bietet exemplarisch Unterrichtsentwürfe zu den klassischen alttestamentlichen Unterrichtsthemen: Schöpfung, Abraham, Josef, Mose, Dekalog, Könige, Propheten, Jona, Psalmen, Hiob und die Weisheit. Bilder und Erzählungen, Text- und Bildmeditationen, Bibliodrama, Rollenspiele, Gesang-, Tanz- und Instrumentalspiele, Textverfremdung, Hörspiele, Sprechszenen und Sprechspiele, Basteln von Stabpuppen, Erstellen von Leporellos, Modellieren, Collagen und

Bilderrätsel bestimmen die Unterrichtsmethodik.
Bd. 4, 2001, 408 S., 25,90 DM, br., ISBN 3-8258-5542-2

Münsteraner Einführungen: Philosophie

Franz Gniffke; Norbert Herold (Hrsg.)
Philosophie: Problemfelder und Disziplinen
Bd. 1, 1997, 240 S., 17,90 DM, br., ISBN 3-8258-2219-2

Norbert Herold; Sibille Mischer (Hrsg.)
Philosophie: Studium, Text und Argument
Das Studium der Philosophie soll Kompetenz vermitteln im Umgang mit Texten und im Austausch von Argumenten. Beides erfordert Methodenkenntnis und praktische Einübung. Hierfür Hilfestellung zu leisten, ist das Ziel dieses Buches. Es macht mit wesentlichen Studienelementen bekannt, die notwendig sind, um an der Universität "philosophieren zu lernen". Sein Anspruch zielt auf einen für das Gelingen des Studiums entscheidenden Punkt: Der Blick soll geöffnet werden für die Veränderungen, die sich ergeben, wenn man vom freien, gleichsam naturwüchsigen Philosophieren in der privaten Gesprächsrunde zur akademischen Disziplin 'Philosophie' übergeht. Die notwendige Disziplinierung bedeutet zugleich eine Chance, sich neue Freiräume zu eröffnen und eine neue Selbständigkeit des Denkens zu gewinnen.
Bd. 2, 1998, 240 S., 17,90 DM, br., ISBN 3-8258-2220-6

Franz Gniffke; Norbert Herold (Hrsg.)
Klassische Fragen der Philosophiegeschichte I: Antike bis Renaissance
Der Band will Studierenden im Grundstudium die historischen Dimensionen des Philosophierens erschließen, indem er Zentralbegriffe und Leitfragen historischer Epochen vorstellt und deren bleibende Bedeutung sichtbar macht. Die Beschäftigung mit der Geschichte der Philosophie soll dazu beitragen, gegenwärtige Fragen wenigstens auf dem Niveau der Tradition zu formulieren und zu diskutieren, mögen die Antworten heute auch darüber hinausgehen. Indem der Band Schwerpunkte in Lehre und Forschung in den Vordergrund stellt, erleichtert er den Studierenden, ihrerseits Schwerpunkte zu bilden und regt dazu an, das philosophiegeschichtliche Wissen und Problemverständnis weiter auszubauen. Zusammen mit den schon erschienenen Bänden "Problemfelder und Disziplinen" sowie "Studium, Text und Argument" bildet dieser Band eine abgerundete Einführung in die Philosophie. Die Orientierung in systematischer, methodischer und historischer Hinsicht ist für alle Philosophiestudenten unerläßlich, für Philosophielehrer und alle Liebhaber der Philosophie von hohem Nutzen.
Bd. 3-1, Herbst 2001, 250 S., 34,80 DM, br., ISBN 3-8258-2769-0

Franz Gniffke; Norbert Herold (Hrsg.)
Klassische Fragen der Philosophiegeschichte II: Neuzeit und Moderne
Für eine Einführung in das Philosophiestudium, die sich zum Ziel gesetzt hat, die systematischen, methodischen und historischen Aspekte eines wissenschaftlich disziplinierten Philosophierens bewußt zu machen, ist der Blick auf die historische Dimension der Philosophie eine besondere Herausforderung. "Historisches Philosophieren" ist nach Nietzsche unumgänglich geworden, zwingt aber zugleich zur "Tugend der Bescheidung". In gezielter Auswahl wird der Leser an klassische Autoren, zentrale Texte und Schlüsselbegriffe der neuzeitlichen Philosophiegeschichte herangeführt. Er erhält so das notwendige Rüstzeug, um die philosophischen Fragen der Gegenwart durch den Blick auf ihre geistesgeschichtliche Entwicklung besser zu verstehen und präziser zu erörtern.
Bd. 3-2, 2000, 264 S., 17,90 DM, br., ISBN 3-8258-4954-6

Münsteraner Einführungen: Erziehungswissenschaft

Martin Pfromm;
Arbeitsgruppe Pädagogik (Hrsg.)
Oszillierendes Lernen der Generationen
Studienphasen und Relexionsebenen
Bd. 1, Herbst 2001, 150 S., 24,80 DM, br., ISBN 3-8258-2252-4

Meinert Meyer; Martin Pfromm (Hrsg.)
Studenten in der Schulpraxis
Das erziehungswissenschaftliche Tagespraktikum
Bd. 3, Herbst 2001, 170 S., 24,80 DM, br., ISBN 3-8258-2255-9

Helmut Mair (Hrsg.)
Einführung in die Sozialpädagogik/Soziale Arbeit
Grundrisse ihrer Arbeitsfelder, Aufgaben und theoretischen Konzeptionen
Bd. 4, 1998, 212 S., 15,90 DM, br., ISBN 3-8258-2256-7

LIT Verlag Münster – Hamburg – Berlin – London
Grevener Str. 179 48159 Münster
Tel.: 0251 – 23 50 91 – Fax: 0251 – 23 19 72
e-Mail: lit@lit-verlag.de – http://www.lit-verlag.de
Preise: unv. PE